U0114592

中國史綱

（導讀版）

張蔭麟 著　王家範 導讀

開明書店

中國史綱（導讀版）

張蔭麟　著

王家範　導讀

責任編輯　蕭　健
裝幀設計　譚一清
排　版　黎　浪
印　務　劉漢舉

出版　開明書店
　　　香港北角英皇道 499 號北角工業大廈一樓 B
　　　電話：（852）2137 2338　傳真：（852）2713 8202
　　　電子郵件：info@chunghwabook.com.hk
　　　網址：http://www.chunghwabook.com.hk

發行　香港聯合書刊物流有限公司
　　　香港新界荃灣德士古道 220-248 號
　　　荃灣工業中心 16 樓
　　　電話：（852）2150 2100　傳真：（852）2407 3062
　　　電子郵件：info@suplogistics.com.hk

印刷　美雅印刷製本有限公司
　　　香港觀塘榮業街 6 號海濱工業大廈 4 樓 A 室

版次　2023 年 6 月初版
　　　© 2023 開明書店

規格　32 開（210mm×135mm）

ISBN　978-962-459-270-2

編輯說明

　　張蔭麟是史學研究天才，可惜英年早逝，留下著作不多，僅存的專著即是這部《中國史綱》。此書雖未完稿，卻以獨特的史觀與筆法成為中國歷史領域的經典。時至今日，仍是諸多讀者必備讀物。

　　此次出版，以 1948 年南京正中書局本為底本，同時收錄重慶青年書店本序言，史地教育叢刊本序言，正中書局本序言，以及張蔭麟為本書所寫獻辭。同時，為使讀者更全面地了解張蔭麟的思想和成就，本書收錄了正中書局本未刊之《漢帝國的中興與衰亡》，作為本書第十二章，以接續第十一章的內容。此外，本書還附錄了張蔭麟的《老子生後孔子百餘年之說質疑》、《宋朝的開國和開國規模》、《北宋的外患與變法》三篇文章。第一篇是張的成名作，甫一發表，即被梁啟超歎為天才。第二、三篇是張蔭麟研究宋史的開篇之作。

　　史學大家王家範先生為本書寫了一篇導讀，認為它以對歷史大格局的獨到思想，為後世留下統攬全域和深刻洞察的歷史。此篇導讀對讀者理解張蔭麟和《中國史綱》大有接引之功，宜反覆涵泳。

開明書店編輯部

目錄

第一章　中國史黎明期的大勢

第二章　周代的封建社會

▌導讀

王家範

　　百年來在新史家裏頭，關於「通博」與「專深」，確實歷來都有不同的看法。傅斯年是代表了一種意見。他認為應該先從斷代史做起，其潛台詞便是只有斷代史做齊、做成功了，才可能有像樣的通史出來。我想這個意思，直到今天，史學界的絕大多數同人仍會有同感。斷代史、專史沒做好，再有本事，能做出好的通史嗎？

　　但問題跟隨着又出來了：通史是不是只需要把斷代史「接龍」接起來就成了？後來的實踐已經告訴我們，斷代史出得也不少，也有嘗試大規模「接龍」工程的，但也很難理想。記得 1941 年當張蔭麟出版他的《中國史綱》第一冊時，就在他的《自序》裏說：「在這抱殘守缺的時日，回顧過去十年來（指 20 世紀 30 年代）新的史學研究的成績，把它們結集，把它們綜合，在種種新史觀的提警之下，寫出一部分新的中國通史，以供一個民族在空前大轉變時期自知之助，豈不是史家應有之事嗎？」說得多好！然而，冷不防，在分別一一說明了他剪裁調度通史主張的五條選擇標準後，突然插上一句：「寫中國通史永遠是

一種極大的冒險！」不能不承認，這是一句大實話。

通史不容易寫好，不容易寫得使多數人滿意，原因很多。從實際的操作層面上說，「通」是專的綜合。通史的寫作者必得「通博」，對個人來說，這是極難做到的。雖然他完全可以藉助現有的成果，但在個人精力方面必會遇到許多主客觀條件的限制。「無所不知」是不可能的，「歸納」總是先天地具有「不完整性」。所以，百年裏，有好幾部個人的通史是沒有寫完的，而且沒有一部通史能完全經得起專家的仔細挑剔。正因為如此，才有集合各方面專家集體協作的念頭。這樣做，在「專、博」方面的矛盾或許可以緩和些，卻引來另一個大缺陷：通貫始終的「氣」沒有了，我把這叫作「氣散神消」。因眾多作者各自操作，難以相互關照、前後呼應，缺乏一以貫之、整體理解的精神氣質，是預料之中的事。即使像《劍橋中國史》那樣，採取「專題集合」的形式，且有一主編總領其「精神」，「神散」的先天性弱點還很明顯地存在。

無論怎樣說，通史真正的難，還是難在史識，那種能居高臨下、「一覽天下眾山小」的把握能力，即「識大而不遺小，泛覽而會其通，達人情，明事變，洞幽賾，晰條理」（徐哲東讚呂誠之先生語，見《呂思勉先生編年事輯》）。這種能力或許需要某種不同尋常的稟賦。但有一點是可以從比較成功的通史寫作中得到體驗的，這就是：此種能力的獲得，僅僅有具體史實的資源供給一定是遠遠不夠的。它更需要作者對人文領域更廣闊的知識背景和深入的體驗，對人類，對社會，對世界方方面面多視角的體察。這時，我領悟到了呂思勉先生特地把一句俗話加以強調的意義，這就是「世事洞明皆學問，人情練達即文章」。

我粗略地統計了一下，在顧頡剛《當代中國史學》出版的 1945 年以前，大約已有 42 部通史（不包括史話一類，據《1900—1975 年：七十六年史學書目》）。到今天，究竟總共出版了多少通史？我沒有統計，或許已不下百部。這只要看近二十年各地編通史教材成風，就可知數字一定很壯觀。

時間作為一種特殊的過濾器煞是無情。大江東流不止，潮起潮落，風行的未必就能傳承，精萃遭遇冷落亦時或有之。所幸時光似水，反覆沖刷篩洗，是沙礫是金子總會逐漸分明。真正的金子，即使因緣種種不幸遭際，被塵土無辜掩埋了，或遲或早都能再見天日。這是事理所使然，強制不得的。陳寅恪、呂思勉、錢穆、蔣廷黻等等不都是如此？！

這裏，將要向大家推薦的，張蔭麟教授（1905－1942）短暫一生留下的唯一著作《中國史綱》，也屬於數十年後重新發光的一個事例。

為學貴自闢，莫依門戶側

這部《中國史綱》，是當時教育部計劃出版的高中歷史教材《中國史綱》的第一部。1935 年，張蔭麟已從美國留學歸來二年有餘，任清華大學歷史、哲學兩系教授。受部聘後，他當即放下手裏的其他科研課題，「遍諮通人」，潛心策劃《史綱》體例和細目。還特別向清華請了長假，專致筆耕其所負責的先秦至唐以前部分。其餘部分原計劃邀請吳晗、千家駒、王芸生等分任。

未及二年，「盧溝橋事變」突發，國難當頭，蔭麟被迫離京輾轉南下浙大、西南聯大，其事遂不如願。經諸多友人的催促力助，將此

前已完稿的八章，加寫《自序》，遂由他改教的浙江大學史地教育研究室，最先以石印本形式在貴州遵義面世。原初題名《中國史綱》第一輯（此據張其昀《張蔭麟先生的史學》，筆者尚未見原本），時為1941年春夏之間。初次印行匆促，著者名還曾誤植為楊蔭麟，蔭麟也不在意。又據《初版自序》、《再版自序》，知次年再版，始增入九至十一章（前據吳晗《記張蔭麟》，後一點吳文回憶則有誤）。此後，先生興奮中心轉移，改攻兩宋史，僅撰寫三章（第三章未完），就因病撒手西歸，終年37歲。如天假以年，從其已發表的宋史成果預測，《中國史綱》的宋史卷必將更為光彩奪目——想到至今尚沒有一部能與張氏風格相匹敵的兩宋史，對他的英年早逝怎不叫人傷感倍至？！

讀過《中國史綱》的，多會驚羨它的文筆流暢粹美，運思遣事之情深意遠，舉重若輕，在通史著作中當時稱絕，後也罕見（唯錢穆《國史大綱》可相匹敵）。全書沒有累贅冗煩的引文考證，不故作深奧高奇，史事都以「說故事」的方式從容道來，如行雲流水，可令讀者享受到一口氣讀完不覺其累的那種爽悅。也因為讀來悠然輕鬆，據我個人的觀察，讀者很容易輕忽了對著者構思和寓意的細心體察；一不經意，書中潛心涵泳所得的精警見地，屢屢就從眼皮下滑過。為此，我想先從著者的人格、學術風貌說起，或許對讀者進一步體會本書不無幫助。

離蔭麟去世才四五年，謝幼偉博士著文懷念故友，就不無憂慮地說：「這一位天才學者，俗人不必說，即學術界中也許已忘記了他。他的著作以報章雜誌發表的短文為多。這些短文到現在還沒有集合出版，整部的著作有《中國史綱上卷》，而這也只有浙江大學史地研究室的石印本。所以在某一時期內，他雖曾驚動我國的學術界，到目前

他卻很可能為學術界所遺忘。但他是最不應遺忘的一人。」此後，情況雖然還沒有到謝氏杞憂的那麼糟，文集、《史綱》海峽兩岸還都出版或重印過，但流傳不廣。世俗總多勢利和健忘，也是無可如何的。

張蔭麟的名字，對今日大多數學人恐怕都會感到陌生。然而，恰如謝氏所說，回溯到三四十年代，蔭麟名聲不小，曾被學界譽為奇才，受到了前輩和同齡學者的普遍敬重。1929 年夏與蔭麟同船赴美留學的謝幼偉博士，更是熱情讚美蔭麟為天才，在長篇的紀念文章裏說道：「張君是天才，這是無疑問的。他在清華讀書的時候，曾寫過一篇《老子生後孔子百餘年之說質疑》（見本書附錄一），寄到《學衡》雜誌，《學衡》的編者認為是一位大學教授的作品。這一點即可證明張君的聰穎是遠在一班學人之上的。所以大名鼎鼎的梁任公先生遇到了這一位年輕學生，也不能不特別注意，不特別賞識。」（《張蔭麟先生言行錄》）

蔭麟來自廣東東莞，自幼喪母，家境貧寒。1923 年秋季考入清華學堂（時為留美預備學校）中等科三年級，直至 1929 年大學畢業，經歷了清華學校改制的全過程。入學伊始，即如上述所記，不足 18 歲的蔭麟，已經著文向老師梁啟超挑戰「老子出生」說，且考辨精細，徵引經典鑿鑿有據，名驚京華。在繼後的兩年裏，他在《清華學報》、《學衡》、《東方雜誌》等一流刊物上發表的學術文章不下十餘篇，涉及經學考據、中外交流史、科技史等多項領域，還參與了當時正轟動學界的（顧頡剛）「古史辨」論戰。今天，重讀這些論文，我們簡直不敢相信，一個 20 來歲的學生，學術水準竟可以令當下有些大學教授汗顏。其中《明清之際西學輸入中國考略》不僅大大擴充和修正了乃師（啟超）關於這個論題的史料，而且對西學輸入的影響以

及清代並未因此而改變「科學（思想）不盛」的原因發表了精警見解；《張衡別傳》和《宋盧道隆吳德仁記里鼓車之造法》兩文，則更應該看作首開我國古代科技史研究風氣的力作，具里程碑意義（劉仙洲先生即如是說）。據不完全的統計，去美留學前的六七年時間內，已積有學術成果（包括譯文）40項。怪不得謝幼偉博士終發為「天才」的讚歎。

蔭麟自號「素癡」，常用作文章筆名。我以為，無論從哪方面看，例如對學術的癡情專注，孤傲內向，不通人情世故，不易適存於現社會（友人謝幼偉、張其昀、賀麟、吳晗等回憶他的個性），以及治學「神解卓特，胸懷沖曠」（熊十力讚其學術境界），也包括過早地夭折，難享永壽等等，蔭麟都很符合天才學者的特徵。然而，如若只從個人天賦角度去理解，那很容易忽略了今天重新認識蔭麟先生的許多更有價值的啟示。

近代以來，人才成羣，風湧而起，明顯有過兩個突出的高峰時期。一是晚清咸、同年間，以曾、胡、李、左、張以及圍繞在他們周圍的幕僚文士為代表。是時人才濟濟，不拘一格，政壇文氣之盛為中古以來所未有。其中能集道德、事功於一身如曾、胡者雖鳳毛麟角，但在經世致用一隅有卓識奇功，建樹不凡的可以數出一大羣。稍後在他們的影響下，還走出了一批最早通達世勢、熟悉「洋務」的新人。二是本世紀二三十年代，具現代意義的各種學科相繼濫觴，「篳路藍縷，以啟山林」，一代溝通中西的學科權威名家大抵成形於這一時期。假如說上一高峰「事功」派佔盡風光，許多人物多似電閃雷鳴般倏然過眼，有力度而少餘韻；那麼第二個高峰承上輩及其時代的恩澤，別開新天地。是時激盪過後，「朝野」尚稱「苟安」，中西文化

教育往來更密。淡出「事功」的「學問」派那厢真現獨好風景，其山高水長，遺澤後世且深且厚，更堪百年後回味不已。

陰麟生而有幸，及時親逢學問盛世的文化滋潤，並能以新秀的身份參與其間。他天性聰穎，造化把他從嶺南送上京華，進入風雲際會的文化中心，後來又留學西洋，確是時勢造就了他天才有為。那時，「五四」個性解放、自由探索的新風吹拂神州，學術報刊似破土春筍湧出，自由討論風氣極盛一時。陰麟又直接生活在梁啟超、王國維、劉師培、胡適、陳寅恪、吳宓、傅斯年、錢穆、顧頡剛（其中最年輕的，也比陰麟長十幾歲，均屬老師輩）等等一輩知名學者輝映的人文光環下，猶魚得水，遨遊自如，才有了上面「少年英發」動人的一幕。

讀陰麟的傳記，最令我感動甚至妒忌的，是那個時代學者的氣度和學術自由討論的文化氛圍。同在清華，哲學家賀麟比陰麟高三級，兩人很快就成為終生摯友。據賀麟的回憶，陰麟給他的第一印象是：一個清瘦而如飢似渴地天天在圖書館鑽研的青年。一天晚上，在梁任公的中國文化史演講班上，梁任公從衣袋裏取出一封信來，向聽眾中問哪一位是張陰麟。陰麟當即起立致敬。原來是陰麟寫信去質問老師前次演講中的某一點，梁先生在講台上當眾答覆他。這事發生在陰麟已於《學衡》著文與先生商榷之後。他倆常去聽梁任公的演講，可見對先生的仰慕。但陰麟的脾氣向不願意拜訪人（終生不改，時人稱其為「怪」）。1926 年夏，被賀麟拖着才第一次拜謁梁任公。先生異常歡喜，勉勵有加，當面稱讚陰麟「有作學者的資格」（另據王煥鑣《張君陰麟傳》，說「梁任公得其文歎曰：此天才也」）。此後二三年中，他卻從未再去謁見過梁任公。他很想請梁任公寫字作紀念，也終於沒有去請（見賀麟《我所認識的陰麟》，載《思想與時代》第 20 期，

1943 年 3 月）。還值得補一筆的是，1929 年初，蔭麟正在撰寫長篇學術論文《偽古文尚書案之反控與再鞫》，針對梁先生燕京大學演講《古書之真偽及其年代》而發。論文在《燕京學報》刊出時，梁任公已病逝。蔭麟在文末特別有一段附語，說「此文初屬草時，梁先生尚在世。本當重校付印，先生已下世，竟無從請問以決所疑矣。作者極不願意於此時舉其素所尊敬之學者之旨為錯誤之例。惟以愛真理故無法避免耳。」（台灣 1956 年版《張蔭麟文集》，全文長 48 頁）

有這樣的老師和這樣的學生，氣度、風範盡在不言中，這正是那個時代的驕傲。蔭麟與同時代學者多有評論商榷的文案往來，不獨對梁任公。本着學術面前人人平等的天則，對其他師輩如周樹人、陳寅恪，年長而剛負盛名如顧頡剛、馮友蘭，他的評論也總是「是則是，非則非，毫不掩飾，毫不客氣」，而被評論者都豁達大度，師長更以獎掖新進的態度深許之，至少也不會像現在那樣，弄不好就扯到別的地方去。不信，可以去讀寅恪先生詩：《輓張蔭麟二首》（載《陳寅恪詩集》第 31 頁）！

蔭麟一生信奉恪守的治學格言，是「為學貴自闢，莫依門戶側」（《致賀麟留美贈別詩》）。蔭麟在他光采而短暫的一生中，這種個性氣質實在是太強烈了，因此也特別地感人。誦讀他的學術論著（也包括教材的編寫），我們處處都能觸摸到那種不甘因循剽襲，勇於求新求突破的自由創造精神。這再一次證明，寅恪先生所說的「獨立之精神，自由之思想」，「思想不自由，毋寧死耳」，決非義寧一人所獨執，而曾經是沐浴了「五四」精神那代人的真誠追求。那時，「吾愛吾師，吾更愛真理」的話很流行，沒有任何權威偶像是碰不得，不可說不的。這樣的氛圍不可復得，方有「壁立千仞」之說。唯其如此，

優秀學者於「五四」後一二十年內成羣成團地噴湧而出，才可以被通解、被體認。

這種不依門戶、自由創造的風格，決非世俗常見的那種無端狂妄，藉淺薄挑戰名家以求一搏。蔭麟從心底裏尊敬一切有學術成就的前輩和師友，細微地體察汲取一切有價值的學術創造，治學厚實而見地敏銳，執著底定而鄙薄趨俗。據說他最崇拜的是章太炎，對梁任公表面上「敬而遠之」，再而三地「挑戰」，內心實則一往情深。熟悉他的朋友說，蔭麟最欽佩任公文章「筆峰帶有情感」，「張君的文章頗受任公的影響，一篇之中總含有多少任公的筆調」。

那時，剛從經學考據的桎梏中叛離不久，國學的根子依然深扎在一代新學的底部，欲連根鏟除（也畢竟鏟不盡）那是幾十年後的事。蔭麟的學術是以考據起家的，很見功力。對太炎先生服膺至深，即是明證。有人統計，他有三分之二以上的文章都涉及考辨，學問有根據而不流於空疏。然而，蔭麟可貴的是，承傳而不因循，勇開風氣敢為先。蔭麟曾對謝幼偉坦言：「寫考據文章是很容易的。」言之似極輕鬆。反之，為了《中國史綱》，他卻喟歎：「寫這種文章是很費苦心的。」一輕一重，其味無窮。

在闡明這輕重內涵之前，我先得把蔭麟對任公的紀念文章拿出來，一則彰揚他對老師真誠而不帶一絲虛假的愛（這是最有價值的尊師），一則為理解他在這個問題上的立場提供一份證據。據現在掌握的材料，梁任公剛去世，「全國報章雜誌，紀念追悼他的文章，寂然無聞」。蔭麟在甫將赴美前夕，即草寫了《近代中國學術史上之梁任公先生》一文，首次從學術史演進的角度，將老師一生智力活動劃分為四期，分別評估他在各時期的「特殊貢獻與影響」，客觀公允，敬

仰之情含而不露（載《學衡》第 67 期。賀麟所述赴美後一文，已是第二篇，記憶有誤，不贅）。十多年後，他所參編的《思想與時代》特地刊登了張其昀錄存的任公未刊遺札中數十事為《梁任公別錄》，蔭麟親為之跋。文章起首即聲情並茂：

> 此時為此文，不禁起予空谷足音之感也。方戊戌前後，任公之在文界，何啻如旭日中升？一篇之出，百數十萬人爭誦。曾不四十年，後生已罕或能舉其名。其一知半解者，甚且為蚍蜉之撼。「或榮譽若天仙光寵，消逝時迅越流星」，歌德之詩，可為任公賦矣。

接着大段論述任公與政的種種曲折，反駁攻擊者，並檢討自己十年前「年稚無知，於（先生）民國後之政治生涯，妄加貶抑」，評析平恕允直，可與寅恪先生《讀吳其昌撰梁啟超傳書後》對讀，此處略過。筆峰轉至學術，蔭麟說道：

> 以言學術，世人於任公，毀譽參半。任公於學，所造最深者唯史。而學人之疵之者亦在是。以為其考據之作，非稗販東人，則錯誤百出，幾於無一篇無可議者。實則任公所貢獻於史者，全不在考據。任公才大工疏，事繁騖博，最不宜於考據。晚事考據者，徇風氣之累也。雖然，考據史學也。非史學之難，而史才實難。任公在「新漢學」興起以前所撰記事之巨篇，若《春秋戰國載記》，若《歐洲戰役史論》，元氣磅礴，銳思馳驟，奔磚走石，飛眉舞色，使人一展復不能自休者。置之世界史學之

林，以質而不以量言，若吉朋、麥可萊、格林、威爾斯輩，皆瞠
乎其後矣。（《跋梁任公別錄》）

此跋的文風，酷肖乃師，磅礴之勢不減。活潑潑的蔭麟就是這
樣：對自己素所尊重的老師，他不諱言其短，「才大工疏，事繁鶩
博，最不宜於考據」，寥寥幾筆，可謂彈無虛發，正中鵠的。而於先
生史才、史識之長尤三致其意，領悟深得精髓，亦屬「就有道而正
焉」。我作教師的有經驗，百依百順的，盡說好話的，未必就是最好
的學生。還是賀麟說得極有餘味：「那知這位在學生時代質問梁任公
批評梁任公的蔭麟，後來會成為梁任公學術志業的傳人。」梁任公是
個大忙人，晚年轉而治史已時不待我。蔭麟靠着他對前輩史才、史識
的獨具慧眼，《中國史綱》的創製獲得了非凡成功，而這便是對老師
最好的回報。

從上文即可讀得蔭麟的心聲。他絕對不是故意看輕考據。考據是
很苦的事，是一種特別的工夫，只有耐得住寂寞的人才能做出實在的
成績。然而，不以考據為底止，注重推出義理，這才是蔭麟治學的個
性特色。而且，這義理也是經過改造，充實了新的內涵的。他的治學
理路，在從美國斯坦福大學寫給張其昀的信中說得最明白：「國史為
弟志業，年來治哲學社會學，無非為此種工作之預備。從哲學冀得超
放之博觀與方法之自覺。從社會學冀明人事之理法。」（海峽兩岸《文
集》均有載錄）。所以，他對謝幼偉說的一易一難，決非故作危詞，
內中大有深義存焉。這實際關聯着一個時代大話題，就是：考據與義
理的關係。

我以為謝幼偉的確算得上是蔭麟的鍾子期了。蔭麟選擇對謝氏

發此駭俗之論，亦可謂「擇其善鳴者而鳴之」。蔭麟死後五年，謝氏在紀念蔭麟的文章中作了如下的發揮：「寫通史是需要思想，需要有很高的識解的。有人認為專門弄考據的人是思想上的懶惰者，這雖不見得完全正確，但若在考據上兜圈子而不能有進一步的工作，則至低限度，這種人是難得有什麼思想可言的。考據必進至義理，必以義理開拓其心胸，然而是考據不落空。一位良好的歷史學者不能光是一位考據家。不管他的考據做得怎樣好，然只是史料的提供，不是史學的完成。史學的完成，有待於史學家理解的深入和同情的洞察。這一點又須待史學傢具有史學的修養。治史學的而不兼治哲學，這是一種缺陷。」（《張蔭麟先生言行錄》）

蔭麟在新史家羣雄紛起的那個年代，能夠獨樹一幟，特具風骨，確實應該歸諸他不滿足現狀，不隨眾亦步亦趨。眾史家中，他是最先覺悟到史學的改造創新，應該藉助哲學革新理論觀念和思維方法，藉助社會學認識歷史上的社會構造和社會變遷，以滋補舊史學義理的「營養不足」。可以這樣說，在史家中，對西洋哲學和西方社會學了解的廣度和深度，當時無人可與之倫比，獨居翹楚。特別需要指出的是，從《「可能性」是什麼》、《論同一》等文來看，世紀初西方一些哲學新潮已進入他的視野，如柏格森、羅素、懷特海、斯賓格勒；特別是現象學剛興起，蔭麟就注意到了，這在中西哲學交流史上也值得記一筆。

當時，編著中國通史蔚然成風，因為學識才華的特殊，學者普遍對蔭麟都望很高。錢穆在 1942 年底，把他的《中國今日所需要的新史學與新史學家》一文作為對蔭麟的悼念，發表在《思想與時代》雜誌上。文末即說：「故友張君蔭麟，始相識於民國二十三年春

夏間。時余與張君方共有志為通史之學。當謂張君天才英發，年力方富，又博通中西文哲諸科，學既博洽，而復關懷時事，不甘僅僅為記註考訂而止。然則中國新史學之大業，殆將於張君之身完成之。豈期天不假年，溘然長逝。」史家偏好經驗事實，一般很少像蔭麟那樣深陷於哲學沉思。因此，熊十力耐不住破門而出，說道今之言哲學者，或忽視史學；業史者，或詆哲學以玄虛，二者皆病。特讚張蔭麟先生，史學家也，亦哲學家也。其為學規模宏遠，不守一家言，使天假之年，縱其所至，則其融哲史兩方面，而特闢一境地，恢前業而開方來，非蔭麟莫屬（《哲學與史學——悼張蔭麟先生》，1943 年）

蔭麟天性聰穎，但他從不恃天賦而學點偷懶。束書不觀，空談義理，天才成為無知淺薄的狂漢，蔭麟是不願為之的。蔭麟治學的勤奮幾乎近於顛狂。每寫一篇文章，精神高度集中，老是幾晚不睡覺，直至文章一氣呵成時，然後才大睡幾天，大吃幾頓。寓所裏滿地滿牀的書，東一本，西一本，凌亂狼藉得不成樣子，他也無所謂。到病重的時候，他開玩笑地對友人說：「我從今后要學懶了」。可他還是做不到，連勸他改讀點輕鬆的小說，改不了習慣，依然捧起哲學書，手不釋卷，直至臨終。因為讀的書極多極廣，著文不論古今中西，隨處觸發，總見火花。他的時評也寫得極犀利明快，有時惹得當局十分惱怒。在史學、國學、哲學、社會學四方面所積功底，使他可以和當時任何一門專家對話。然而，通博並不是他的真正驕傲。蔭麟對社會、對歷史那種全局統攬和深刻洞察的獨特把握能力，在當時才是出類拔萃，最具價值的。

在我看來，蔭麟《論歷史學之過去與未來》、《傳統歷史哲學之總結算》兩文，代表了他那個時代史學理論認識的制高點。有些觀點

后來不僅未有超越，甚至有所倒退。關於這個話題，將留在下一段落再作討論。最後，還想特別要說說他的一篇不容易引起注意的短文：《玩「易」》。1956年台灣版《文集》就因疏忽（或別的什麼原故？）而漏收，實在不應該。因為，這代表着他關於社會進步一種獨特的歷史思考。

這篇短文寫定於1933年9月。從文內「異國晚秋」字句推測，寫作的時候人還在美國。蔭麟借發揮《易經》的哲理，實際談的主題是社會變遷和「革命」。這麼一個很深奧的社會哲學問題，他卻幾乎是用了散文詩的形式來表述，很含蓄，也很深沉。短文直指《易經》的着眼處在生命，故曰：「生生之謂易」。而近世流行的「革命」一詞又恰好是從《易經》「革卦」裏推演出來的。與時潮最不同的是，文內反覆申述，要把「易」應用到「革命」上，要懂得革命是新生，要懂得「生」是不能急催的，不能揠苗的。社會秩序原是活的，原是一個活的有機體。所以革命的「命」要當生命解。只有創造新的生命才能革掉舊的生命。不然，革命只等於尋死。他極為感慨地說道：「創造新的生命，以一個新的社會秩序易一個舊的，那豈是病夫易室，貴人易妻那樣容易的事，而急促得來的？」用不着我多加饒舌，熟悉百年來思潮變遷的學人，都能掂出這些話的千鈞份量。這才是真正經得起百年歷史檢驗的義理。我要補一句的，這裏反映了蔭麟對孔德、斯賓塞以來的社會學基本學理的圓熟運用，而且妙在不着痕跡，極似寅恪先生的風格。所以他對歷史的考察，往往側重社會層面，在制度的創設和功能演化方面，非常用力，頗多新的洞見。這種史識后來被應用到對歷史上農民起義和改革、改制的全新詮釋上，極其成功，如《宋初四川王小波李順之亂（一失敗之均產運動）》、《南

宋亡國史補》和《中國史綱》第十一章《改制與「革命」》。行內人
讀了多能體會這些文篇在史學史上的特殊價值，但一般讀者則未必。
尤其是前兩篇，形似考辨之作，更不合現在讀者的口味。除專門理論
探討文章外，蔭麟的史學論述風格，是從不脫空搬弄理論概念，橫插
大段議論，義理即寓於史事鋪敍之中，偶有一二句點睛之筆，亦淡淡
而出，極容易被放過。或許這就是中國史學的傳統，所謂《春秋》筆
法。讀者宜多加咀嚼，細細消化才是。

眾竅無竅　天然自成

　　編著新式通史肇始於本世紀之初。1900 年，章太炎先生發表《中
國通史例略》，首先發起設計新通史的動議。梁任公隨即響應，於
1901－1902 年開始醞釀寫《中國通史》，但始終未能履踐心志（蔭麟
對此最感痛惜），留有一些關於通史新體例的設想和春秋、戰國《載
記》、《年表》等片段嘗試。最早真正付諸實踐並開創章節體「通史」
的，要數夏曾佑及其《中國歷史教科書》（寫於 1902－1904）。進入
到三四十年代，編著中國通史教材已蔚然成風。據不完全統計，截止
蔭麟《中國史綱》出版時，至少已不下三四十種（此依《七十六年史
學書目》統計所得）。然而，到了 1945 年，顧頡剛先生編著《當代中
國史學》時，卻秉筆直書道：「中國通史的寫作，到今日為止，出版
的書雖然不少，但很少能夠達到理想的地步……故所有的通史，多
屬千篇一律，彼此抄襲。」「編著中國通史的人，最易犯的毛病，是
條列史實，缺乏見解；其書無異為變相的《綱鑑輯錄》或《綱鑑易知
錄》，極為枯燥。」顧先生的這些評點，對今日大多數教材還基本適

用，最多增加了變相的《通典》，算是人事物俱備，實在是難為情。

當時顧先生認為較理想的通史，點名有呂思勉《白話本國史》、《（呂著）中國通史》，鄧之誠《中華二千年史》，陳恭祿《中國史》，繆鳳林《中國通史綱要》，張蔭麟《中國史綱》，錢穆《國史大綱》，共六人、七部。應該說，這一點評大體公允。蔭麟的書雖未完成，顧氏為之惋惜，但仍給予刮目相看，亦見得《中國史綱》的價值。

蔭麟剛剛經歷顛沛流離，生活甫定之後，1940 年 2 月在昆明為《史綱》寫下了篇幅不短的《自序》。文氣與正文迥然不同，讀起來不輕鬆。一般讀者在讀完全書後，再去啃《自序》比較合適。《自序》，與其說是蔭麟對《史綱》調度構思和剪裁史實標準的一個交代，毋寧說它更像是將《史綱》昇華到歷史哲學的高度，為理解整個人類史（不獨是中國史）提供一種經他梳理過的理路。歷史專業的學生若能將蔭麟的理路與他的實踐對照着反覆品味，會加深體會熊十力所說的，「融哲史兩方面」，境界就不一樣。

我想首先要提到的，是蔭麟在《自序》裏說：「寫中國通史永遠是一種冒險」。這話夾在大段理論闡發之中，很容易滑過。然而，這確確實實是個中人的肺腑之言。教了許多年中國通史，不能不常與教科書打交道。我有時也隱約覺得，通史好編，也最難編。所以，讀到蔭麟這句話，特別感到震動。

記得嚴耕望先生說過，中國通史必須折衷於重點與全面之間，並能上下脈絡連貫一氣，與斷代史有別，與專史也有別。因為有此種種考慮，所以大學「中國通史」可說是所有歷史系課程中最難講的一門課。過去大學「中國通史」課程教得最成功的，耕望以為應該數錢穆賓四先生為最（據筆者所知，較晚還有一位，就是 50 年代曾在山東

大學教中國通史的趙儷生先生）。

　　說到教材，嚴耕望認為，目前所有各種中國通史中，仍以錢賓四先生的《國史大綱》為最佳。此外，可以呂思勉先生的幾部斷代史為輔。他的理由是：錢先生才氣磅礴，筆力勁悍，有其一貫體系，一貫精神，可謂是一部近乎「圓而神」之作，所以講者可以拿他來作一條貫串的線索，也要諸生仔細的閱讀。呂書周瞻綿密，可謂是一部近乎「方以智」之作，所以講者可以拿他作為錢書之輔，以濟錢書之疏闊。而且呂書徵引原書甚詳備，最便講授者參考之用（詳參《治書三書》，198—199 頁）。

　　嚴耕望是錢穆先生的得意門生。他關於通史課及其教材何以難的一番見解，我以為深得其中三昧。一部通史，假若不能繪出中國歷史發展的脈絡和它獨有的神韻氣數，還是不寫為好。耕望沒有提到蔭麟，這是因為《史綱》未得以窺全豹，故不在他討論的範圍。其中，「一貫體系、一貫精神」八字，最是要領。假若要壓縮成一個字，那便是「上下脈絡連貫一氣」的「氣」。

　　泱泱大國數千年，多少人事，多少典故，通史不可能細大不捐，應有盡有的寫進去。事實上誰也做不到。正像蔭麟說的，「即使（集合許多人）能如此做，所成就的只是一部供人檢查的中國史百科全書，而不是一部供人閱讀的中國通史」。通史，通史，它的獨特的神韻就在「通」字上。行內人多有體驗，編通史需要有高的識見和全局駕馭能力，最好是由一人通貫到底。他很像是一位具有藝術天賦的導演，要把歷史舞台上的人和物、時間和空間調度得活靈活現。蔭麟《自序》中之所謂「筆削」、「提要」，今人之所謂「剪裁」、「出思想」，全是為了做好「通」的工夫，使之生氣盎然，全局皆活。煩冗枯燥，

沒有思想（或者說不敢有思想），光靠史料填充版面，就全然丟掉了「通史」的靈魂。

何謂「通」？我以為，從高處說，能突顯其意境者方謂之「通」。靜安先生論文學，說是：文學之事，其內足以攄己，而外足以感人者，意與境二者而已。上焉者意與境渾，其次或以境勝，或以意勝。苟缺其一，不足以言文學（王國維《人間詞乙稿序》）。其實史學也何嘗不是如此。本世紀史學，馮友蘭、錢穆均稱有信古、考古、釋古三派，其中信古一派，一般均不取。若以上面說的意境而分，一為致力於歷史的抽象（抽象的程度可以不一樣），以「釋古」（即韋伯說的「理解」）擅勝，能給出一以貫之的「精神」（或陰麟說的「意義」），猶之於文學的「寫意」。一為專攻描述具體的史實，以「考古」（即復原實像實況）爭長，可比之於文學的「寫實」，但也決不是三塊、四塊的拼盤，通史應該給出發展脈絡清晰、階段特徵明顯的「整體」（或曰「體系」）。

「通史」的最高目標，自然是「精神」與「體系」二者統一。所造之境必合乎歷史之自然，所寫之意亦必突顯歷史之真義。境與意能完全渾然圓融，恐怕只存於假設之中，「此曲只應天上有」。陰麟雖心嚮之，也明乎此事仰之彌高，所以在《自序》裏一再申明：編寫通史有許多無可如何的「天然限制」（對這種相對的與絕對的限制，陰麟在《論歷史學之過去與未來》一文裏有詳盡的論析），自己所做的「與所懸鵠的之間有多少距離」，只好付之讀者的判斷了。這不能作一般謙詞讀過，而是唯賢者能有之的真誠坦陳，甘苦盡在其中。

如果明白了「意境」之說，那我們就不會相信有所謂標準化的

「國定」教材。假如把蔭麟的《史綱》與呂、錢兩書對照着讀，就看得出上半個世紀的通史教材，成功的地方就是極有個性，多姿多彩。

《呂著中國通史》着眼處為社會的演化，在制度的考訂梳理方面最具優勢。今日雖不能說無可挑剔（畢竟許多專題研究有了長足的進步），但精細而富獨見的地方在在皆有，極見學術功力，當日無出其右，現下亦頗可燭照「左愚」。不足的是條分縷析甚細，政治大勢與制度沿革兩部分又截然分開，從「通」的標準要求，算不得上上策。誠之先生讀史之多，公認首屈一指，但在制度演化方面，也只能詳於隋唐以前，而略於宋明之後，不可謂全備。這再次證實蔭麟所說，通史之難，還在於人力的「天然限制」。這部書對專業學習（特別是研究生）很有用，由此再去讀誠之先生的斷代史、專史，實為登堂入室的最好門徑。但最大的缺憾，就是不容易引起一般讀者的閱讀興趣，因此流行不廣。

這方面，錢穆《國史大綱》就異峰凸起，讀者佔有率之高，是完全可以想見的。一篇《引論》正可以視先生為當代賈誼，痛哭復長太息者再而三，特憂「中國文化命脈」的衰息斷絕，「歷史生原」的遽然中斬。當日情景，以嚴耕望的親歷記述為最真切。賓四先生才思橫溢，民族情懷熱烈，亦擅講演天才，行文一如其演講，詞鋒所煽，動人心弦，「一以中華文化民族意識為中心論旨」。是時正值抗戰艱苦時期，一經刊出，大後方爭相傳閱，極一時之盛（詳參《錢穆賓四先生與我》）。《國史大綱》可以說是以氣盛情深而獲取成功的一部通史。若以專家的角度來看，疏闊之議勢所難免（耕望也委婉說到）。然最可斟酌的，倒是這種近乎自戀式的本位文化情結，不免對本屬歷史批判的應有之義，多有遮蔽回護，總欠幾分冷峻。對近世的落後、

變革的艱難，也缺乏深沉有說服力的內省。就通史不可或缺的制度和社會層面的揭示而論，《國史大綱》比起呂著要遜色，也是毋庸諱言的。

蔭麟寫《史綱》，上述兩書均不及見到。與錢穆先生有所互商，詳情亦不可而得（似得讀過《引論》）。然而，以書論書，張著正介乎二者之間，平靜冷峻有似誠之，而文采飛揚則不減賓四。思維切入的理路和注重社會全貌，與呂著更易謀合。他在《初版自序》中給自己規定的重點是：「社會的變遷，思想的貢獻，和若干重大人物的性格，兼顧並詳。」對歷史全域因果的理解，特具哲學思辨的那種網狀的發散性，運用起來又能不著痕跡，以平易淺顯出之。我以為，這才是蔭麟《史綱》的長處，而為上述兩大家所不逮。遺憾的是，寫出的畢竟是片斷（包括兩宋），還看不到他對國史全域統攬的「底牌」。所以，就通史的影響和實際成就而論，尚不能與呂、錢倫比。與現今的風氣大不同，作為一位在史壇已負盛名的專家，蔭麟獨把編著高中歷史教材看得極重。說其鞠躬盡瘁不為過。臨終前一直陪伺身邊的好友張其昀追憶說：「他是一位飽學之士，能禁其閱書，而不能禁其運思。他念念於史綱之完成，雖在病中仍精思不休，而病勢遂陷入深淵。」（《張蔭麟先生的史學》）

在歷史教材方面，蔭麟不願重蹈舊徑，極想披荊斬棘，開出一種使人人能讀、讀而有所得的新體裁。這在他的《初版自序》中已交代得十分清楚，讀者自可檢閱。《史綱》體裁的創製是極其成功的。文筆的簡潔優美，說理的平易生動，讀者初展書，一股久違的醇香就會迎面撲來。

我一直在想，蔭麟何以要這樣做？要知道這正像他自己感慨的，

深入而淺出，勞神費心，是「很苦的」。何況他對社會和歷史的思索很投入，不少地方帶有形上的色彩，超凡脫俗，沉潛睿永，最可以在這種地方顯示高深。然而，這些高深的議論在《史綱》中竟消失已盡。他自己苦心「玩索」所得的體驗，都化為了「以說故事的方式」淡淡托出。

我私下揣度，恐怕不僅僅只是為了「高中生」。蔭麟志不在小。近世以來，生搬強灌的「道理」，不勝其繁。新概念、新名詞滿天飛，摧枯拉朽，氣勢逼人。蠻橫之餘，負面的效應就是人人高談闊論，以主義角爭高下，卻忘掉了許多腳下最平易的事實，最通常的歷史知識。無論上下貴賤，愚蠢的歷史錯誤總不斷重犯，就說明了這一點。蔭麟寫有《中國民族前途的兩大障礙物》、《說民族的「自虐狂」》兩篇評論，可以窺見他這方面的思慮。與其空談主義，何不即事求理？要求國人素質的提高，使他們自然地浸沉於歷史的演化裏，潛移默化，用心神會，不是比填鴨式訓政更切實有效嗎？

寅恪先生晚年潛心箋證錢柳因緣，自述其心志「不僅藉以溫舊夢，寄遐思，亦欲自驗所學之深淺」。聯想及此，莫非蔭麟亦欲以《史綱》「自驗」其歷史哲學運思的「深淺」？筆者不揣愚妄，對若干關節點，謬效前人「代下註腳」於下。不敢說能為先生「發皇心曲」，亦算是為讀者諸君深入閱讀《史綱》，從《文集》與《史綱》互讀的角度，聊盡「導讀」的微薄之力。

在構思《史綱》的時候，蔭麟腦海裏早就有了對歷史大格局的思考。1933 年，蔭麟從美國寄回長篇論文《傳統歷史哲學之總結算》（簡稱《總結算》），刊登於當年的《國風》雜誌。台灣版《文集》所註刊名、年份均有誤，此係去世後友人重刊以誌紀念。大陸教科社版則

未能入錄，恐不能不說是智者之失慮。教課之暇，我常以讀歷史哲學書籍作為業餘愛好，這方面的信息也不算閉塞。我敢說，這是一篇超凡脫俗的歷史哲學力作。讀完《史綱》，再誦讀該篇，許多意猶未盡的深義，真是「看山水底山更佳」。

《總結算》對本世紀東西方流行的四種史觀（目的史觀、循環史觀、辯證法史觀、演化史觀），逐次論析其本義，「抉其所見，而袪其所蔽」，火候把握不溫不燥，底見功力。令人敬佩的是，蔭麟對這些各具方法論價值的思想遺產，都以一種獨立思考的批判精神，用求實求真的歷史感一一加以過濾，是則是，非則非，不偏執，更不迷信。經這種積極的思慮和批判，突顯出來的是本世紀最難得可貴的思維成果——對機械進化史觀和單線一元決定論的摒棄，代之以寬闊發散性的整體思維。他的基本立場可以表述為：人類的歷史是人自身創造自身的歷史，「一切超於個人心智以外之前定（亦即先驗的——筆者按）的歷史目的與計劃皆是虛妄」；「歷史之探索，乃根據過去人類活動在現今之遺跡，以重構過去人類活動之真相。無證據之歷史觀直是譫囈而已」。

任何理論概念再好，比之於實際生活本身，總顯出它的貧乏和單調。歷史觀念之於歷史實際，亦是如此。近來年這一聲音高起來：「讓歷史自己說話」！自然，歷史哪真能自己說話？它無非要提醒我們，史學必須一步也不能離開對歷史證據的蒐集和甄核。歷史不是為概念而活着的。相反，任何概念都必須經受經驗事實的證偽。忠實於歷史，乃是史家的職業道德。直到現在，通史的整體框架還是板結硬化的。一個重要的原因，就是拘泥於一些固定化的程序，出於這種或那種緣故，不能直面歷史實際。重讀蔭麟寫於50多年前的教材，不

能不感慨繫之：蔭麟正是靠着他這種歷史認識論的獨立思考，《史綱》才會有不同於眾，至今還光彩依舊的許多歷史洞見。比之於他，我們是進步了還是退步了？真不敢說。

《史綱》只寫到東漢建立為止。全書最精彩、最富學術價值的，是第二章到第七章。因為這六章，正好關係到我國歷史走向最早的兩次大轉折，為認識中國歷史的大關節，非同一般。在這六章裏，蔭麟層層交疊錯綜推進，着眼於歷史複雜的因果網絡關係，有放有收，構思極費匠心。我上節所說的對歷史全局的統攬和深刻的洞察能力，這裏體現得非常鋒利。

現今中外史學界都有同感，中國社會有許多迥異於西方的歷史殊相，制度、文化、意識形態等等的傳統和歷史走向都極具個性。費正清在經歷了長時期挫折之後，最後也不得不放棄「歐洲中心史觀」，承認必須「以中國看中國」。然而這並不容易。70 年代後期，哄鬧了好一陣的「封建專制主義批判」，像是「燈謎大會」，很能說明生活於「此山中」也未必就識得「真面目」。原因很多，重要的一點，在作出得失是非的歷史價值判斷之前，最吃緊的倒是必須從源頭清算起，弄清中國社會何以會一步步的走到後來這樣的田地。

劈頭就是問題，如何定位中國文明歷史的開局？蔭麟在前述論文裏，對黑格爾以來「目的論」史觀的批判用力最覲，其中大有深義。

通史界對「目的論」一詞多覺陌生。這麼玄乎的問題與我們有何相干？然而，只要往深處想，許多已習以為常的國史判斷，思維背後的潛台詞，不都有「人類史為一計劃、一目的之實現」（黑格爾）的意味？這種先驗的「計劃、目的」，可以託為「天作之君」之類的神學體現，也可以化為「世界精神」的意識產物，即使是以「社會組織

遞次演進」的「必然規律」來強行框架特定的具體的民族歷史,所謂「五步論」中國也「概莫能外」,從哲學意義上說,不都是「目的論」的翻版?!

第一個顯例,即為中國是否經歷過「奴隸制社會」。所幸現在相信的人越來越少了。我至今最不能理解的,商代歷史裏野性的氣味(例如人殉、犧牲等等)較濃,還容得聯想。「郁郁乎文哉」的西周,還一口咬定它仍為「奴隸制社會」,豈不是硬閉起眼睛,存心不想辨認歷史事實?史學為着「概念」活着,史學還有什麼生氣?

第二章《周代的封建社會》,是蔭麟對先秦歷史文獻多年潛心研究心得的晶體,先行刊登於 1935 年《清華學報》。他通過九個角度的組合,繪聲繪色地揭示出了周代社會的整體面貌,包括社會各階層、城鄉生活狀況、政治管理體制乃至意識形態等方方面面,靜態的和動態的演化史跡,說得都有根有據,平和易懂。在所有通史教材裏,對周代社會的整體勾勒,我至今還沒有看到比蔭麟更周全、更清晰的,無一句落空。

通過九節逐次的生動描述,讀者可以信服地看明白:周代既沒有希臘、羅馬那種「奴隸制社會」的模樣,也與西歐中世紀的「領主制社會」迥然相異。它就是具具體體的一個社會歷史個案,是由我們祖先獨創的,有一無二的中國式的「封建」,以家族、宗族聚邑為基礎,由部族方邦聯合,而進至以宗法制為紐帶的「封邦建國」,「散漫」(注意,這是蔭麟的特別用詞)的「封建」。再走下去怎樣?稍後就說到。

蔭麟並不迴避奴隸問題,而且描述細緻具體。但置於他的整體結構之中,奴隸的地位、作用也是一目了然,不容有異想天開的餘地。

對奴隸，我們有許多先入為主的「誇張」。陰麟在書中具體比較了貴人的奴隸與鄉邑農民（庶民）生活處境的同異後，說道：「（庶民）他們的地位是比奴隸稍為高貴；但他們的生活殊不見得比奴隸好。」說的是在特殊的情景下，苛稅雜役法外擾民。陰麟就是那樣地真誠，不肯遷就流行，不願意把話說死。說死了，歷史就不是活生生的，可以讓人回味的。試想數千年的中國古代社會裏，這種情形在史書中不就經常見到？極端的例子，明清河北正定、河間一帶專出太監，怎麼理解？為什麼好好地不當自由的農民？要說有「奴隸社會」，一座大觀園不就是，還用得着到說不清的商朝去找？！

如果不是過於偏執觀念的成見，能說陰麟描述的不是實實在在的周代歷史？對周代社會認識之重要，還因為它關聯着對中國歷史能不能有一個連續把握的歷史通感。只要前後上下打通去思考，問題也就不難豁然解開。於此，陰麟在第二章第一節開首的點睛之筆：「周代的社會組織可以說是中國社會史的基礎」，看似平易，卻有千鈞之重。

我特別佩服陰麟敏銳的歷史通感。其時，地下考古發現還很有限，對幾千年前社會基層，一般人的聚落生活遺址，全然無知。他完全是憑着文獻捕捉到歷史靈感的。今天，早於商周以前，新石器時代的考古發現也越來越豐富，完全證實了以同一血緣的家族、宗族聚合在一起的聚落——「鄉邑」，始終是上面屢經變遷的國家（從方國、王國到帝國）政治的基礎。原先陝西姜寨發現的是以公共廣場為中心的同心圓模式，大中小房子分五羣圍拱圍繞着廣場（像是公社集會的場所）。我曾自作聰明地提問：是什麼時候，我們的民居聚合離開了「羅馬廣場」而變成排房模式的？很快考古發現證明這是一個假問題。在遼寧，在湖南，連續發現了五六千年前的聚落遺址，竟然活脫

脫的就像舊時我家鄉村落的排房，五排、六排的，一個村落；南方還發現了一條小路通向遠方，「小橋」流水的畫面似在眼前。你說奇特不奇特？數千年裏我們絕大多數人口就沒有走出過這一情景。最近十來年，才有了一點點走出的樣子。

什麼「人人普遍皆奴隸」？什麼「奴隸軍事集中營」？現在覺得真有點好笑。許多前賢的感覺我們都疏離了。他們老說，一家一戶，同族相拱相助的鄉村生活，在平日裏是「自由」的、「平等」的，除非天災和從外面衝進來的人禍（參許思園《中西文化回眸》，華東師大版。蔭麟書裏也有類似的描述）。現在想想，那時同族相聚，「死徙無出鄉」；即使到了郡縣制時代，「天高皇帝遠」，政府只設到縣一級，若風調雨順，老百姓所求不高，外面的人也不大管，這情景也真有點像。否則，《老子》裏關於「小國寡民」的描繪，《桃花源記》裏的世外村落，想像的根據哪裏來？！漢呂后、唐武則天年代，上層、宮裏殺得天昏地暗，甚至「陰陽倒錯」，只要不苛政猛如虎，還懂得「休養生息」，連正史也承認，是時天下尚稱「乂安」，百姓「逸樂」。這情境現代洋人不容易看明白，從山村裏走來的多少都能體驗。上面變化萬千，底層依舊如故。什麼「王」、什麼「帝」，能給我安靜，都無所謂。山還是那座山，水還是那樣的水，這就是直到開放以前中國的歷史底蘊：數千年以不變應萬變。

由第二章而下，直到第七章秦統一止，實際整個成一系統。這是有關中國歷史走向的一個大關節。對這種歷史變動，在第五章第一節，以優美似散文的筆調交代了總的態勢：「春秋時代的歷史大體上好比安流的平川，上面的舟楫默然潛移，遠看彷彿靜止；戰國時代的歷史卻好比奔流的湍瀨，順流的舟楫，揚帆飛駛，頃刻之間，已過了

峰嶺千重。」

　　歷史有靜和動兩方面。前者，蔭麟稱之為「一個有結構的全體之眾部分的關係」，亦即社會學裏的「社會結構分析」。「周代的封建社會」一章主體部分，用的就是這種方法。相對於靜的結構的描寫，後五章，就是蔭麟稱為的「變動的記錄」，有時就徑稱「演化」。它所涉及的，相當於社會學中的「發展」和「變遷」兩個範疇。蔭麟的基本立場，在《自序》下半部作了扼要的說明。

　　呂思勉、錢穆在他們的通史引論裏，都說到「人類已往的社會，似乎是一動一靜的」，呂稱之為「生命的節奏」；「人類歷史之演進，常如曲線形之波浪，而不能成一直線以前行」，錢稱「歷史的風韻」由此而異。這都說明由辨同異而斷動變，是通史家着力入針的「要穴」。歷史的靜不好寫，但動的歷史更難駕取，特需要識見。蔭麟稱自己是傾向於「演化史觀」的。但在《總結算》裏特別申明，他與近世流行的進化論之間有不少原則性的分歧。他所特別不能苟同的，一是崇尚「突變」。他說：「吾人若追溯其過去之歷史，則必為一演化之歷程；其中各時代新事物之出現，雖或有疾遲多寡之殊，惟無一時焉，其面目頓改，連續中斷，譬若妖怪幻身，由霓裳羽衣忽而為蒼鬒皓首者。」這層意思，在關於春秋戰國變化態勢的描述裏，已經用近乎文學的語言表達得很生動。二是迷信「必然」。蔭麟主張：「一切民族之歷史之通則，宜從一切或至少大多數民族之歷史中歸納而出結論。其能立與否，全視乎事實上之從違。」他戲稱郭沫若氏《中國古代社會研究》中所執世界同一的演化程序，為「一條鞭式的社會演化論」，是「欲將我國古代生活記錄生吞活剝以適合之」。

　　蔭麟後一段意思，需要略為申述一下。我試問過自己，什麼叫歷

史必然?天下本沒有路,走的人多了,就成了路。中國的歷史也是一步一步慢慢踩踏出一條路來的。回過頭看,曲曲折折的長路,一直連到天地洪荒,一代接一代的人,精心算天算地算己,都算不準確,那長程軌跡、那總結果卻是明白的。因此,一定跟「理念」有偏差,跟別的國家、民族更不一樣。事後,對這種結局作因果的清理,便得出了所謂的「必然」。以後呢,以後再說。歷史學家除此而外,還能做什麼?

當然,蔭麟對這種「過程」的歷史感覺,決不會像我上面說的那樣淺陋。他既有高度,也有深度,把這稱之為「定向的發展」。他說:「所謂定向的發展者,是一種變化的歷程。其諸階段互相適應,而循一定的方向,趨一定的鵠者。這鵠的不必是預先存想的目標,也許是被趨赴於不知不覺中的。這鵠的也許不是單純的而是多元的。」(《自序》)我想,這就是蔭麟對多元發散性思維一次成功的運用。

西周之後,中國歷史走向如何?蔭麟在剛開始說西周時,就早早埋下伏筆,它實際上是後五章的總起:「從這散漫的封建的帝國到漢以後統一的郡縣的帝國,從這階級判分、特權固定的社會到漢以後政治上和法律上比較平等的社會,這其間的歷程,是我國社會史的中心問題之一。」一千來年的變動軌跡及其特徵,蔭麟的歸納就這樣要言不煩。

中國的歷史雖然還有許多問題一時還說不清,但她的神韻讀多了總有一種特別的感覺。蔭麟這一個「散漫」,一個「統一」,真是把前後兩種不同的歷史意境點化得「神」了。在之前,中國人還沒有享受到「大」的好處;在之後,中國人從此也要同時備嘗「大」的難處。

這種歷史的通感，陰麟猶如名醫，號脈是如此准穩。

商周王國（陰麟稱「帝國」，因為商王或周王有時也自稱「帝」），絕對不像現今有些史家說的，已經是一個「大一統」的國家。它更像是一個散漫程度略有差異的方邦聯合，但都必須以我（商或周族）為核心，不是平等的聯合（有君臣的名分）。它明智的地方，表現在儘可能不破壞原有方邦的社會組織，穩定基層，「一國多制」。正像陰麟說的，周人實行的是地方分治：「在一個王室的屬下，有寶塔式的幾級封君，每一個封君，雖然對於上級稱臣，實際上是一個區域的世襲的統治者而兼地主」，「諸侯國的內政幾乎完全自主」（第二章第一節）。在中國歷史上，只在這個時期才有真正名符其實的貴族。如果這種歷史格局一直延續不變，那中國的歷史也許與歐洲的歷史不會有那麼大的差異，不至於後來誰也認不得誰，如同陌路人。

然而「天下沒有不散的筵席」，周的「禮制」再完美、再周密，也抵不住人性惡的情慾本能。世襲貴族階級（公室、卿、大夫）為算計自己的利益，算計別人的利益，「宗族和姻戚的情誼經過了世代愈多，便愈疏淡」，「名分背後的權力一消失，名分便成了紙老虎，必被戳穿」（第二章第九節），終於不斷地相互爭鬥、相互殘殺，出新招，換花樣，竟把一個舊的社會秩序給毀了，也親手把自己所屬的那個階級送進了墳墓。在春秋戰國的五百多年裏，再沒有比貴族階級漸次消滅再重大的事件。不知不覺中，所有好事、壞事，都圍着這個中心轉；誰也沒有料到，人人都在唱「葬花詞」。中國歷史朝着另一方向走去。這就是陰麟花了五章的篇幅（其中包括相應的思潮起伏，此處割愛不贅），講了許多故事，要託給我們的這種特具中國韻味的「動的歷史記錄」。

對這一變動，前輩史家間的價值評判頗有出入，但大歷史的構架都是一致的。其中以誠之先生說得最明白。他把中國古代史分為三個時代：（甲）部族時代，（乙）封建時代，（丙）統一時代。錢氏《國史大綱》大體也是循這一思路定綱目的。蔭麟在《史綱》裏沒有總括，但與呂、錢兩家完全不謀而合。讀者可以比照現行通史，孰者真實，依史有據？！

我的感慨，不奇怪別的，只是不能理解為什麼那些人總愛抱着「自古以來論」不放。假若什麼都是「自古如此」，那你還搞什麼歷史研究？！現在的有些名家，與前輩不同的，就是市場意識太濃，走走，就像戲台上拿話筒唱假歌的明星。

第七章第三節，蔭麟破例地引證了秦始皇紀功石刻的原文，然後似乎很不經意地寫道：「在這幅員和組織都是空前的大帝國裏，怎樣永久維持皇室的權力，這是始皇滅六國後面對着的空前大問題，且看他如何解答？」

蔭麟沒有能把《史綱》寫完，但就在上面那段不經意的點題裏，已經把此後全部歷史的總題目交代給我們了。這就是大家的筆法。

從此，「乃今皇帝，壹家天下」，中國再沒有真正意義上的貴族，滿天下多是流動的官，直到宣統遜位。在考試（科舉前亦有考試）面前人人平等，布衣卿相，平地「跳龍門」，但到頭來都是為皇帝打工。好處是「人才市場」資源充足，不老實，招別的人來打工。所以，唯有已故傅衣凌先生一語中的：中國古代的體制，不在「長期停滯」，妙在「最富彈性」。這很可以為蔭麟「漢以後政治上和法律上比較平等的社會」下註。否則，讀者很容易誤解。

試想，此後二千來年，所有的歷史還不是圍着這「空前」的「大」

字，一代一代的不停地補苴罅漏，為中央與地方的關係，為「鐵打」的君王與「流水」的職官之間的關係，為寬猛、收放、和戰、治亂等等難題，費盡心機。其中歷史學起了關鍵的作用。前車傾覆，後者修軌；撥亂反正，正又復生奇。我們的全部古代政治學，都寫在《資治通鑒》之類的史書裏頭。平心而論，成功是巨大的。林語堂好刻薄，記得他說過：「不管怎樣，無論怎樣混法，能混過這上下五千年，總是了不起的，說明我們的生命力很頑強」（大意）。能說語堂先生刺耳的幽默裏不包含真理？《中國史綱》剛開了頭，例如關於漢武帝的經濟對策、關於王莽脫離實際的改制鬧劇，都寫得很有意思。在兩宋的遺篇裏，對興亡盛衰的討論要更深入得多。

總之，中國歷史可以回味的地方很多。蔭麟《史綱》裏值得回味的地方也還有很多。最後，我要鄭重地向讀者宣傳：真正生動的、真實的通史，如蔭麟那樣，應該是大有讀頭的。

寫定於 1999 年 8 月 9 日

參考文獻：

（1）《張蔭麟文集》，倫偉良編，台灣「中華叢書委員會」出版，1956 年。

（2）《張蔭麟文集》，張雲台編，教育科學出版社出版，1993 年。

（3）《當代中國史學》，顧頡剛著，遼寧教育出版社出版，1998 年。

自序一

　　這部書的開始屬草，是在盧溝橋事變之前二年；這部書的開始刊佈，是在事變之後將近三年。

　　現在發表一部新的中國通史，無論就中國史本身的發展上看，或就中國史學的發展上看，都可說是恰當其時。就中國史本身的發展上看，我們正處於中國有史以來最大的轉變關頭，正處於朱子所謂「一齊打爛，重新造起」的局面；舊的一切瑕垢腐穢，正遭受徹底的滌盪剗割，舊的一切光晶健實，正遭受天捶海淬的鍛煉，以臻於極度的精純；第一次全民族一心一體地在血泊和瓦礫場中奮扎以創造一個赫然在望的新時代。若把讀史比於登山，我們正達到分水嶺的頂峰，無論回顧與前瞻，都可以得到最廣闊的眼界。在這時候，把全部的民族史和它所指向道路，作一鳥瞰，最能給人以開拓心胸的歷史的壯觀。就中國史學的發展上看，過去的十來年可算是一新紀元中的一小段落；在這十來年間，嚴格的考證的崇尚，科學的發掘的開始，湮沒的舊文獻的新發現，新研究範圍的墾闢，比較材料的增加和種種輸入的史觀的流播，使得司馬遷和司馬光的時代頓成過去；同時史界的新風氣也

結了不少新的，雖然有一部分還是未成熟的果。不幸這草昧初闢的園林，突遇狂風暴雹，使得我們不得不把一個萬果纍纍的時代，期於不確定的將來了。文獻的淪陷，發掘地址的淪陷，重建的研究設備的簡陋和生活的動盪，使得新的史學研究工作在戰時不得不暫告停滯，如其不致停頓。「風雨如晦，雞鳴不已」的英賢，固尚有之；然而他們生產的效率和發表的機會不得不大受限制了。在這抱殘守缺的時日，回顧過去十來年新的史學研究的成績，把它們結集，把它們綜合，在種種新史觀的提警之下，寫出一部分新的中國通史，以供一個民族在空前大轉變時期的自知之助，豈不是史家應有之事嗎？

着手去寫一部通史的人，不免劈頭就碰到一個問題；以批評眼光去讀一部通史的人，也不免劈頭就碰到同一的問題，那就是，拿什麼的「筆削」做標準？顯然我們不能把全部中國史的事實，細大不捐，應有盡有地寫進去。姑勿論一個人，甚至一整個時代的史家沒有能力去如此做。即使能如此做，所成就的只是一部供人檢查的「中國史百科全書」，而不是一部供人閱讀的中國通史。那麼，難道就憑個人涉覽所及，記憶所容和興趣所之，以為去取嗎？這雖然是最便當的辦法，我懷疑過去許多寫通史的人大體上所採的正是這辦法。無怪佛祿德（Froude）把歷史比於西方的綴字片，可以任隨人意，拼成他所喜歡的字。我們若取任何幾種現行的某國或某處通史一比較，能否認這比喻的確切嗎？但我們不能以這樣的情形為滿足。我們無法可以使幾個史家各自寫成的某國通史去取全同，如自一模鑄出，除是他們互相抄襲。但我們似乎應當有一種標準，可以判斷兩種對象相同而去取不同的通史，孰為合當，孰為高下，這標準是什麼？

讀者於此也許會想到一個現成的答案：韓昌黎不早就說過「記事

者必提其要」嗎？最能「提要」的通史，最能按照史事之重要的程度以為詳略的通史，就是選材最合當的通史。「筆削」的標準就在史事的重要性。但這答案只把問題藏在習熟的字眼裏，並沒有真正解決問題。什麼是史事的重要性？這問題殊不見得比前一問題更為淺易。須知一事物的重要性或不重要性並不是一種絕對的情實，擺在該事物的面上，或蘊在該事物的內中，可以僅就該事物的本身檢察或分析而知的。一事物的重要性或不重要性乃相對於一特定的標準而言。什麼是判別重要程度的標準呢？

「重要」這一概念本來不只應用於史事上，但我們現在只談史事的重要性，只探究判別史事的重要程度的標準。「重要」一詞，無論應用於日常生活上或史事的比較上，都不是「意義單純」（Univocal）的；有時作一種意義，有時作別一意義；因為無論在日常生活上或史事的比較上，我們判別重要程度的標準都不是惟一無二的；我們有時用這標準，有時用那標準。而標準的轉換，我們並不一定自覺。惟其如此，所以「重要」的意義甚為模糊不清。在史事的比較上，我們用以判別重要程度的可以有五種不同的標準。這五種標準並不是作者新創出來的，乃是過去一切通史家部分地、不加批判地，甚至不自覺地，卻從沒有嚴格地採用的。現在要把它們盡數列舉，並加以徹底的考驗。

第一種標準可以叫作「新異性的標準」（Standard of Novelty）。每一件歷史的事情都在時間和空間裏佔一特殊的位置。這可以叫作「時空位置的特殊性」。此外它容有若干品質，或所具若干品質的程度，為其他任何事情所無。這可以叫作「內容的特殊性」。假如一切歷史的事情只有「時空位置的特殊性」而無「內容的特殊性」，或

其「內容的特殊性」微少到可忽略的程度,那麼,社會裏根本沒有所謂「新聞」,歷史只是一種景狀的永遠持續,我們從任何一歷史的「橫剖面」可以推知其他任何歷史的「橫剖面」。一個民族的歷史假若是如此,那麼,它只能有孔德所謂「社會靜力學」,而不能有他所謂「社會動力學」;那麼,它根本不需有寫的歷史,它的「社會靜力學」就可以替代寫的歷史。現存許多原始民族的歷史雖不是完全如此,也近於如此;所以它們的歷史沒有多少可記。我們之所以需有寫的歷史,正因為我們的歷史絕不是如此,正因為我們的史事富於「內容的特殊性」,換言之,即富於「新異性」。眾史事所具「內容的特殊性」的程度不一,換言之,即所具「新異性」的程度不一。我們判斷史事的重要性的標準之一即是史事的「新異性」。按照這標準,史事愈新異則愈重要。這無疑地是我們有時自覺地或不自覺地所採用的標準。關於這標準有五點須注意。第一,有些史事在當時富於「新異性」的,但後來甚相類似的事接疊發生,那麼,在後來這類事便減去新異性;但這類事的始例並不因此就減去「新異性」。第二,一類的事情若為例甚稀,他的後例仍不失其「新異性」,雖然後例的新異程度不及始例。第三,「新異性」乃是相對於一特殊的歷史範圍而定。同一事情,對於一民族或一地域的歷史而言,與對於全人類的歷史而言,其新異的程度可以不同。例如 14 世紀歐洲人之應用羅盤針於航海,此事對於人類史而言的新異程度遠不如其對於歐洲史而言的新異程度。第四,「新異性」乃是相對於我們的歷史知識而言。也許有的史事本來的新異程度很低,但它的先例的存在為我們所不知。因而在我們看來,它的新異程度是很高的。所以我們對於史事的「新異性」的見解隨着我們的歷史知識的進步而改變。第五,歷史不是一盤

散沙,眾史事不是分立無連的;我們不僅要注意單件的史事,並且要注意眾史事所構成的全體;我們寫一個民族的歷史的時候,不僅要注意社會之局部的新異,並且要注意社會之全部的新異;我們不僅要注意新異程度的高下,並且要注意新異範圍的大小。「新異性」不僅有深濃的度量(Intensive Magnitude),並且有「廣袤的度量」(Extensive Magnitude)。設如有兩項歷史的實在,其新異性之「深濃的度量」可相頡頏,而「廣袤的度量」相懸殊,則「廣袤的度量」大者比小者更為重要。我們的理想是要顯出全社會的變化所經諸階段和每一階段之新異的面貌和新異的精神。

假如我們的歷史興趣完全是根於對過去的好奇心,那麼,「新異性的標準」也就夠了。但事實上我們的歷史興趣不僅發自對過去的好奇心,所以我們還有別的標準。

第二種標準可以叫作「實效的標準」(Standard of Practical Effect)。這個名詞不很妥當,姑且用之。史事所直接牽涉和間接影響於人羣的苦樂者有大小之不同。按照這標準,史事之直接牽涉和間接影響於人羣的苦樂愈大,則愈重要。我們之所以有這標準,因為我們的天性使得我們不僅關切於現在人羣的苦樂,並且關切於過去人羣的苦樂。我們不能設想今後史家會放棄這標準。

第三種標準可以叫作「文化價值的標準」(Standard of Cultural Values)。所謂文化價值即是真與美的價值。按照這標準,文化價值愈高的事物愈重要。我們寫思想史、文學史或美術史的時候,詳於灼見的思想而略於妄誕的思想,詳於精粹的作品而略於惡劣的作品(除了用作形式的例示外),至少有一大部分理由依據這標準。假如用「新異性的標準」則灼見的思想和妄誕的思想,精粹的作品和惡劣的

作品，可以有同等的新異性，也即可以有同等的重要性，而史家無理由為之軒輕。哲學上真的判斷和文學美術上比較的美的判斷，現在尚無定論。故在此方面通史家容有見仁見智之殊。又文化價值的觀念隨時代而改變，故此這標準也每隨時代而改變。

第四種標準可以叫作「訓誨功用的標準」（Standard of Didactic Utility）。所謂訓誨功用有兩種意義：一是完善的模範；二是成敗得失的鑒戒。按照這標準，訓誨功用愈大的史事愈重要。舊日史家大抵以此標準為主要的標準。近代史家的趨勢是在理論上要把這標準放棄，雖然在事實上未必能徹底做到。依作者的意見，這標準在通史裏是要被放棄的。所以要放棄它，不是因為歷史不能有訓誨的功用，也不是因為歷史的訓誨功用無注意的價值，而是因為學術分工的需要。例如歷史中的戰事對於戰略與戰術的教訓，可屬於軍事學的範圍；歷史人物之成功與失敗的教訓，可屬於應用社會心理學中的「領袖學」的範圍。

第五種標準可以叫作「現狀淵源的標準」（Standard of Genetic Relation With Present Situations）。我們的歷史興趣之一是要了解現狀，是要追溯現狀的由來，眾史事和現狀之「發生學的關係」（Genetic Relation）有深淺之不同，至少就我們所知是如此。按照這標準，史事和現狀之「發生學的關係」愈深，愈有助於現狀的解釋則愈重要。大概的說，愈近的歷史和現狀的「發生學的關係」愈深，故近今通史家每以詳近略遠為旨。然此事亦未可一概而論。歷史的線索，有斷而復續的，歷史的潮流，有隱而復顯的。隨着社會當前的使命，問題和困難的改變，久被遺忘的史跡每因其與現狀的切合而復活於人們的心中。例如吾人今日之於墨翟、韓非、王莽、王安石與鍾相是也。

以上的五種標準，除了第四種外，皆是今後寫通史的人所當自覺地，嚴格地，合併採用的。不過它們的應用遠不若它們的列舉的容易。由於第三種標準，對文化價值無深刻的認識的人不宜寫通史。由於第五種標準，「知古而不知今」的人不能寫通史。再者要輕重的權衡臻於至當，必須熟習整個歷史範圍裏的事實。而就中國通史而論，這一點絕不是個人一生的力量所能做得到的。所以無論對於任何時代，沒一部中國通史能說最後的話。所以寫中國通史永遠是一種極大的冒險。這是無可奈何的天然限制，但我們不可不知有這種限制。

除了「筆削」的標準外，我們寫通史時還有一個同樣根本的問題。經過以上的標準選擇出來的無數史實，並不是自然成一系統的。它們能否完全被組織成一系統？如是可能，這是什麼樣的系統？上面說過，眾史事不是孤立無連的。到底它們間的關係是什麼樣關係？同時的狀況，歷史的一「橫切片」的種種色色，容可以「一個有結構的全體之眾部分的關係」（Relation between Parts of An Organized Whole）的觀念來統馭，但歷史不僅是一時的靜的結構的描寫，並且是變動的記錄。我們能否或如何把各時代各方面重要的變動的事實系統化？我們能否用一個或一些範疇把「動的歷史的繁雜」（Changing Historical Manifold）統貫？如其能之，那個或那些範疇是什麼？

我們用來統貫「動的歷史的繁雜」可以有四個範疇。這四個範疇也是過去史家自覺或不自覺地部分使用的。現在要把它們系統地列舉，並闡明它們間的關係。

（甲）因果的範疇。歷史中所謂因果關係乃是特殊的個體與特殊個體間的一種關係。它並不牽涉一條因果律，並不是一條因果律下的一個例子。因為因果律的例子是可以復現的；而歷史的事實，因其內

容的特殊性，嚴格地說，是不能復現的。休謨的因果界說不適用於歷史中所謂因果關係。

（乙）發展的範疇。就人類史而言，因果的關係是一個組織體對於另一個組織體的動作，或一個組織體對其自然環境的動作，或自然環境對一個組織體的動作（Action），或一個組織中諸部分或諸方面的交互動作（Interaction）。而發展則是一個組織體基於內部的推動力而非由外鑠的變化。故此二範疇是並行不悖的。發展的範疇又包括三個小範疇。

（1）定向的發展（Teleological Development）。所謂定向的發展者，是一種變化的歷程。其諸階段互相適應，而循一定的方向，趨一定鵠的者。這鵠的不必是預先存想的目標，也許是被趨赴於不知不覺中的。這鵠的也許不是單純的而是多元的。

（2）演化的發展（Evolutional Development）。所謂演化的發展者，是一種變化的歷程，在其所經眾階段中，任何兩個連接的階段皆相近似，而其「作始」的階段與其「將畢」的階段則劇殊。其「作始」簡而每下愈繁者謂之進化。其「作始」繁而每下愈簡者謂之退化。

（3）矛盾的發展（Dialectical Development）。所謂矛盾的發展者，是一變化的歷程，肇於一不穩定組織體，其內部包含矛盾的兩個元素，隨着組織體的生長，它們間的矛盾日深日顯，最後這組織體被內部的衝突綻破而轉成一新的組織體，舊時的矛盾的元素經改變而潛納於新的組織中。

演化的發展與定向的發展，矛盾的發展與定向的發展，各可以是同一事情的兩方面。因為無論演化的發展或矛盾的發展，都可以冥冥中趨赴一特定的鵠的。惟演化的發展與矛盾的發展則是兩種不同的事情。

這四個範疇各有適用的範圍,是應當兼用無遺的。我們固然可以專用一兩個範疇,即以之為選擇的標準,凡其所不能統貫的認為不重要而從事捨棄。但這辦法只是「削趾適履」的辦法。依作者看來,不獨任何一個或兩三個範疇不能統貫全部重要的史實;便四範疇兼用,也不能統貫全部重要的史實,更不用說全部的史實,即使僅就一個特定的歷史範圍而論。於此可以給歷史中所謂偶然下一個新解說,偶然有廣狹二義:凡史事為四範疇中某一個範疇所不能統貫的,對於這範疇為偶然,這偶然是狹義的偶然;凡史事為四範疇中任何範疇所不能統貫的,我們也說它是偶然,這偶然是廣義的偶然。歷史中不獨有狹義的偶然,也有廣義的偶然。凡本來是偶然(不管狹義或廣義的)的事,謂之本體上的偶然。凡本非偶然,而因我們的知識不足,覺其為偶然者,謂之認識上的偶然。歷史家的任務是要把歷史中認識上的偶然儘量減少。

到此,作者已把他的通史方法論和歷史哲學的綱領表白。更詳細的解說不是這裏篇幅所容許。到底他的實踐和他的理論相距有多遠,願付之讀者的判斷。

民國二十九年(1940年)二月　昆明

註:原標題為「自序」,初刊於重慶青年書店 1941 年版,史地教育叢刊本、正中書局本未刊。今選刊於此。

自序二

　　作者寫此書時所懸鵠的如下：（1）融會前人研究結果和作者玩索所得，以說故事的方式出之，不參入考證，不引用或採用前人敍述的成文，即原始文件的載錄亦力求節省；（2）選擇少數的節目為主題，給每一所選的節目以相當透徹的敍述，這些節目以外的大事，只概略地涉及以為背景；（3）社會的變遷，思想的貢獻，和若干重大人物的性格，兼顧並詳。至於實際成就與所懸鵠的之間，有多少距離，只好付之讀者的判斷了。

　　這部書原不是作者創意要寫的。創意要他寫這部書並且給他以寫這部書的機會的是傅孟真先生和錢乙藜先生。往在昆明，黃子堅先生、孫毓棠先生曾費心謀刊印此書而未成。比來遵義，張曉峰先生主國立浙江大學史地教育研究室，為石印五百冊以廣其傳。以上諸先生，作者謹於此誌謝。

　　　　　　　　民國三十年（1941 年）三月張蔭麟於貴州遵義書

　　註：史地教育叢刊本題為「序」，正中書局本題為「初版自序」。今選刊於此。

010

自序三

　　此書再版和初版不同的地方，除多處筆誤和刊誤的校正，數處小
節的增刪外，乃是第九至第十一章的添入。第九章的上半作者自覺尚
有缺點，卻不及修正，讀者諒之。

　　初版的校正，幸得柳定生女士及葉文培君的助力，合於此誌謝。

　　　　　　　　　民國三十一年（1942 年）九月張蔭麟於貴州遵義書

　　註：史地教育叢刊本未刊此序，正中書局本題為「再版自序」。今選
刊於此。

自序四

或曰：「稽古勵文，本承平之飾；懷舊寄興，乃閑逸之娛。值陵谷之傾翻，宜儒柔之丕變。抱孤主而講《論語》，固無救於淪胥；處圍城而習《春秋》，亦奚裨於捍禦？況乃巨劫所被，文物斯墜。蘭台之守，取作胡囊；石渠之藏，踐於羈馬。趙德父之倉皇奔命，卷軸盡拋；祁幼文之慷慨捐生，縹緗盪散。守殘缺於荒陬，望中興於來日。尼父之歸洙泗，始述麟經；子長之在笮邛，疇稽鳳紀？勉賡弦誦，只存告朔之餼羊；宣誨文章，有類禳凶之芻狗。是則史綱之刊，毋亦可以已也？」

對曰：「子言有見於史之華，無見於史之實；有見於史之敝，無見於史之用。若夫明國族繩繩之使命，庶無餒於任重而道艱；表先民烈烈之雄風，期有效於起衰而振懦；斯今日之所急，捨讀史而末由。惟我華胄，卓居族羣；導中和之先路，立位育之人極；啟文明於榛狉，播光華於黯黮。大任既已降於斯民，大難所以鼓其蘊力。屢蠻夷而猾夏，終德義之勝殘。否臻極而泰來，貞以下而元起。斯史實所炳垂，凡國民所宜稔者也。若乃勢當危迫，志存忠節。蹈東海而死，

義不帝秦；抗絕島而興，誓將恢漢；恥偷生之辱，血洗孤城；酬故
主之恩，身膏敵斧；凜天地之正氣，凌日月而永耀。不有述往，何
以詔今？某也摧鋒無技，深慚擇術之乖；操翰為生，爰盡激揚之力
云爾。」

原載《益世報·文史副刊》第 21 期，1942 年 12 月 10 日

　　註：本文為作者題寫獻辭，原標題為「《中國史綱》獻辭」，初次發
表於《益世報·文史副刊》21 期，1942 年 12 月。後來又刊載於《東南日
報·雲濤副刊》18 期，1948 年 1 月 10 日。今選刊於此。

第一章

中國史黎明期的大勢

　　從前講歷史的人每喜歡從「天地剖判」或「混沌初開」說起。近來講歷史的人每喜歡從星雲凝結和地球形成說起。這部書卻不想拉得這麼遠。也不想追溯幾百萬年以前，東亞地方若干次由大陸變成海洋，更由海洋變成大陸的經過。也不想追溯幾十萬年以前當華北還沒有給飛沙揚塵的大風鋪上黃土層的時候，介乎猿人與人之間的「北京人」怎樣在那裏生活着，後來氣候又怎樣改變，使得他們消滅或遠徙，而遺留下粗糙的石器、用火的爐跡和食餘的獸骨人骨，在北平附近的周口店的地層中。也不想跟蹤此後石器文化在中國境內的分佈、傳播和進步，直至存在於公元前六七千年間具有初期農業和精緻陶器的「仰韶文化」（仰韶在河南澠池附近）所代表的階段。

　　這部中國史的着眼點在社會組織的變遷，思想和文物的創闢，以及偉大人物的性格和活動。這些項目要到有文字記錄傳後的時代才可得確考。

嚴格的說，照現在所知，我國最初有文字記錄的時代是商朝，略當於公元前十八世紀中葉至前十二世紀中葉。本書即以商朝為出發點，然後回顧其前有傳說可稽的四五百年，即以所知商朝的實況為鑒別這些傳說的標準。

第一節　商代文化

商朝在最後的二百七十多年間，定都於殷，即今河南安陽，故此商朝又名殷朝。我們稱這二百七十多年為商朝的後期，我們所以確知商朝已有文字記錄，乃因為公元 1899 年以來殷都遺址 —— 即所謂殷墟 —— 的發現和發掘。

殷墟出土的遺物，除了大批的銅器、陶器、骨器、石器外，最引史家注意的是無數刻有文字的龜甲和獸骨（至少有十萬片以上）。這些甲骨差不多全是占卜所用的，乃王室卜人所保存的檔案。原來商人要預測未來的吉凶，或探問鬼神的意旨，便拿一塊龜腹甲（間有用背甲的）或牛肩胛骨（間有用肋骨的），在一面加以鑽鑿，卻不令穿透，然後在鑽鑿處灼火，另一面便現出裂紋，這叫作「兆」。卜人看兆而斷定鬼神或一種神妙的勢力對於所問的反應。所問的事情，有時連日後的「應驗」，就刻在兆的旁邊，這可稱為卜辭。卜辭的內容以關於祖先的祭祀的為最多，如卜祭祀的日期、用牲的種類、用牲的數目等；有關於氣象的，如卜雨、晴、風、雪等；有關於歲收豐歉的；有關於征伐、漁獵和出行涉川之利否的；有關於疾病、胎孕和夢徵的；有所謂卜旬和卜夕的，即於一旬之末卜下一旬有無災害，和於日間卜

是夕有無災害的。還有別的事項這裏不能盡舉。卜辭以外，甲骨文書中也有少數短短的記事，例如記頒發矛若干，某人取貝若干，某日某人入覲之類；又有田獵獲獸的記錄，刻在獸頭骨上的。甲骨文書全是商朝後期的遺物。根據甲骨文書、甲骨文字的分析、其他商代的遺物遺跡和後人關於商朝的記載，我們可作一商代的文化的速寫如下。

商人是以農業為主要的生產方法。農作物有黍、稷、稻、麥、蠶桑。卜辭中「卜黍年」「貞（卜問）我受黍年」「貞其登黍」的記錄很多，而此等處的黍字從未見有用別的植物名來替代的，可知黍為商人主要的農作物。帛、巾、幕等字和若干從糸的字的存在，證明絲織工藝的發達。有酒，以黍釀造。耕種全用人力。農具有耒耜。原始的耒耜，蓋全以木為之。耒是一根拗曲的木棒，下端歧而為二，歧頭上安一橫木，以便腳踏。這是起土用的。耜和耒的分別是下端斜銳而不分歧，利於刺地而不利於起土，大約過於堅實的土，耒不能起便先用耜去刺鬆。耜當是利用樹丫做成。商人是否已用銅做耒耜的下部，不得而確知。

漁獵和畜牧也是商人的盛大的生產副業。魚的種類不見於卜辭。獵品，除野豬、鹿、狼、兕、兔、雉外，還有象。商王田獵的記錄中，獲鹿有一次三百八十四頭的，獲豬有一次一百十三頭的，獲狼有一次四十一頭的。可見殷都附近的開闢程度。供食的家畜，除牛、羊、雞、豕外，還有狗。牧畜業之盛從王室祭祀用牲之多可見，每有一次用牛羊三四百頭的。馴役的動物除牛（旱牛和水牛）、馬、犬外，還有象。至遲在商朝末年，商人並且曾利用象去作戰。

商人已有鑄造青銅（銅錫合金）器的工藝，鑄造工場的遺物曾在殷墟找得，有可容銅液十二三公斤的陶製煉鍋，有銅製的型範，有銅礦石，有煉渣。商人的兵器及工具大部分已用銅製，但也有一部分仍

用石或骨角製。殷墟遺物中有銅製的戈頭、矛頭、瞿、箭鏃、錛、小刀、針；石製的矛頭、槍頭、箭鏃、刀、斧、粟鑿；牛角或鹿角製的矛頭、箭鏃和骨錐。骨角製的兵器也許是僅作明器用的。

商人鑄銅技術之最高的造就，乃在王宮和宗廟裏所陳列的供飲食和盛載用的種種器皿，如尊、卣（盛酒用）、爵（酌酒用）、觚（飲水器）、罍、段（食器）、方彝、巨鼎（盛食物用）等等，都是具有很縟麗的花紋的。可惜寫此段時，殷墟的銅器，作者尚無緣寓目。茲根據他人參觀（民國二十六年夏教育部第二次全國美術展覽會所陳列者）的報告，略記二器，以見一斑。一為提梁卣：器分三層，上層為一蓋，以練繫於梁間，下層為卣的本體，中層擱上是一蓋，取下來卻是一觚，提梁的兩端，各有一生動的兔形的獸頭，全器周圍是細緻的花紋。一為盂形的器：當中有一柱，柱頂成蓮花形，其旁四龍拱繞，兩龍銳角，兩龍鈍角，四龍相連，可以環柱為軸而旋轉，盂身和柱周圍也是細緻的花紋。

此外殷墟銅器之可注意的有盤、壺、鑪、勺、漏勺、筷子等，還有戰士戴的盔。

殷墟的陶器包括種類繁多的飲器、食器、盛器和烹飪器，其質地有灰色、紅色的粗陶，黑色、白色的細陶和一種經高溫燒加釉的陶；其紋飾多數是刻劃的。細陶的紋飾極複雜，其母題有動物形、幾何圖案和圖案化的動物形。

商人牙、骨、玉、石雕刻工藝在殷墟的遺跡也很豐富，舉其特別可注意的：有鑲嵌綠松石的象牙鴟尊；有一種雕紋的（也有繪紋的）骨製玩器，彷彿後世「如意」一類的東西，長形略曲，其花紋為龍、鳳或蟬形，偶或嵌着綠松石；有各種式的佩玉，或作圓圈，或作半

圓，或作長筒，或雙龍相對成一圓形，或兩魚相對成一半圓，或狀人物、人面、獸頭、虎、兔、象、鴞、燕、鴿、魚、蛙、蟬、長尾鳥、蝙蝠等；又有巨大的大理石的立體雕刻品，狀人物、虎、龜、鴞、蟾、雙獸等，以供陳設之用的。

從狀人物的雕刻品和其他遺物，我們知道商人是席地而坐的；知道當時一部分人的服裝是交領、右衽、短衣、短裙、束帶，其鞋翹尖；知道當時女人臉上塗朱；頭飾極複雜，左右兩鬢或額間的頭巾上綴一綠松石砌成的圓形物；頭髮中間束一骨圈；髮上戴雕紋嵌綠松石的象牙梳；又簪骨製或玉製的笄，少的一兩枝，多的幾十枝，笄頭雕各式各樣的（現已發現四五十種）獸頭和花紋；她的頭飾比頭還高。

關於商人的居室，我們也有一些推想的根據。在殷墟曾發現版築的遺跡，那是房屋的基址。有一處基址作長方形，四圍有許多大石卵，其相互間的距離，大略相等。這些石卵大約就是柱礎，原來上面是安柱的。有一基址長三十公尺，寬九公尺，石柱礎之外，並有銅柱礎十個。殷墟絕無磚瓦，房頂想必是用茅草編成的。古人所謂「茅茨土階」，大約就是商朝宮殿的寫照。又發現一座純黃土築成的大台基，面向正南，與羅盤所指的完全相合。台基前十幾公尺，也有大石卵，排成弓背形。台基的四周，遺下好些整副的野豬骨，可見這建築必是和祭祀有關的。又掘出若干長方的坎穴，有階級可上下，中有破陶片、牛骨、狗骨之類。坎穴內周圍用硬土築成，鐵一般堅固。有些坎穴之下又套一個坎穴。這些坎穴是否與上說的版築柱礎同時，不能確定。但我們知道，遠距商朝亡後三四百年，還有貴族的地下宮室見於記載（《左傳》），則商朝後期之有這種穴居是很可能的。殷墟又掘出一些商王的陵墓。從墓室的情形可以推知王宮內部的情形。墓室

一律作亞字形，原是木構，木料已腐化無存，卻剩下木構上所裝的各種立體石雕，作獸頭、雙面、牛頭、鳥、獸等形的。又從墓中的遺跡推之，可知原來牆壁的內面是嵌鑲着許多紋飾和塗着紅色的。

商人的交通用具，有牛、馬或象駕的車。除普通的車外，又有兵車，其形式大略是輿作半圓形，由後升降，一轅駕四馬，兩服兩驂，與後來周朝的兵車無多差異；這是從殷墟發現的銅質車飾推知的。據卜辭的記載，商人出征有時遠行至三四十日。

上面講的是商人的「物質文明」。其次要講他們的社會組織，可惜後者的資料遠不如前者的詳細。

商人是普遍地聚族而居的，而且每族自成為一社會的單位。每族有一名號，即所謂「氏」。所以後來商朝亡後，新朝把商遺民分派給新封的諸侯都是整族整族地分派的：例如以條氏、徐氏、蕭氏、索氏、長勺氏、尾勺氏等六族分給魯國；以陶氏、施氏、繁氏、錡氏、樊氏、饑氏、終葵氏等七族分給衛國。卜辭記商人用兵，每有派某一族或某些族的人去作戰的，例如「令斿族寇周」「令多（眾）子族從犬侯寇周」「命五族伐羌」等。姓和氏的分別，商朝當已有之。姓是舊有的族號，氏是比較後起的族號。因為族人的繁衍，一族可以分成許多族，而散居異地。同源異流的眾族保留其舊有共同的族號，謂之姓；同時各有其特殊的族號，謂之氏。姓字甲骨文及周金文皆作生，不從女，以生為姓者，溯生之所從來也（古人名與姓氏不並舉，因為在比較原始的社會裏，互相接觸的人，以同姓氏為常，自無以姓氏冠其名上之必要。此種習慣直至春秋時代猶然。以姓氏冠名乃是有了五方雜處的大都市以後的事）。

商民族以一個王室和它的都邑為核心。這都邑商人自稱「天邑

商」。在商朝六百年間，這「天邑商」曾經六次遷徙，最初是在亳，即今河南商丘北四十里；中間五遷皆不出今山東的南半和河南的東半；最後的二百七十餘年是在殷，即安陽的殷墟。商王統屬着許多部族的君長，即他的「諸侯」。原則上他們對商王的主要義務，是當他需要時，派兵去助他或替他征戰，此外也許還有定期的貢獻。這些諸侯的來源，大抵是本來獨立部族的君長，為商王所征服的，或震於商朝的威勢而自願歸服的；似乎還有一部分是商王把田邑分給自己的臣下或親族而建立的。商王對各諸侯的控制能力並不一致，諸侯對商朝也叛服不常，他們彼此間也不永遠是和平的友侶。卜辭裏每有商王命這個諸侯去伐那個諸侯的記載。諸侯領土與王畿之間，民族和文化的關係疏密不一。有些諸侯所領的部族與王畿的人民是屬同一民族，或原來雖不屬同一民族，而已經與商人同化的，這些可以概稱為商人；但也有些諸侯所領的部族在語言習慣上皆與商人相異，而始終對商人保存着「非我族類」之感的，例如當商朝末年居於涇渭流域的周人。

　　商朝王位的繼承，自第二傳以下，以兄終弟及為原則。王子無嫡庶之分，皆有繼位的資格。至無弟可傳，然後傳子。但傳末弟之子抑傳其先兄之子，似無定制；多數是傳末弟之子，但有不少例外。每因堂兄弟爭位釀成王室的大亂。最後的四傳皆是以子繼父，似乎已鑒於舊制的不善而有意把它改革了。諸侯的繼承法是否也以兄終弟及為原則，無從知道，但至少有例外，如「周侯」的繼承，始終是以子繼父的。

　　在商朝的勢力範圍以內和以外散佈着許多文化遠較商人落後的遊牧民族，不時寇略商朝或其諸侯的領域。商朝後期的最大外敵是西北的鬼方（其根據地蓋在山西北部及陝西的北部和西部）。歷史上記載商王武丁曾對他用兵至三年之久。此外卜辭所記商人的外敵還有好

些，但其中除羌人外都與後來的歷史失了聯絡。卜辭所記商人對外戰爭，用兵至多不過四千、五千，俘虜至多不過十五、十六，但這些似乎不能作代表的例，因為卜辭曾記一次殺敵二千六百五十六人。

戰爭所獲的俘虜，當有一部分是用作祭祀的犧牲，卜辭中屢有人祭的記錄。但那不是常見的事。大多數俘虜當是用作奴隸。卜辭中有奴、奚、臣、僕等字皆是奴隸之稱。奴隸除用執賤役外，當亦用於戰爭，卜辭中有「呼多臣」伐某方的記錄，似是其證。又有所謂「耤臣」和「小耤臣」，似是奴隸之用於耕作的。

商人的商業已發展到使用貨幣的階段，他們的貨幣以一種鹹水貝為之，小塊的玉器似乎也用為貨幣。從殷墟的遺物可以推知殷都一帶商業之盛。銅器、玉器和綠松石飾品的原料都非近地所有；占卜用的消費量甚大的龜也是異地所產；鹹水貝也是如此。特別是玉和貝必定是從遠方輾轉販運而來的。

關於商人的社會狀況，我們所知僅此。其次要估量他們表現於生產方法以外的智力。

甲骨文書包涵單字約三千，可識的約一半。這些文字雖然形體上與今字大異，但已識的字都可依照一定規則譯成今字。其意義及用法大體上與今字不殊，習慣的保守性真是可驚的。除形體外，甲骨文字與今字的差異有兩點可注意：（一）帶有圖像性的字無論物體的寫生或動作性態的喻示，每隨意描寫，但求肖似，沒有定構。例如龜字，或畫正面，或畫側面，或畫尾，或不畫尾，或畫兩足，或畫一足。又如漁字，或畫一魚，一網，一手；或只畫一魚，一手；或畫四魚在水中；或畫一魚傍水。（二）在意義的分別上，有好些地方比今字為詳細。例如駕馭之馭，或從馬，或從象，因所馭不同而異字。又如牧

字，或從牛，或從羊，因所牧不同而異字，又如一獸的雌雄，各有異名；牝牡二字原指牛的兩性，此外馬、羊、豕、犬、鹿等，各於本字的邊旁或底下加匕或土，以別雌雄。

現存商人的文書只有契刻的甲骨文書。但商人所有的文書不只此種。甲骨文書是先寫而後刻的。這從甲骨上一些寫而漏刻的朱墨跡可以推知。殷墟又發現一塊白陶上寫着字，從這些字跡可以推知毛筆的存在。又甲骨文中有冊字，像竹簡匯集之形。既有筆又有簡冊，可知當有寫在簡冊上的文書。現存薈聚上古文件的《尚書》中，傳說為商朝遺文的有五篇。其中比較可信為真出商人手筆的是《盤庚》三篇，那是記商王盤庚遷都（自奄，即今山東曲阜，遷殷）前後對臣民三次訓話的。

古代記載原有「商人尚鬼」的話，證以卜辭而知其確切。在商人看來，神鬼的世界是和有形的世界同樣地實在，而且這兩個世界關係極密切。鬼神充斥於他們的四周，預知他們自身及其環境的一切變動，操縱着他們的一切利害吉凶禍福，需要他們不斷地饋饗和賄賂。他們在日常生活中每遇有可容猶豫的事情或不能解答的疑問，照例要聽命於龜殼和牛骨。神鬼世界的主要成分是他們的祖先。王室對祖先的祭祀，其名目之眾多，次數之頻繁，供獻之豐盛都非我們所能想像。用牲的數目有多至一次五十羊、三百牛，或四百牛的。用牲的方法，除置俎中蒸熟或當場生宰以供陳列外，有以火焚燒，或沉於水中，或埋入土中的。祭祀的時日，用牲的種類、數目、方法，有時連牝牡、毛色，都要憑卜人預先向所祀的祖先請示。商人心目中死鬼與現世的關係，從盤庚遷都前對臣民的第二次訓詞（即《盤庚》中篇所記）很可以看出。茲將其中一段的大意，譯白如下：「我念着先王為你們的先人勞碌，就關心你們，要保育你們。我若有失政，先王就要

重責我說：為什麼虐待我的子民？你們若不知去求安樂的生活，不與我同心，先王便要責罰你們：為什麼不和我的幼孫和好？……你們若立心不良，先王便要革了你們的先祖先父在天的職位。你們的先祖先父受了你們的牽累就要棄絕你們，不救你們的死亡了。我有了這樣亂政的臣民，只得拿貝和玉去祈禱。你們的先祖先父便會告訴先王：懲罰我的子孫罷！於是先王便大大地降下不祥來了！」祖先而外，商人的神祇，以現在所知，有主土壤的社神，有山川之神，有風雨之神，有靈神，還有主宰百神的「帝」，即上帝。風神就是上帝的使者，他是鳳鳥。卜辭中風與鳳同字。

商人不知有沒有占星術，但他們已會觀察天象而定曆法。他們的曆法大致與舊時的陰曆相同：一年為十二月，月有大小，大月三十日，小月二十九日；有閏月，置於年終，稱為十三月。

商人的樂器有磬、塤（有石製、陶製、骨製三種）、鼓、鐃（形如鈴鐸而無舌，持以敲擊，大小三枚為一套）、龢（笙之小者）。又卜辭中有從絲從木的樂字，可見琴瑟之類當時亦已存在。

商代文化的速寫止此。

第二節　夏商大事及以前之傳說

商朝從成湯創業以後，六百年間，可考的大事，除了六次遷都，除了對鬼方的大戰，除了最後直接間接和亡國有關的打擊外，便是五度由盛而衰的循環。所謂盛就是君主英武，諸侯歸服；所謂衰就是君主昏暗，或王室內亂，而諸侯叛離。前期第一度的盛衰牽涉到湯孫太

甲（商朝第四王）和湯的開國功臣伊尹的關係。這有二說：一說太甲無道，「顛覆湯之典型」，伊尹把他放逐於桐，過了三年，伊尹見他悔過修德，又迎他復位。一說伊尹於商王仲壬死後，把法當嗣位的太甲放逐於桐，而自即王位；其後七年，太甲自桐潛出，殺伊尹。肇始商朝後期的盤庚是一中興之主。在他以後，惟他的姪子武丁曾一度中興。武丁以降，商朝一直衰下去。繼位的君主皆生長安逸，「不知稼穡之艱難，惟耽樂之從」（這是周朝開國元勛周公追數前朝衰亡的原因的話）。他們以畋遊荒宴代替了國政的煩勞。在商朝末年，一種叔世的頹廢和放縱瀰漫了整個商人社會。狂飲濫醉的風氣普遍於君主、貴族和庶民。這是他們亡國的主因。

在敍述商朝滅亡的經過之前，讓我們回溯商朝所繼承的歷史線索。

商朝所替換的朝代是夏。關於夏朝，我們所知，遠更模糊。例如夏朝已有沒有文字？有沒有銅器？其農業發展到什麼程度？其政治組織與商的異同如何？這些問題都無法回答。在後人關於夏朝的一切傳説和追記中，我們所能抽出比較可信的事實，大要如下。

夏朝歷年約莫四百，其君位是父死子繼而不是兄終弟及。其國都的遷徙比商朝更為頻數。最初的君主禹歷都陽城、晉陽、安邑，皆不出今山西的西南角（陽城在翼城西，晉陽在臨汾西，安邑在平陸東北）。禹子啟始渡河而南，居今新鄭、密縣間。以後除啟孫后相因外患失國遠竄外，夏主的遷徙，不出今河南的黃河以南，汝、潁以北。當夏朝為成湯所滅時，都於斟鄩，即今鞏縣西南。夏朝最大的事件是與外族有窮氏的鬥爭。有窮氏以鉏（今河南滑縣東）為根據地，當啟子太康時，攻佔了夏都（時在斟鄩），以後統治了夏境至少有六七十年。太康逃居於外，有窮氏以次立其弟仲康及仲康子后相

為傀儡。后相繼被竄逐追殺。後來后相的遺腹子少康收聚夏朝的殘餘勢力，乘有窮氏的衰弱，把他滅掉，恢復舊物。有窮氏是在夏境的東北，後來滅夏的成湯則來自東南，其先世亦發祥於東北。夏朝的外患蓋常在東方。

成湯的先世累代為部族長。他的先十四代祖契與禹同時，以蕃（今河北平山附近）為根據地。契子昭明遷於砥石（今河北砥水流域），繼遷於商（今河南商丘），「天邑商」，及商朝之得名由此。昭明子相土是一雄才大略的君長，曾大啟疆宇，以相（在今安陽西十五里）為東都。可惜他的功業的記錄只剩下他的後裔的兩句頌詩：

> 相土烈烈，海外有截。

此時的海外說不定就是遼東或朝鮮。後來商朝亡後，王弟箕子能逃入朝鮮而歷世君臨其地，莫不是因為商人原先在那裏有些根據？相土以後兩三百年間，商人的事跡無考，也許這是他們的中衰時代（傳說相土發明以馬駕車，又他的後裔王亥——也是成湯的先世——發明以牛駕車）。到了成湯才復把商人帶領到歷史上，他從商北遷於亳，繼滅了北方的若干鄰族，然後向夏進攻，夏主桀兵敗，被他放逐於南巢（在今安徽巢縣東北五里）而死，夏朝於此終結。

我們若從夏朝再往上溯，則見歷史的線索迷失於離奇的神話和理想化的傳說中不可析辨了。凡此種種，本書自宜從略。但其中有一部分和後來歷史的外表，頗有關係，應當附帶敍及。

據說禹所繼承的君主是舜，國號虞；舜所繼承的是堯，國號唐。當堯舜之世，天下為公，而不是一家一姓所得私有的。堯怎樣獲得帝

位，傳說沒有照顧到。舜本是歷山（在今山東）的農夫，有一串故事（這裏從略）表明他是一個理想的孝子和理想的賢兄，又有一串故事（例如他在哪裏耕種，哪裏的農人便互相讓界；他在哪裏打魚，哪裏的漁人便互相讓屋，他在哪裏造陶器，哪裏的陶工便不造劣器），表明他是一個理想的領袖。帝堯聞得他的聖明，便把他召到朝廷裏來，把兩個女兒同時嫁給他，試他治家的能力；並拿重要的職位去試他政治的能力。他果然家庭雍睦任事稱職。堯老了，便告退，把帝位推讓給他。堯的時候有一場普遍於全「中國」的大水災。禹父鯀，因治水無功，被處死刑，禹繼承了他父親的任務終於把水患平定。禹治水的工作凡歷十三年，在這期間，曾三次走過自己的家門，都沒有進去，有一次並且聽到新產的兒子在呱呱地哭呢。後來舜照堯的舊例，把帝位推讓給禹。禹在死前，也照例選定了一位益做自己的繼承者。但禹死後，百姓不擁戴益，而擁戴禹的兒子啟，於是啟踐登了帝位（一說益和啟爭位，為啟所殺）。舊例一破便不再回覆了。這便是堯、舜「禪讓」的故事。

還有一位值得提到的傳說中重要人物，那是黃帝。他所佔故事中的時代雖在堯舜之先，他的創造卻似在堯舜之後。照傳說的一種系譜（《史記·五帝本紀》），他是堯的高祖，舜的八世祖，禹的高祖（舜反比禹低三輩，這很奇怪），也是商周兩朝王室的遠祖，並且成了後來許多同化的外族的祖先。黃帝和他左右的一班人物並且是許多文化成分的創造者，例如他發明舟、車、羅盤、陣法、占星術和許多政治的制度；他的妃嫘祖最初教人養蠶織絲；他的諸臣分別發明文字、算術、曆法、甲子和種種樂器。總之，他不獨是中國人的共祖，並且是中國文化的源頭。他的功用是把中國古代史大大地簡單化了。

第三節　周朝的興起

現在讓我們離開想像，回到事實。

當商朝最末的一百年間，在渭水的流域，興起了一個強國，號為周。周字的古文像田中有種植之形，表示這國族是以農業見長。周王室的始祖后稷（姬姓），乃是一個著名的農師（傳說與禹同時），死後被周人奉為農神的。后稷的子孫輾轉遷徙於涇渭一帶；至古公亶父（後來追稱太王），原居於豳（今陝西邠縣附近），因受不了鬼方侵迫，率眾遷居岐山（在今陝西岐山縣境）之下。這一帶地方蓋特別肥沃，所以後來周人歌詠它道：

周原膴膴，菫荼如飴。

以一個擅長農業的民族，經過移民的選擇，來到肥沃土地，而且飽經憂患，勤奮圖存，故不數十年間，便蔚為一個富強之國。到了古公子季歷（後來追稱王季）在位時，竟大敗鬼方，俘其酋長二十人了。古公在豳，還住地穴，其時周人的文化可想而知。遷岐之後，他們開始有宮室、宗廟和城郭了。季歷及其子昌（後來追稱文王）皆與商朝聯婚，這促進了周人對商文化的接受，也即促進了周人的開化。

至少自古公以下，周為商朝的諸侯之一，故卜辭中有「令周侯」的紀錄。舊載季歷及昌皆受商命為「西伯」，即西方諸侯之長，當是可信。但卜辭中屢有「寇周」的記載，可見商與周的關係並不常是和諧的。舊載古公即有「翦商」的企圖。蓋周自強盛以來，即以東向發展為一貫之國策。古公和季歷的雄圖的表現，於史無考，但西伯昌的

遠略尚可窺見一斑。他在逝世前九年，自稱接受了天命，改元紀年。此後六年之間，他至少滅掉了四個商朝的諸侯國：

一、密　今甘肅靈台縣西

二、黎　今山西黎城縣東北

三、邘　今河南懷慶西北

四、崇　今河南嵩縣附近

此外商諸侯不待征伐而歸附他的當不少。又舊載西伯昌曾受商王紂命，管領江、漢、汝旁的諸侯，大約他的勢力已及於這一帶。後來周人說他「三分天下有其二」，若以商朝的勢力範圍為天下，恐怕竟去事實不遠了。滅崇之後，西伯昌作新都於豐邑（在今長安縣境），自岐下東遷居之。他東進的意向是夠彰明的了。

文王死後第四年的春初，他的嗣子武王發率領了若干諸侯及若干西北西南土族的選鋒（中有庸、蜀、羌、髳、微、盧、彭、濮等族類，其名字不盡見於以前和以後的歷史），大舉伐商；他的誓師詞至今猶存，即《尚書》裏的《牧誓》。憑一場勝仗，武王便把商朝滅掉。戰場是牧野，離商王紂的行都朝歌（今河南淇縣）不遠。朝歌是他的離宮別館所在，是他娛悦晚景的勝地。這時他至少已有六七十歲了。在享盡了畋遊和酒色的快樂之後，他對第一次挫敗的反應是回宮自焚而死。商兵潰散，武王等長驅入殷。商朝所以亡得這樣快，照後來周人的解釋是文王、武王累世積德行仁，民心歸向，而商紂則荒淫殘暴，民心離叛；所謂「湯武革命，順乎天而應乎人」。這固然不能說沒有一些事實的影子，但事實決不如此簡單。周人記載中無意泄

露的關於商、周之際的消息，有兩點可注意。一說「紂克東夷而隕其身」。可見商人在牧野之戰以前，曾因征服東方的外族，而把國力大大損耗了；武王乃乘其疲敝而取勝的。一說「昔周饑，克殷而年豐」。可見牧野之戰，也是周人掠奪糧食，競爭生存之戰。武王是知道怎樣利用飢餓的力量的。

殷都的陷落和商朝的覆亡，只是周人東向發展的初步成功。商朝舊諸侯的土地並不因此便為周人所有，而且許多舊諸侯並不因此就承認武王為新的宗主。此後武王、成王、康王之世，不斷地把兄弟、子姪、姻戚、功臣分封於外，建立新國。這些新國大抵是取舊有的諸侯而代之，也許有的是開闢本來未開闢的土地。每一個這類新國的建立，便是周人的一次向外移殖，便是周人勢力範圍的一次擴展。

但當初武王攻陷殷都之後，並沒有把殷都及殷王畿佔據，卻把紂子武庚、祿父封在這裏，統治商遺民，而派自己的兩個兄弟管叔和蔡叔去協助並監視他們。這不是武王的仁慈寬大。這一區域是民族意識特別深刻的「殷頑民」的植根地，而且在當時交通不便的情形之下，離周人的「本部」豐岐一帶很遠，顯然是周人所不易統治的。故此武王樂得做一個人情。但這卻種下後來一場大變的原因。武王克殷後二年而死，嗣子成王年幼，王叔周公旦以開國功臣的資格攝政。管、蔡二叔心懷不平，散佈流言，說「周公將不利於孺子」。並鼓動武庚、祿父聯結舊諸侯國奄（今山東曲阜一帶）和淮水下游的外族淮夷，背叛周室。周公東征三年，才把這場大亂平定。用兵的經過不得而詳，其為艱苦卓絕的事業，是可想像的。於是周公以成王命，把殷舊都及畿輔之地封給文王的少子康叔，國號衛；把商丘一帶及一部分殷遺民封給紂的庶兄微子啟，以存殷祀，國號宋；把奄國舊地封給周公子伯

禽，國號魯；又封功臣太公望（姜姓）的兒子於魯之北，國號齊（都今山東臨淄）；封功臣召公奭（周同姓）的兒子於齊之北，國號燕（都今北平附近）；都是取商朝舊有諸侯國而代之的。周公東征以後，周人的勢力才達到他們的「遠東」。就周人向外發展的步驟而論，周公的東征比武王的克殷還更重要。這大事業不可沒有一些藝術的點綴。舊傳《詩經‧豳風》裏《東山》一篇就是周公東征歸後所作，茲錄其一章如下：

> 我徂東山，慆慆不歸。我來自東，零雨其濛。鸛鳴于垤，婦歎于室。灑掃穹窒，我征聿至。有敦瓜苦，烝在栗薪，自我不見，于今三年。

假如傳說不誤，這位多才多藝的軍事政治家，還是一個委婉的詩人呢！

先是武王克殷後，曾在豐邑以東不遠，另造新都曰鎬京（仍在長安縣境），遷居之，是為宗周。「遠東」戡定後，在周人的新版圖裏，豐鎬未免太偏處於西了。為加強周人在東方的控制力，周公在洛陽的地方建築一個宏偉的東都，稱為成周。成周既成，周公把一大部分「殷頑民」，遠遷到那裏。從此周人在東方可以高枕無憂了。卻不料他們未來的大患乃在西方！周公對被遷到成周的殷人的訓詞，至今還保存着，即《尚書》裏的《多士》。

武王、成王兩世，共封立了七十多個新國，其中與周同姓的有五十多國；但這七十餘國而外，在當時黃河下游和大江以南，舊有國族之歸附新朝或為新朝威力所不屈的，大大小小，還不知凡幾。在這

區域內，周朝新建的和舊有的國，現在可考的有一百三十多。茲於現在可考的周初新建國中，除上面已提到的宋、衞、魯、齊、燕外，擇其可以表示周人勢力的分佈的十八國列表如下：

國名	姓	始祖與周之關係	國都今地
晉	姬	武王子叔虞	山西太原北
霍	姬	文王子叔處	山西霍縣
邢	姬	周公子	河北邢台
芮	姬		陝西大荔縣南
賈	姬		陝西蒲城西南
西虢	姬	文王弟虢叔	陝西寶雞縣東
滕	姬	文王子叔繡	山東滕縣
郕	姬	文王子叔武	山東汶上縣北
郜	姬	文王子	山東城武縣東南
曹	姬	文王子叔振鐸	山東定陶縣
東虢	姬	文王弟虢仲	河南汜水縣
蔡	姬	文王子叔度	河南上蔡縣（約在紀元前五三〇年左右遷於今新蔡）
祭	姬	周公子	河南鄭州東北
息	姬		河南息縣
申	姜		河南南陽北
蔣	姬	周公子	河南固始縣西北
隨	姬		湖北隨縣
聃	姬	文王子季載	湖北荊門東南

本節敍述周人的東徙至周朝的創業，本自成一段落。但為以下行文的方便起見，並將成王後康、昭、穆、共、懿、孝、夷、厲八世的若干大事附記於此。這時期的記載甚為缺略，連康、昭、共、懿、孝、夷六王在位的年數亦不可考（成王在位的年數亦然）。因此厲王以前的一切史事皆不能正確地追數為距今若干年。成、康二世為周朝的全盛時代，內則諸侯輯睦，外則四夷畏懾。穆王喜出外巡遊，其蹤跡所及，不可確考，但有許多神話附着於他。夷王時周室始衰，諸侯多不來朝，且互相攻伐。厲王即位於公元前878年。他因為積久的暴虐，於即位第三十七年，為人民所廢逐，居外十四年而死。在這期間，王位虛懸，由兩位大臣共掌朝政，史家稱之為「共和」時代。厲王死後，其子繼位，是為宣王。

第四節　周代與外族

夏、商、周三朝的遞嬗，代表三個民族的移徙和發展。大體上說，夏人自西而東，商人自東而西，周人復自西而東，他們後先相交錯，相覆叠，相同化，同時各把勢力所及地方的土族同化，在一千數百年間，這參伍綜錯的同化作用團結成一大民族，他們對於異族，自覺為一整體，自稱為「諸夏」，有時也被稱並自稱為「華」。中華民族的「華」字起源於此。這自覺和自號很難說是哪一年哪一月開始，大約，至遲在公元前770年「周室東遷」的前後當已存在。這劃時代的大變，一會就要講到。我們可用這時間做中心點，以敍述諸夏與若干影響重大的外族的關係。至於其他星羅棋佈於今河北、山東、河

南、山西、陝西而與諸夏錯居的許多遊牧或非遊牧的種族（周人所泛稱為夷或戎的）以及他們不斷與諸夏互相而漸漸為諸夏同化吸收的經過，這裏不能詳及，現在也不能盡考。

（一）商末、周初的鬼方，後來周人稱為玁狁，繼稱犬戎。此族在周初屢出沒於豐鎬以西和以北。成王時曾伐鬼方，俘人至一萬三千餘，戰爭之劇烈可想。參加此役的盂國（近岐山）曾鑄鼎刻銘以記其事，至今尚存。穆王時又大敗此族，俘其五王，遷其部落若干於汾洮一帶。至厲王末年，玁狁乘周室內亂，又復猖獗；以後四十餘年間，不時寇略西陲，甚至深入王畿，迫近鎬京，終為宣王所攘逐。這期間出征玁狁的將士的寫懷詩，至今還有留存（即《詩經·小雅》的《采薇》、《出車》、《六月》、《采芑》），茲示一斑（《采薇》六章，錄四章）如下：

> 采薇采薇，薇亦作止。曰歸曰歸，歲亦暮止。靡室靡家，玁狁之故。不遑啟居，玁狁之故。
>
> 采薇采薇，薇亦柔止。曰歸曰歸，心亦憂止。憂心烈烈，載飢載渴。我戍未定，靡使歸聘。
>
> 采薇采薇，薇亦剛止。曰歸曰歸，歲亦陽止。王事靡盬，不遑啟處。憂心孔疚，我行不來。（中略）
>
> 昔我往矣，楊柳依依。今我來思，雨雪霏霏。行道遲遲，載渴載飢。我心傷悲，莫知我哀。

宣王死，子幽王立。幽王因寵豔妃，廢王后及太子宜臼。太子出奔王后的外家，即申國。王欲殺太子，求之於申，不得，王伐申，申

侯求助於犬戎。於是犬戎攻陷鎬京，追殺幽王於驪山下。方鎬京陷落之時，魯侯、許公及申侯擁立宜臼於申（前770年），是為平王。

及幽王既死，虢（當時東虢）公又立王子余臣於攜（當在東虢附近）。兩王並了二十一年，而余臣為晉文侯所殺，周室復一。平王因鎬京及王畿的西半已為犬戎所據，定都於成周，後來王室一直留在這裏。平王把淪陷區交託給一個護駕功臣、原來承襲西垂大夫世職的秦襄公，許他若果能克服犬戎，便領有其地。襄公果然完成了他的任務，在那裏建立了秦國。而王畿的西半不復為王室所有了。經這次打擊，王室日漸衰微，到後來只保存了一個共主的空名。史家稱東遷以前的周朝為西周，以後的周朝為東周（現存魯國史記《春秋》包括東周第四十九年以下的二百四十二年，史家稱這時代為春秋時代）。

（二）入東周後，從公元前662至前595年間，為諸夏禍最烈的外族，是犬戎的同源異派，當時周人稱為「狄」的。狄有赤、白之別，又各分為許多部族。赤狄分佈於今河北廣平至山西潞城、屯留一帶；白狄一部分在今陝北延安一帶，一部分在今河北槁城、晉縣一帶。但這時期的記載並沒有分別侵略者為赤為白，或其所屬的特殊部族，只籠統稱之為狄而已。大約來侵的狄人，赤狄佔大多次數，東方的白狄佔少數，而西方的白狄不預。在這期間齊受狄侵七次，衛六次，晉五次，魯二次；邢、宋、溫、鄭、周各一次。衛受摧殘最甚，被逼兩次遷都（衛原都朝歌，在河南淇縣東北；一遷楚丘，在河南滑縣東，再遷帝丘，在河北濮陽），其國境大半淪陷，賴齊桓公之救始免於亡國。邢亦被迫遷都（邢本都河北邢台，遷山東東昌），亦賴齊桓公之救始免於亡國。成周為狄攻陷，周襄王出奔於鄭，賴晉文公之救始得復國。結束狄患的是晉國，它於公元前593至前592兩年間，傾全國

之力滅赤狄；繼於前 530 至前 520 年間滅東方白狄的大部分。經這兩役，廣漠的狄土的邢、衛的淪陷地皆入於晉，晉境蓋展拓了一倍以上。

（三）周代以前，中國歷史的主要地盤是在今山東、河南、山西，而旁及河北、陝西的一部分。其時長江下游包括湖北、安徽、江蘇、浙江等地的歷史，幾乎完全埋在黑暗之中。到了周朝，這一區域裏民族分佈的情形才有鱗爪可見。周人的拓殖已達到湖北漢水的東北，其漢水以西南，直至大江，則為楚人的領域。安徽境內部族之可考者有羣舒，在舒城至廬江間及六安、霍丘一帶；有徐戎，在泗縣以北一帶。在江蘇境內，江北有淮夷，以邳縣一帶為中心，其江南則為吳人的領域。吳地並跨浙江的浙西，其浙東則為越人的領域。越地並跨江西的鄱陽湖之東。

這些民族中，羣舒的歷史，吾人所知最少，只知道他在魯僖公（前 659 至前 627 年）時曾與魯為敵，魯人歌頌僖公，有「荊舒是懲」之語，它們自前 615 年以後陸續為楚所滅。

徐戎當周穆王之世，在徐偃王的統治之下，曾盛極一時；東方諸侯臣服於他的有三十六。他晚年力行仁義，不修武備；結果，楚人來伐，他一戰敗死，他的霸業也隨之煙消雲散。徐戎每與淮夷聯合，以敵對諸夏，特別是魯。周公子伯禽初就封於魯時，這兩族便並起與他為難。厲、宣之際兩族又乘機憑陵諸夏，至勞宣王親征平定。《詩經》裏《常武》（《大雅》）一篇即詠此事，中有云：

> 王奮厥武，如震如怒。進厥虎臣，闞如虓虎。鋪敦淮濆，仍執醜虜。截彼淮浦，王師之所。王旅嘽嘽，如飛如翰，如江如漢，如山之苞，如川之流，綿綿翼翼，不測不克，濯征徐國。

後來魯人歌頌僖公的成功也說他：

> 保有鳧繹，遂荒徐宅；至於海邦，淮夷蠻貊。

淮夷受諸夏同化的程度，現在無徵。徐戎至遲在東周時已採用了諸夏的文字。這有現存幾件徐國銅器的銘文為證，舉其一例如下：

> 佳（唯）正月初吉丁亥，徐王庚之淑子沇兒，擇其吉金，自作和鐘。中翰且揚，元鳴孔皇。孔喜元成，用盤（樂也）飲酒，和會百姓。淑于威儀，惠于明祀。（吾）以晏以喜，以樂嘉賓及我父兄庶士。皇皇熙熙，眉壽無期，子子孫孫，永保鼓之。

徐戎於公元前 512 年為吳所滅。淮夷自前 515 年以後不見於歷史，其結局無考，大約非被滅於吳則被滅於越。

楚、吳、越三國有一重要的共同點：三國的王族都不是土著，而是從北方遷來的。傳說楚王族的先祖季連，其長兄昆吾為夏朝諸侯之一，國於今河南許昌；其後嗣稱昆吾氏。昆吾氏之國為成湯在伐桀之前滅掉。季連的事業無考。他的後裔衰微，散在中國和蠻夷。周文王時，有鬻熊，乃季連後裔之君長於楚地者，歸附於文王。鬻熊的曾孫熊繹，當成王末年始受周封。吳國王族的始祖是王季之兄泰伯和仲雍（兄弟相繼），傳說他們因為讓國給王季而逃至吳地。越國王族的始祖相傳是夏禹之後。這些南向遠徙的殖民領袖，怎樣犯難冒險去到目的地，怎樣征服了土人而君臨其上，現在都不得而知了。他們和他們的子孫既與本土隔絕，漸為當地蠻夷所同化。例如居吳越的便同土

人一樣斷髮（諸夏束髮，戎狄被髮，吳越斷髮）文身。但經過了長期的隔離之後，當這些國族的發展把他們帶到諸夏的世界時，同化的方向都倒轉了過來。楚和諸夏發生密切的關係最早，自西周初期以來，便是周室的勁敵；吳次之，入東周一八五年（前 583 年）始與諸夏有使節往來；越則直待前 473 年滅吳以後，始有機會與諸夏接觸。楚、吳、越的歷史續詳於第三章。

第二章

周代的封建社會

第一節　封建帝國的組織

　　武王所肇創、周公所奠定的「封建帝國」，維持了約莫七百年（公元前 11 世紀初至前 5 世紀末）。這期間的社會概況便是本章所要描寫的。自然在這期間，並非沒有社會變遷，而各地域的情形也不一致。這縱橫兩方面的變異，雖然現在可能知道的很少，下文也將連帶敍及。這個時期是我國社會史中第一個有詳情可考的時期。周代的社會組織可以說是中國社會史的基礎。從這散漫的封建的帝國到漢以後統一的郡縣的帝國，從這階級判分、特權固定的社會到漢以後政治上和法律上比較平等的社會，這其間的歷程，是我國社會史的中心問題之一。

　　上面所提到「封建」一詞常被濫用。嚴格地說封建的社會的要素是這樣：在一個王室的屬下，有寶塔式的幾級封君；每一個封君，雖

然對於上級稱臣，事實上是一個區域的世襲的統治者而兼地主；在這社會裏，凡統治者皆是地主，凡地主皆是統治者，同時各級統治者屬下的一切農民非農奴即佃客，他們不能私有或轉賣所耕的土地。照這界說，周代的社會無疑的是封建社會。而且在中國史裏只有周代的社會可以說是封建的社會。名義上這整個的帝國是「王土」，整個帝國裏的人都是「王臣」，但事實上周王所直接統屬的只是王畿之地。王畿是以鎬京和洛邑為兩個焦點，其範圍現在不能確考，但可知其北不過黃河，南不到漢水流域，東不到淮水流域，西則鎬京已接近邊陲。王畿之地，在周人的估計中，是約莫一千里左右見方。王畿之外，周室先後至少封立了一百三十個以上（確數不可考）的諸侯國，諸侯對王室的義務不過按期納貢朝覲，出兵助王征伐，及救濟畿內的災患而已。諸侯國的內政幾乎完全自主。而王室開國初年的武威過去以後，諸侯對王室的義務也成了具文，盡不盡聽憑諸侯的喜歡罷了。另一方面，周王在畿內，諸侯在國內，各把大部分的土地，分給許多小封君。每一小封君是其封區內政治上和經濟上的世襲主人，人民對他納租稅，服力役和兵役，聽憑他生殺予奪，不過他每年對諸侯或王室有納貢的義務。

周朝的諸侯國，就其起源可分為四類。第一類是開國之初，王室把新征服或取得的土地，分給宗親姻戚或功臣而建立的。前章所表列的國家皆屬此類。第二類是開國許久之後，王室劃分畿內的土地賜給子弟或功臣而建立，例如鄭、秦。鄭始祖為周厲王少子友，宣王時始封，在今陝西華縣。幽王之亂，鄭友寄家於鄶及東虢，因而佔奪其地，別建新國（在今河南中部黃河以南新鄭一帶）。第三類是拿商朝原有的土地封給商朝後裔的，屬於此類的只有宋。第四類是商代原有

的諸侯國或獨立國，歸附於周朝的，例如陳、杞等。舊說周朝諸侯，爵分五等，即公、侯、伯、子、男。此說曾有人懷疑。但現存東周的魯國史記裏確有這五等的分別。其中所稱及的諸侯公爵的只有宋，男爵的只有許（今河南許昌）；屬於第一類的多數為侯，亦有為伯的；屬於第二類的秦、鄭皆為伯；屬於第四類的大抵為子。

　　王畿內的小封君殆全是王族。列國的小封君原初殆亦全是「公族」（國君的同族）；但至遲在前7世紀初這種清一色的局面已打破。齊桓公（前651至前643年）有名的賢臣管仲和景公（前547至前490年）有名的賢臣晏嬰都有封地，卻非公族，晏嬰並且據說是個東夷。晉國自從獻公（前676至前651年）把公族幾乎誅逐淨盡，後來的貴族多屬異姓，或來自別國。秦國自從它的政制有可稽考，自從穆公（前659至前621年）的時代，已大用「客卿」，公族始終在秦國沒有抬過頭。但魯、鄭和宋國，似乎終春秋之世不曾有過（至少稀有）非公族的小封君。這個差異是進取和保守的差異的背景，也是強弱的差異的背景。畿內小封君的情形，我們所知甚少，姑置不談。列國的小封君統稱為大夫。列國的大夫多數是在國君的朝廷裏任職的，其輔助國君掌理一般國政的叫作卿。卿有上下或正副之別。大國的卿至多不過六位。大夫亦有上下的等級，但其數目沒有限制。大夫的地位是世襲的，卿的地位卻照例不是世襲的，雖然也有累代為卿的巨室。大夫的家族各有特殊的氏。有以開宗大夫的官職為氏的；有以封地的首邑為氏的；若開宗大夫為國君之子，則第三世以下用開宗大夫的別字為氏。下文為敘述的便利，稱大夫的世襲的家業為「氏室」，以別於諸侯的「公室」和周王的「王室」（周制：列國的卿，有一兩位要由王朝任命，但此制實施之時間空間範圍不詳）。

周王和大小的封君（包括諸侯）構成這封建社會的最上層，其次的一層是他們所祿養的官吏和武士，又其次的一層是以農民為主體的庶人，最下的一層是貴家所豢養的奴隸。

第二節　奴　隸

關於奴隸階級的情形現在所知甚少。譬如在全國或某一地域奴隸和其他人中的比例是怎樣呢？天子、諸侯或大夫所直接役屬的奴隸各有多少呢？我們都不得而知。幸而當時周王和列國君主賞賜奴隸的數目常見於記錄。最高的記錄是晉景公（前 599 至前 581 年）以「狄臣」（狄人做奴隸的）一千家賞給他一個新立戰功的大夫荀林父。其次是齊靈公（前 581 至前 554 年）以奴隸三百五十家賞給他的一個新受封的大夫。荀林父在這次受賜之前已做過兩朝的執政，他家中原有的奴隸，至少當可以抵得過這一次的賞賜。可見是時一個大國的闊大夫所有的奴隸會在一萬人以上。

這些奴隸的主要來源是戰爭。周初克殷和東征的大戰，不用說了，此後諸夏對異族的征討和諸侯相互的攻伐，每次在戰場內外所獲的俘虜，除了極小數有時被用來「釁鼓」（殺而取血塗鼓，以祓除不祥）或用作祭祀的犧牲外，大部分是做了勝利者的奴隸。殷亡國以後，殷人被俘虜的一定很多，但究有若干，現在不可確考（《逸周書》所載不可靠）。此後俘數之可知者：對外的例如成王二十五年伐鬼方之役俘一萬三千八十一人，又如上說賞給荀林父的「狄臣」一千家就是當時新獲的俘虜的一部分。對內的例如前 484 年吳國、魯國和王師

伐齊，俘齊國甲車八百乘，甲士三千人。俘虜的利益有時竟成為侵伐的動機。諸侯對天子，或小國對大國時常有獻俘的典禮。諸夏國互獲的俘虜可以贖回。魯國定規贖俘之費由國庫負擔。但有被贖的幸運的恐怕只是顯貴的俘虜，而有時所費不資。例如前 611 年，宋國向楚人贖那「睅其目、皤其腹」的華元，用兵車百乘，文馬百駟（但這些禮物還未交到一半他就逃脱回來了）。奴隸的另一個來源是罪犯。犯罪的庶人和他的家屬被沒入貴家為奴的事雖然不見於記載，但我們知道，貴家因罪戾被廢，或因互爭被滅，其妻孥有被繫或被俘而用作賞品的，其後裔有「降在皂隸」的。

奴隸做的是什麼事？第一，自然是在貴人左右服役。這一類的奴隸包括「小臣」（即侍役）、婢妾和管宮室、管車駕的僕豎；還有照例用被刖的罪犯充當的「閽人」和用被「宮」的罪犯充當的「寺人」。但這些只佔小數。大部分的奴隸是被用於生產的工作。每一個貴家，自周王的以至大夫的，是一個自足的社會。穀米不用說是從採邑裏來的。此外全家穿的衣服和用的東西，自傢具以至車輿、兵器、樂器、祭器，多半是家中的奴隸製造的。這時代用車戰，兵車以馬駕，養馬和管廄又是奴隸的事。此外山林川澤是由貴家專利的。樵、蘇、漁、牧和煮鹽又是奴隸的事。女奴也有分配到外邊做工的；采桑養蠶的叫蠶妾，做紡織或其他女紅的叫作工妾。貴家設有一官專管工人。公室的工官普通叫作工正，惟楚國的叫作工尹。王室和公室的總工官之下還有分各業的工官：例如以現在所知，周室有所謂「陶正」者，大約是管製造陶器的；魯國有所謂「匠師」者，大約是管木工的。有專長的奴隸每被用作禮物。例如前 589 年，魯國向楚國求和，賂以執斫、執針、織紝各百人。又例如前 562 年，鄭國向晉國講和，所賂有美女

和工妾共三十人，女樂二隊每隊八人。

奴隸可以抵押買賣。西周銅器銘刻中有「贖茲五夫用百爰」的話。奴隸的生命自然由貴人隨意處置。例如晉獻公有一回思疑肉裏有毒，先拿給狗試試，狗死了，再拿給小臣試試，這不幸的小臣便與那狗同其命運了。又例如獻公的兒子重耳出亡時，他的從臣們在桑下密謀把他騙離齊國，被一個蠶妾偷聽了；她回去告訴重耳的新婚夫人齊姜，齊姜恐怕妨礙公子的「四方之志」，一聲不響地便把那蠶妾殺了。在周代盛行的殉葬制度底下，奴隸也是必然的犧牲。平常以百計的殉葬者當中，我們不知道有多少是奴隸。他們的死太輕微了，史家是不會注意的。但也有一件奴隸殉葬的故事因為有趣而被保留。晉景公的一個小臣有一朝起來很高興地告訴人，他夜夢背着晉侯登天，午間他果然背着景公但不是登天，而是「如廁」；景公本來病重，他跌落廁坑裏死了，那小臣便恰好被用來殉葬。

奴隸是以家為單位的，一個奴隸家裏不論男女老幼都是奴隸。他們的地位是世襲罔替的；除了遇着例外的解放。新俘奴隸被本國贖回也許是常見的事。此外奴隸被解放的機會似乎是很少的，歷史上只保存着兩個例子。其一，前655年，晉滅虞，俘了虞大夫百里奚，後來把他用作秦穆公夫人的「媵臣」（從嫁奴隸）。他從秦逃到楚，被楚人捉住。他在虞國本來以賢能知名，秦穆公想重用他，怕楚不給，於是以贖「媵臣」為名，出五張黑羊皮的很低代價，竟把他贖回了。他因此得到「五羖大夫」的綽號。其二，前550年，晉國內亂，叛臣手下的一個大力士督戎，人人聽到他的名字就懼怕。公家有一個奴隸叫作斐豹，自薦給執政道，若把他的奴籍燒了，他便殺死督戎，執政答應了他，後來他果然把督戎殺了。

第三節　庶　民

　　我們在上文敍述奴隸的生活時，保留着一個很重要的問題，奴隸和農業的關係是怎樣？換句話說，大多數農民的地位是怎樣的？關於這一方面，記載很殘缺，現在可得而說的多半是間接的推論。我們可以懸想，周朝開國之初，無數戰勝的族長分批地率領子弟來到新殖民地裏，把城邑佔據了，田土瓜分了，做他們的侯伯大夫，他們於所佔得的田土當中留出一小部分，直接派人去管理，收入完全歸他們自己，這種田便是所謂「公田」；其餘大部分的田土，仍舊給原來的農夫耕種，卻責他們以粟米、布縷和力役的供奉；他們的佃耕權可以傳給子孫卻不能轉讓或出售給別人。這種田即所謂「私田」。大部分的公田當是由耕私田的農夫兼盡義務去耕種的。他們「公事畢然後敢治私事」。但也有一部分「公田」是由奴隸去耕種的。所以西周的《大克鼎》銘文裏記周王賞田七區，其中有一區註明「以厥臣妾」。但由此亦可見奴隸附田的制度在西周已不很普遍了。耕私田的農夫皆是所謂「庶人」。他們的地位是比奴隸稍為高貴些；但他們的生活殊不見得比奴隸好。粟米和布縷的徵收固有定額，但不會很輕；什一之稅在東周末年還是可望難即的理想。除正稅外遇着貴人家有婚嫁等喜事他們還有特別的供應。力役之徵更是無限的。平常他們農隙的光陰大部分花在貴人的差使上。若貴人要起宮室、營台榭、修宗廟或築城郭，隨時可以把他們徵調到在鞭子底下作苦工。遇着貴人要打仗，他們得供應軍需，並且供獻生命。遇着凶年饑饉，他們更不如奴隸有依靠，多半是「老弱轉乎溝壑，壯者散而之四方」。

　　西周傳下來的《七月》一首民歌描寫豳（今陝西邠縣）地農民的

生活很詳細。根據這詩，可以作一個農民的起居注如下：正月把農器修理。二月開始耕種，他的妻子送飯到田裏給他吃，督耕的「田畯」也笑嘻嘻地來了。同時他的女兒攜着竹筐到陌上採桑。八月他開始收穫，同時他的女兒忙着繅絲，繅好了，染成黑的、黃的，還有紅灑灑的預備織做公子的衣裳。十月獲稻，並釀製明春給貴人上壽的酒。農夫們把禾稼聚攏好，便到貴人家裏做工，白天去採茅，晚上絞繩。是月酹神聚飲烹宰羔羊；大家到貴人堂上獻酒，歡呼萬歲。十一月出獵，尋覓狐狸，為着貴人的皮袍。十二月農夫們會同受軍事訓練。是月把養肥了的豬獻給貴人，又把冰鑿下，藏好，預備明年春夏天貴人需用。

《七月》這首歌是貴人用作樂章的，自然要合貴人的口味。詩中的農夫是怎樣知足安分地過着牛馬生活。但農夫和別的庶民也有不安分的時候，假如貴人太過忽略了他們的苦痛。第一章裏已經説過，周朝的第十個王，厲王，就因為久積的暴虐，被民眾驅逐出國都，失卻王位。和厲王同命運，甚至比他更不幸的封君不斷地見於記載。舉例如下：前 634 年，當晉、楚兩強交爭的時候，衞君因為得罪了晉國想轉而親楚。但衞國離晉較近，親楚便會時常招惹晉人的討伐。在這種當兒，首先遭殃的便是人民。他們即使幸而免於戰死，免於被俘，他們回到家中，會發現禾稼被敵人割了，樹木被砍了，廬舍被毀了，甚至井也被塞了。因此，衞君的親楚政策是和衞國人民的利益根本衝突的。他們聽到了，便大鬧起來，把衞君趕到外國去了。同類的事件有前 553 年蔡國的公子燮因為想背楚親晉給民眾殺了。蔡是鄰近楚的。經過這些事件的教訓，所以前 577 年，陳侯當外患緊急時只好把國人召齊來，徵求他們的意見，來決定外交政策。因直接殘虐人民失

去地位或性命的封君，為例更多。前 609 年，莒君因為「多行無禮於國」被他的太子率領民眾殺了。前 561 年，畿內的原伯，因為詳情現在不知的暴行弄到民不聊生，被民眾趕走了。前 559 年，另一位莒君因為喜歡玩劍，每鑄成一把劍便拿人民來試；又因為想背叛齊國，被一位大夫率領民眾趕走了。前 550 年，陳國的慶氏據着首都作亂，陳侯率兵來圍，慶氏督着民眾修城。是時，城是用土築的，築時用板夾土。督工的看見一兩塊板倒了，便把旁邊的役人殺死。於是役人暴動起來把慶氏的族長通殺了。前 484 年，陳大夫某，因為陳侯嫁女，替向國人徵收特稅；徵收的太多，用不了，他把剩下的為自己鑄了一件鐘鼎之類的「大器」。後來國人知道，便把他趕走了。他走到半路，口渴，同行的一位族人馬上把稻酒、乾糧和肉脯獻上，他高興得了不得，問為什麼這樣現成？答道：大器鑄成時已經預備着。

上述厲王以後的民變，全發生在前 6 世紀當中和附近。這些見於記載的暴動完全是成功的，影響到貴人的地位或生命的，其他失敗而不見於記載的恐怕還有不少。這時候民眾已漸漸抬頭，許多聰明的卿大夫已認識民眾的重要，極力施恩於他們，收為己助，以強其宗，以弱公室，甚至以得君位。例如當宋昭公（前 619 至前 611 年）昏聵無道的時候，他的庶弟公子鮑卻對民眾特別講禮貌。有一回宋國大鬧饑荒，他把自己所有的穀子都借給飢民。國中七十歲以上的人他都送給食物，有時是珍異的食物。他長得很美，連他的嫡祖母襄夫人也愛上了他，極力助他施捨。後來襄夫人把昭公謀害了，他便在國人的擁戴中繼為宋君。又例如齊國當景公（前 547 至前 490 年）的時候，當公室底下的人民以勞力的三分之二歸入公室，而僅以三分之一自給衣食的時候，陳氏卻用實惠來收買人心。齊國的量器，以四升為豆，四

豆為區，四區為釜，十釜為鍾。陳家特製一種新量，從升到釜皆以五進，仍以十釜為鍾，借穀子給人民的時候，用新量；收還的時候，用舊量。陳家專賣的木材，在山上和在市上一樣價，專賣的魚鹽蜃蛤，在海邊和在市上一樣價。這一來民眾自然覺得陳家比公室可愛。後來陳氏毫無阻力地篡奪了齊國。此外如魯的季氏，鄭的罕氏都以同類的手段取得政權。

上文所說參加叛變和被強家利用的民眾自然包括各種色的庶人。當中自然大部分是農人，其餘當有少數商人和工人。庶人和奴隸的重要差別在前者可以私蓄財物，可以自由遷徙。但農人實際上很少移動，除了當饑荒的時候。雖然在前 6 世紀時人的記憶中，有「民不遷，農不移」的古禮，這似乎不是絕對的限制，禮到底與法禁有別。

第四節　都邑與商業

人民聚居的地方通稱曰邑。邑可分為兩大類，有城垣的和沒有城垣的。有城垣的邑又可分為三類，一是王都和國都（直至東周時，國字還是僅指國都而言）；二是畿內和列國的小封君的首邑；三是平常的城邑。周室的西都鎬京自東遷後已成為禾黍油油的廢墟，其規模不見於記載。東都洛邑（今洛陽）的城據傳說是九里（一千六百二十丈）見方，其面積為八十一方里，約當現在北平城之百分之二一‧七（北平城面積是今度一百九十四方里，周一里當今〇‧七二一五里，一方里當今〇‧五二〇五六方里）。城的外郭據傳說是二十七里（四千八百六十丈）見方，其所包的面積差不多是現在北平城的兩

倍。列國的都城，連外郭計，以九百丈（五里）見方的為平常，其面積約為今北平城的十五分之一。一直到前 3 世紀初，一千丈見方的城還算是不小的。但春秋末年勃興的吳國，其所造的都城卻特別大。據後漢人的記載，那箕形的大城，周圍約為今度三十四里，其外郭周圍約為今度五十里（今北平城周約五十四里）。卿大夫首邑的城照例比國都小，有小至五百丈至一百丈左右見方的，那簡直和堡寨差不多了。這些小城的基址似乎到唐、宋時還有存在。唐人封演當時「湯陰縣北有古城，周圍可三百步，其中平實。此東，頓丘、臨黃諸縣多有古小城，周一里或一二百步，其中皆實」。又宋人陳師道記：「齊之龍山鎮有平陸故城高五丈，四方五里，附城有走馬台而高半之，闊五之一，上下如之。」此二人所記很像是周人的遺跡。

王城和列國都城的人口不詳。但我們知道春秋時大夫的封邑在一千戶上下的已算很大的了。平常國都的人口就算比這多十倍也不過一萬戶。我們從前 686 年內蛇與外蛇鬥於鄭都南門中的故事，可知當時的國都決不是人煙稠密的地方。前 660 年比較細小的衛國都城被狄人攻破後，它的遺民只有男女七百三十人，加上共、滕兩邑的人口，通共也只有五千人。

我們試看列國都城在地圖上的分佈很容易發現他們的一個共同點：它們都鄰近河流，以現在所知，幾無例外。一部分固然因為交通的便利，一部分也因為河谷的土壤比較肥沃，糧食供給比較可靠。城的作用在保衛，貴人的生命和財富和祖先神主的保衛。國都的主要居住者為國君的家族和他的衛士、「百工」；在朝中做官的卿大夫和他們的衛士。大多數國家的朝廷，像王室的一般，內中主要的官吏有掌軍政的司馬，掌司法和警察的司寇，掌賦稅和徭役的司徒和掌工務（如

城垣、道路、宗廟的修築）的司空。國都裏的重要建築，有國君的宮殿、台榭、苑囿、倉廩、府庫、諸祖廟、祀土神的社、祀穀神的稷，卿大夫的邸第和給外國的使臣居住的客館。這些建築在城的中央，外面環着民家和墟市。墟市多半在近郭門的大道旁。郭門外有護城的小池或小河，上面的橋大約是隨時可以移動的。城郭的入口有可以升降的懸門。城門時常有人把守，夜間關閉，守門的「擊柝」通宵。貨物通過城門要納稅，這是國君的一筆大收入。

都邑也是商業的中心。至遲在春秋下半期，一些通都裏已可以看見「金玉其車，文錯其服」的富商。他們得到闊大夫所不能得到的珍寶，他們輸納小諸侯所不能輸納的賄賂。他們有時居然闖入貴族所包辦的政治舞台。舊史保存着兩個這樣的例子：（1）前597年晉軍大將知罃在戰場被楚人俘了。一位鄭國的商人，在楚國做買賣的，要把他藏在絲綿中間，偷偷地運走。這計策已定好，還沒實行，楚國已把知罃放還。後來那位商人去到晉國，知罃待他只當是他救了自己一般。那商人謙遜不遑，往齊國去了。（2）前627年，秦人潛師襲鄭，行到王城和鄭商人弦高相遇。弦高探得他們的來意，便一方面假託鄭君的名義，拿四張熟牛皮和十二隻牛去犒師，一方面派人向鄭國告警，秦人以為鄭國已經知道防備，只好把襲鄭的計畫取消了。這兩個故事中的商人都是鄭人。如故事所示，鄭商人的貿易範圍至少西北到了王城和晉國，東到了齊國，南到了楚國，鄭國最早的商人本是鎬京的商遺民，當鄭桓公始受封的時候，跟他們一同來到封地，幫他們斬芟蓬蒿藜藋，開闢土地的。鄭君和他們立過這樣盟誓：「爾無我叛，我無強買，毋或匄奪。爾有利市寶賄，我勿與知。」鄭當交通的中心，自東遷時便有了一羣富於經驗的商人，他們又有了特定的保障，故此鄭國的商

業特別發達。但這時期商人所販賣的大部分只是絲麻布帛和五穀等農產品，加上些家庭的工藝品。以傭力或奴隸支持的工業還沒有出現。

周人的貨幣，除貝以外還有銅。西周彝器銘文中每有「作寶尊彝用貝十朋又四朋」一類的記錄。也有罰罪取「金」（即銅）若干寽（字亦作鋝）的記錄。傳說周景王（前544至前521年）已開始鑄大錢。但貝和「金」似乎到春秋時還不曾大宗地、普遍地作貨幣用，一直到春秋下半期，國際間所輸大宗或小宗的賄賂還是用田土、車馬、布帛、彝器或玉器，而不聞用貝或用「金」，錢更不用說了。

第五節　家　庭

庶人的家庭狀況自然不會被貴人身邊的史官注意到，因此現在也無可講述。只是這時代的民歌洩露一些婚姻制度的消息：

> 伐柯如之何？匪斧不克。取妻如之何？匪媒不得。藝麻如之何？縱橫其畝。取妻如之何？必告父母。

少年男女直接決定自己的終身大事的自由在這時代已經被剝奪了。在樊籠中的少女只得央告她的情人：

> 將仲子兮！無踰我里！無折我樹杞！豈敢愛之？畏我父母！

甚至在悲憤中嚷着：

之死矢靡它！母也天只！不諒人只！

這種婚姻制度的背景應當是男女在社交上的隔離。詩人只管歌詠着城隅桑間的密會幽期，野外水邊的軟語雅謔，男女間的堤防至少在貴族社會當中已高高地築起了。説一件故事為例：前 506 年，吳人攻入楚國都城的時候，楚王帶着兩個妹妹出走，半路遇盜，險些送了性命。幸運落在他的一個從臣鍾建身上，他把王妹季芈救出，背起來跟着楚王一路跑。後來楚王復國，要替季芈找丈夫，她謝絕，説道：處女是親近男子不得的，鍾建已背過我了。楚王會意，便把她嫁給鍾建，並且授鍾建以「樂尹」的官，大約因為他是一個音樂家。

周初始有同姓不婚的禮制，但東周的貴族還沒有普遍遵行，庶民遵行的程度，今不可知。

貴族家庭中的一種普遍現象是多妻。至少在周王和諸侯的婚姻裏有這樣的一種奇異制度：一個未來的王后或國君夫人出嫁的時候，她的姊妹甚至姪女都要有些跟了去給新郎做姬妾，同時跟去的婢女還不少，這些遲早也是有機會去沾新主人的雨露的。陪嫁的妾婢都叫作媵。更可異的，一個國君嫁女，同姓或友好的國君依禮，要送些本宗的女子去做媵。在前 550 年，齊國就利用這種機會把晉國的一位叛臣當作媵女的僕隸送到晉國去，興起內亂，上文提及的斐豹的解放就是這次變亂中的事。

媵女而外，王侯還隨時可以把別的心愛的女子收在宮中。他們的姬妾之多也就可想。多妻家庭裏最容易發生骨肉相殘的事件，在春秋時代真是史不絕書。舉一例如下：衛宣公（前 718 至前 700 年）和他的庶母夷姜私通，生了急子。後來急子長大，宣公給他從齊國娶了

一個媳婦來，看見是很美，便收為己用，叫作宣姜。子通庶母，父奪子妻，在春秋時代並不是稀奇的事。這時代男女禮防之嚴和男女風紀之亂，恰成對照。宣公收了宣姜後，夷姜氣憤不過，上吊死了。宣姜生了兩個兒子，壽和朔。宣姜和朔在宣公面前傾陷急子，這自然是很容易成功的。宣公於是派急子出使到齊國去，同時買通一些強盜要在半路暗殺他。壽子知道這祕密，跑去告訴急子，勸他逃走。他要全孝道，執意不肯。當他起程的時候，壽子給他餞行，把他灌醉了；便取了他的旗，插在船上先行，半路被強盜殺了。急子醒來，趕上前去對強盜說：「衛君要殺的是我，干壽子甚事？」他們不客氣地又把他殺了。

第六節　士

有兩種事情打破封建社會的沉寂，那就是祭祀和戰爭。所謂「國之大事，唯祀與戎」。二者同是被認為關係國家的生存的。先說戰爭。

周室的分封本來是一種武裝殖民的事業。所有周朝新建的國家大都是以少數外來的貴族（包括國君、公子、公孫、卿大夫及其子孫）立在多數土著的被征服者之上。這些貴族的領主地位要靠堅強的武力來維持。而直至春秋時代，所有諸夏的國家若不是與戎狄蠻夷雜錯而居，便是與這些外族相當的接近，致時有受其侵襲的危險。再者至遲入東周以後，國際間的武裝衝突和侵略戰爭成了旦暮可遇的事。因為這三種原因，軍事成了任何國家的政治的中心，也成了貴族生活的中心。貴族一方面是行政的首腦，一方面也是軍事的首腦。農民每年於

農隙講武，每逢國家打仗都有受徵調的義務。此外有一班受貴族祿養着專門替貴族打仗的人，也就是戰場上鬥爭的主力，那叫做「士」，即武士。

到底每一國的「士」有多少呢？這不能一概而論。據說周朝的制度，王室有六軍，大國三軍（《齊侯鎛鐘》：「余命汝政於朕三軍」；又「穆和三軍」），中國二軍，小國一軍。周朝行車戰，軍力以乘計。大約一軍有車一千乘，每乘有甲冑之「士」十人。事實自然與制度有出入。例如周室東遷後六十三年，周桓王合陳、蔡、衛的兵還打不過鄭國，此時的周室決不能「張皇六師」。又例如在春秋末葉（約前562至前482年），頭等的大國如晉、秦、楚等其兵力總在四五千乘以上。

士字原初指執干（盾）、戈，佩弓、矢的武士，其後卻漸漸變成專指讀書、議論的文人。為什麼同一個字其先後的意義恰恰對極地相反？懂得此中的原因，便懂得春秋以前和以後的社會一大差別。在前一個時代所謂教育就是武士的教育，而且唯有武士是最受教育的人；在後一個時代，所謂教育，就是文士的教育，而且唯有文士是最受教育的人。士字始終是指特別受教育的人，但因為教育的內容改變，它的涵義也就改變了。

「士」的主要訓練是裸着臂腿習射御干戈。此外他的學科有舞樂和禮儀。音樂對於他們並不是等閑的玩藝，「士無故不徹琴瑟」。而且較射和會舞都有音樂相伴。「士」的生活可以說是浸潤在音樂的空氣中的。樂曲的歌詞，即所謂「詩」。詩的記誦，大約是武士的唯一的文字教育。這些詩，到了春秋末葉積有三百多篇，即現存的《詩經》。內中有的是祭祀用的頌神歌，有的是詩人抒情的作品，大部分

卻是各國流行的民歌。較射和會舞都是兼有娛樂、交際、德育和體育作用的。較射是很隆重的典禮，由周王或國君召集卿大夫舉行的叫作大射，由大夫士約集賓客舉行的叫作鄉射。較射的前後奏樂稱觶。預射的人揖讓而升，揖讓而下。這是孔子所贊為「君子之爭」的。會舞多半是在祭禮和宴享的時候舉行（不像西方的習俗，其中沒有女子參加的）。舞時協以種種的樂曲，視乎集會的性質而異。這時期中著名的樂曲，如相傳為舜作的「韶」，相傳為禹作的「大夏」和武王所作的「大武」等，都是舞曲。大武的舞姿，現在猶可彷彿一二，全部分為六節，每一節謂之一成。第一成象「北出」，舞者「總干（持盾）山立」；第二成象「滅商」，舞容是「發揚蹈厲」；第三成象南向出師；第四成象奠定南國；第五成象周公召公左右分治（周初曾把王畿分為兩部，自陝而東周公主之，自陝而西召公主之，陝西省之得名由此），舞者分夾而進；第六成象軍隊集合登高，最後舞者同時坐下。六成各有相配的歌詞，皆存於《詩經》中，茲引錄如下：

一成	二成	三成	四成	五成	六成
昊天有成命，二后受之。成王不敢康，夙夜基命宥密。於緝熙，單厥心，肆其靖之。	於皇武王，無競維烈。允文文王，克開厥後。嗣武受之，勝殷遏劉，耆定爾功。	於鑠王師，遵養時晦。時純熙矣，是用大介。我龍受之，蹻蹻王之造。載用有嗣，實維爾公允師。	綏萬邦，屢豐年。天命匪懈，桓桓武王。保有厥士，于以四方，克定厥家。於昭于天，皇以閒之。	文王既勤止，我應受之。敷時繹思，我徂維求定。時周之命，於繹思。	於皇時周，陟其高山。嶞山喬嶽，允猶翕河。敷天之下，裒時之對，時周之命。

六成不必全用，第二成單行叫作「武」，第三成叫作「勻」，第四、五、六成各叫作「象」，幼童學舞，初習「勻」，次習「象」。「大武」是周代的國樂，是創業的紀念，垂教的典型，武威的象徵，其壯烈蓋非「韶」「夏」可比。舞者必有所執，在「大武」中舞者執干戈，此外或執雉羽，或鷺羽，或斧鉞，或弓矢。執羽的舞叫作「萬」，這種舞，加上講究的姿勢和伴奏，一定是很迷人的，可以一段故事為證。楚文王（前689至前677年）死後，遺下一個美麗的夫人，公子元想勾引她，卻沒門徑，於是在她的宮室旁邊，起了一所別館，天天在那裏舉行「萬舞」，希望把她引誘出來。她卻哭道：「先君舉行萬舞原是為修武備的，現在令尹（楚國執政官名，公子元所居之職）不拿它來對付敵人，卻拿它用在未亡人的身邊，那可奇了！」子元聽了，羞慚無地，馬上帶了六百乘車去打鄭國。

理想的武士不僅有技，並且能忠。把榮譽看得重過安全，把責任看得重過生命；知危不避，臨難不驚；甚至以藐然之身與揭地掀天的命運相抵拒。這種悲劇的、壯偉的精神，古代的武士是有的，雖然他們所效忠的多半是一姓一人。舉兩例如下：(1) 前684年，魯國和宋國交戰，縣賁父給一個將官御車。他的馬忽然驚慌起來，魯軍因而敗績。魯公也跌落車下，縣賁父上前相助。魯公說道：「這是未曾占卜之故」（照例打仗前選擇御士須經占卜）。縣賁父道：「別的日子不打敗，今日偏打敗了，總是我沒勇力。」說完便衝入陣地戰死。後來國人洗馬發現那匹馬的肉裏有一枚流矢。(2) 前480年衛國內亂，大臣孔悝被圍禁在自己的家中。他的家臣季路（孔子的一位弟子），聽到這消息，便單身匹馬地跑去救應，半路遇着一位僚友勸他不必。他說，既然食着人家的飯，就得救人家的禍。到了孔家，門已關閉，他

嚷着要放火。裏頭放出兩位力士來和他鬥，他腦袋上中了一戈，冠纓也斷了。他說：「君子死，冠不免。」把冠纓結好才死。

王公大夫的子弟至少在原則上都得受武士的教育。王室有「學宮」，王子和他的近侍在內中學射，周王和他的臣工也有時在內中比射；又別有「射盧」，周王在內中習射，作樂舞。公室也當有同類的設備。

武士的地位僅次於大夫。他們雖然沒有封邑，卻有食田。出戰時「士」是穿着甲冑坐在車上的主要戰鬥力。但他們底下還有許多役徒小卒，這些多半是臨時徵發農民充當的。

第七節　宗　教

周人的神鬼世界我們知道得比較殷人的詳細些。這其中除了各家的祖先外，有日月星辰的神，他們是主使雪霜風雨合時或不合時的；有山川的神，他們是水旱癘疫的原因；但最重要的，人們生存所賴的，還是土神和穀神。前者關係土壤的肥瘠，後者關係五穀的豐歉。土神叫作社，或后土；穀神叫作稷，或后稷。供奉社稷的地方，也叫作社稷。稷只是穀的一種，而以名穀神，以名「田祖」，這裏似乎泄露一件久被遺忘的史實：最初被人工培植的野種是稷。

像封建社會之上有一個天王，主宰百神的有一個上帝。他是很關心人們的道德的，會賞善罰惡。但他也像天王一般，地位雖尊，實權卻有限，他和人們的日常生活很少發生關係，人們也用不着為他破費。祀上帝的典禮叫作郊祀。舉行郊祀禮的只有周王和魯君。上帝

的由來不知周人曾涉想到否。至於自然界各部分的神祇，在周人的信仰中，多半有原始可稽的。他們多半是由人鬼出身；而且，像封君一般，他們的地位是上帝所封的。例如汾水的神，傳說是一位古帝金天氏的兒子，他生時做治水的官，疏通汾、洮二水有功，因而受封。又例如永遠不相會面的參、商兩個星座，其神的歷史是這樣的：古帝高辛氏有兩個不肖的兒子，他們死了，住在荒林裏還是整天打架。上帝看不過，便把大的遷到商丘，做商星的神，把小的遷到大夏，做參星的神。這段神話的歷史背景是商人拿商星做定時節的標準星，故此它名為商星。古人在沒有日曆之前，看一座恆星的位置的移動來定時節的早晚，這叫作「觀象授時」。被選作目標的恆星叫作辰。

周人的稷神是一位農業的發明者，同時又是本朝的祖先。但到底稷神是周人的創造呢，抑或周室不過搬舊有的稷神做祖先呢？現在不得而知。社神卻確是在周代以前已經有的。周人稱殷人的社為亳社。至少在魯國的都城同時有亳社和周社。朝廷的建築，就在兩社之間。大約原初魯國被統治的民眾大部分是殷的遺民，新來的統治者顧忌他們的反感，只好讓他們保留原來的宗教，而別立自己的新社，叫作周社。一直到前5世紀初，魯國大夫尚有盟國君於周社、盟「國人」於亳社的故事。社神的來歷現在不得而知了。祀社的地方照例種着一棵大樹，據說夏代的社用松，殷代用柏，周代用栗。

從天子到士都有宗廟。天子和封君的廟分兩種，合祀眾祖的太廟和分祀一祖的專廟。除太祖外，每一祖的專廟，經過若干代之後，便「親盡」被毀，否則都城之內便有廟滿之患了。宗廟社稷是每一個都會的三大聖地。它們年中除了臨時的祈報外都有定期的供祭。宗廟的供祭尤其頻數。其他的神祇則只當被需求的時候，才得到饋餉。但他

們可不用愁，這樣的機會是很多的。雖然水旱癘疫和風雨失調是比較的不常，雖然眾神各有各的領域，但任何神鬼在任何時候，都能給任何人以禍難，尤其是疾病。在這些當兒犧牲和玉帛是不會被人們吝惜的，疾病的原因都推到鬼神。他們的歡心勝過醫藥，巫祝就是醫生。周人事神似乎不像殷人的煩瀆，但也和殷人一樣認真。祭祀之前主祭的人要離開家庭到廟旁清淨的地方齋戒幾天；祭某祖的時候要找一個人扮成他的模樣來做供奉的具體對象，這叫作「尸」。祭宗廟社稷的犧牲，雖然也照後世的辦法，只給鬼神嗅嗅味道而「祭肉」由預祭的人瓜分，但在其餘的祭典中也有時把整隻的牛、羊、豬或狗焚化了，埋了或沉在水裏給鬼神着實受用的。焚給一切鬼神的布帛，也通是真的而不是紙做的。獻給鬼神的玉，不能擺一下就算了，要捶碎了，或拋入河中。但鬼神也像小孩子一般，可以用「爾之許我，我其以璧與珪歸俟爾命；不許我，我乃屏璧與珪」一類的話（這是周公對祖先說的話）來試誘的。盛大的祭典是一種壯觀，在丹柱刻椽的宗廟裏，陳列着傳為國寶鼎彝，趨蹌着黼黻皇華的縉紳，舞着羽翰翩躚的萬舞，奏着表現民族精神的音樂，排演着繁複到非專家不能記憶的禮儀（附註：周朝始避諱祖先之名，因而王侯有謚，大夫士有別字）。

諸神中最與民眾接近的是社。每年春間有一次社祭的賽會。這時候鼓樂歌舞、優技、酒肉和鄉下的俏姑娘引誘得舉國若狂。在齊國，也許因為民庶物豐，禮教的束縛又較輕，社祭特別使人迷戀，連輕易不出都城的魯君有時也忍不住要去看看。每逢打仗之前，全軍要祭一回社，祭畢把祭肉和酒分給兵士，叫做受脤。釁鼓就在這時候舉行。這以壯軍威的餉宴，這拚命之前的酣醉，這震地的喧囂，是全國緊張的開始。得勝回來的軍隊要到社前獻俘，有時並且把高貴的俘虜當場

宰了用作祭品。此外遇着水災和日蝕，則在社前擊鼓搶救，同時用幣
或獻牲；水災之後，也要祭社，以除凶氣。遇着訟獄中兩造的證據不
能確定，也可以令他們到社裏奉牲發誓，而等候將來的奇跡。

除了上說列在祀典的鬼神而外，還偶然會有陌生的精靈或是神話
上的英雄，或是被遺棄了的舊鬼新神，或是來歷不明的妖魅，降附在
巫覡（巫是女的，覡是男的）身上。巫覡是神靈所鍾愛的。他們能和
降附的神靈說話，因此人們若有求於這些神靈得先求他們。王侯大夫
都有供奉巫神的。被人驅逐去位的周厲王有使衛巫監謗的故事，春秋
時代的第一個魯君隱公就是一位佞巫者。他未即位之前曾做過鄭國的
俘虜，被囚在尹氏家中。這家有一個著名靈驗的鍾巫。他串通尹氏私
去祈禱。後來鄭人把他放歸，他便把鍾巫都帶到魯國來。他被他的兄
弟派人暗殺，就在他出外齋宿預備祭鍾巫的時候。

巫覡是某些鬼神的喉舌，所以能直接知道這些鬼神的意旨和未
來的吉凶。但其餘的人，要知道鬼神的意旨和未來的吉凶，除問巫覡
外，只有憑間接的占測方法。周代的占測方法，除了沿襲自商代的
龜卜（獸骨卜在周代似已不通行）外，還有周人所發明（約在商末周
初）的筮。要說明筮法，得先說明筮時所用的一部書，即《周易》。
這部書包涵六十四個符號和他們的解釋。這些符號叫作卦。每一卦有
六層，即所謂六爻。每一層都是一橫畫，或一橫畫中斷為二，前者
可說是奇的，後者可說是偶的。卦各有專名，例如六爻皆奇的（☰）
名為乾，六爻皆偶的（☷）名為坤，六爻中第二五爻為偶（從底數
起）餘皆為奇的（☲）名為離。每卦的解釋分兩種，解釋全卦的叫作
卦辭，解釋各爻的叫作爻辭。筮的時候取五十莖蓍草，加以撮弄（有
一定方法，這裏從略）以得到某一卦，再加以撮弄，看這一卦中哪些

爻有「變」，例如筮得乾卦而第二五爻有變則為「遇乾之離」。筮者應用卦辭及變爻的爻辭而作預言。至於怎樣應用法，那就有點「神而明之存乎其人」了。卦爻辭包涵許多關於人事的教訓，有些是很深刻的，例如說「無平不陂，無往不復」，那是說明「物極必反」，教人不要趨極端的。

巫覡的神通只限於降附他們的神靈的勢力範圍，他們並不管宗廟社稷等有常典的祭祀。他們即使被王侯供養的，也不是正常的職官。

王侯的朝廷中管理和鬼神打交涉的正常職官有諸祝、宗、卜、史。祝的主要任務在代表祭者向鬼神致辭，因此他特別要知道鬼神的歷史和性情。宗是管理宗廟的，司祭禮的程序，祭壇的佈置，祭品的選擇，保存，等等。卜是掌卜筮的，但有些國家於卜之外別置筮官。史的主職在掌管文書，記錄大事，佔察天象，但也兼理卜筮和祭祀的事。這四種職官的首長，在王朝分別名太祝、太宗、卜正、太史；在列國大抵如之；惟楚國名卜長為卜尹，又有左史右史而似乎無太史。祝、宗、卜、史等長官的地位史無明文，但我們從下面兩件故事，可以推想。楚平王（前528至前517年）即位之初曾把他所尊敬的敵人觀起叫來，要給他官做，說唯汝所欲。因為他的先人曾掌卜，便使他做卜尹。可見卜長的地位是很高的。衛獻公（前567至前559年）出奔歸國，要頒邑給從臣而後入。從臣有太史柳莊者，恐其偏賞私近致失人心，力加諫阻。獻公從之，以為他是社稷之臣，等他臨死之時，終於給他田邑，並寫明「世世萬（萬世）子孫毋變」的約言放在他的棺中。可見太史得世有田邑，宗長、祝長等當亦如之。至於低級的祝、宗、卜、史等官則皆有食田，而且有時多至值得王室或世室搶奪的食田。但擁有強力的大夫很少出身於祝、宗、卜、史，或同時充任

着這些官職的。

這時期的國家大事，上文已説過，不外打仗和祭祀。而打仗之前，照例要「受命於（宗）廟，受脤於社」，照例要來一番卜筮。故此沒一次國家大事沒有上説的四種專家參預。他們又是世業的，承受者愈積愈豐的傳説。因此他們都是多識前言往行的。史官因為職在典藏與記載，尤熟於掌故和掌故所給人的教訓。他們成為王侯時常探索的智囊。周初有一位史佚，著過一部書。後人稱為《史佚之志》的。這大約是夾着論斷的歷史記載。春秋時有知識的人常常稱引這書，可惜後來佚了，但至今還保存着其中一些名句，如「動莫若敬，居莫若儉，德莫若讓，事莫若諮」。

第八節　卿大夫

封君當中，不用説以大夫佔多數。他們是地主而兼統治者的階級的主體。雖然各國在任何時期的氏室總數，無可稽考；但我們知道，在魯國單是出自桓公的氏室已有三桓，在鄭國單是出自穆公的氏室已有七穆，宋國在前 609 年左右至少有十二氏，晉國的一小部分在前 537 年左右已有十一個氏室。

氏室的領地，或以邑計，或以縣計。言邑自然包括其附近的田土。縣本來是田土的一種單位，但言縣也自然包括其中的都邑。

一個氏室的封邑有多少？這不能一概而論。前 546 年，衛君拿六十邑賞給一位大夫，他辭卻，説道：「唯卿備百邑，臣六十邑矣。」這恐怕只能代表小國的情形。我們知道，在齊國，管仲曾「奪伯氏駢

邑三百」；又現存一個春秋以前的齊國銅器（《子仲姜寶鎛》），上面的刻辭記着齊侯以二百九十九邑為賞。

縣的名稱一直沿到現在，在春秋時似乎還只秦、晉、齊、楚等國有之。最初秦、楚兩強以新滅的小國或新佔領的地方為縣，直屬於國君，由他派官去治理。這種官吏在楚國叫作縣公或縣尹。他們在縣裏只替國君徵收賦稅，判斷訟獄。他們即使有封邑，也在所治縣之外。這種制度是後世郡縣制度的萌芽。秦在前 688 年滅邽冀戎，以其地為縣，次年以杜鄭為縣。楚國在前 597 年左右，至少已設有九縣，每一縣即舊時為一小國。晉、齊的縣制較後起，它們的縣不盡是取自它國的土地，也不盡屬於公室。晉國在前 537 年左右有四十九縣，其中九縣有十一個氏室；直屬公室的縣各設縣大夫去管，如楚國的縣尹。前 514 年，晉滅祁氏和羊舌氏把他們的田邑沒歸公室；分祁氏的田為七縣，羊舌氏的田為三縣，各置縣大夫。在晉國，縣肥於郡。前 493 年，晉國伐鄭，軍中曾出過這樣的賞格：「克敵者，上大夫受縣，下大夫受郡，士田十田（下田字原作萬，蓋誤），庶人工商遂（得仕進），人臣隸圉免（免奴籍）。」齊國在春秋時有縣的唯一證據乃在靈公時代一件遺器（《齊侯鎛鐘》）的銘文，內記靈公以三百縣的土地為賞。顯然齊國的縣比晉、楚等國的縣小得多。

縣郡的區分在春秋時代還不普遍。在沒有縣郡的國裏，公室和較大的氏室都給所屬的邑設宰。邑宰的性質和縣尹縣大夫相同，不過邑宰所管轄的範圍較小罷了。

上文有點離開敍述的幹路，讓我們回到列國的氏室，它們的土地原初都是受自國君。國君名義上依舊是這些土地的主人。雖然氏室屬下的人民只對氏室負租稅和力役的義務，氏室對於國君年中卻有定額

的「貢」賦，所以有「公食貢」的話。國君或執政者可以增加貢額。舉一例如下：魯國著名聖哲臧武仲有一次奉使去晉國（前551年），半路下雨，到一位大夫家裏暫避。那位大夫正要喝酒，看見他來，說道：「聖人有什麼用？我喝喝酒就夠了！下雨天還要出行，做什麼聖人！」這話給一位執政者聽到了，以為那位大夫自己不能出使，卻傲慢使人，是國家的大蠹，下令把他的貢賦加倍，以作懲罰。

大夫可以自由處分自己的土地。至少有些闊大夫把食邑的一部分撥給一個庶子，另立一個世家，叫作「側室」或「貳宗」。別的被大夫寵倖的人也可受他賞邑或求他賞邑。例如前500年，宋公子地拿自己食邑的十一分之五賞給一個嬖人。又前486年，鄭大夫某的嬖人某向他求邑，他沒得給，許他往別的國裏取，因此鄭軍圍宋雍丘，結果全軍覆沒。大夫也可以受異國君主的賜邑，例如前656年，齊桓公會諸侯伐楚，師還，一位鄭大夫獻計改道，為桓公所喜，賜以鄭的虎牢；又例如前657年，魯大夫某出使晉國，晉人要聯絡他，給他田邑，他不受；又例如前563年晉會諸侯滅偪陽國，以與向戌，向戌也辭卻。大夫又有挾其食邑，投奔外國的，例如前547年齊大夫某以廩丘奔晉；前541年，莒大夫某以大厖及常儀奔魯；前511年邾大夫某以濫奔魯。

大夫私屬的官吏，除邑宰外，以現在所知，有總管家務的家宰，這相當於王室和公室的太宰；有祝，有史，有管商業的賈正，有掌兵的司馬。這些官吏都受大夫祿養。家宰在職時有食邑，去職則把邑還給大夫，或交給繼任的人。氏室的官吏有其特殊的道德意識：「家臣不敢知國」；「家臣而張公室罪莫大焉」。

氏室和公室的比較兵力沒有一個時代可以詳考。現在所知者：春

秋初年鄭莊公消滅國內最強的氏室，用車不過二百乘。當春秋中葉，在魯、衞等國，「百乘之家」已算是不小的了。但大國的巨室，其兵力有時足與另一大國開戰。例如前592年，晉郤克奉使齊國，受了婦人在帷後窺視竊笑的侮辱，歸來請晉侯伐齊，不許，便請以私屬出征。而郤克的族姪郤至則「富半公室，家半三軍」。魯國的季氏從四分公室而取其二以後，私屬的甲士已在七千以上。

具有土地、人民和軍隊的氏室和公室名分上雖有尊卑之殊，事實上每成為對峙的勢力。強橫的氏室儼然一個自主的國。原則上國君的特權在（1）代表全國主祭；（2）受國內各氏室的貢賦；（3）出征時指揮全國的軍隊；（4）予奪封爵和任免朝廷的官史。但至遲入東周後，在多數的國家如齊、魯、晉、宋、衞、鄭等，末兩種權柄漸漸落在強大的氏室，甚至國君的廢立也由大夫操縱。

第九節　封建組織的崩潰

我們對於商朝的政治組織所知甚少，所以無法拿商、周兩朝的政治組織作詳細的比較。但其間有一重大的差異點是可以確知的。商朝創建之初並沒有把王子分封於外，以建立諸侯國。商朝王位的繼承，是以兄終弟及（不分嫡庶）為原則的。但到了無弟可傳的時候，並不是由所有的伯叔兄弟以次繼承（由末弟諸子抑或由其先兄諸子以次繼承亦無一定）。在這種情形之下，第二世以後的王子總有許多不得為王的。這些不得為王的王子是否有的被封在外建國？這問題無法確答。但周朝的舊國當中，從沒聽說是商朝後裔的。而唯一奉殷祀的

宋國，卻是周人所建。可知王子分封的事在商朝若不是絕無，亦稀有。但在周朝，則不然了；王位是以嫡長子繼承的；王的庶子，除在少數例外的情形之下（如王后無出，或嫡長子前死）都沒有為王的資格；所以文王、武王的庶子都受封建國，其後周王的庶子在可能的限度內也都或被封在畿外建國，或被封在畿內立家。這商、周間的一大差異有兩種重大的結果。第一，因為王族的向外分封，周朝王族的地盤，比之商朝大大的擴張了。王室的勢力，至少在開國初年大大的加強了；同時王的地位也大大的提高了。周王正式的名號是「天王」，通俗的稱號是「天子」，那就是說，上帝在人間的代表。第二，王族的向外分封也就是周人的向外移殖；這促進民族間的同化，也就助成「諸夏」範圍的拓展。

嫡長繼承制把王庶子的後裔逐漸推向社會的下層去，而助成平民（即所謂庶人）地位的提高。周王的庶子也許就都有機會去做畿外的諸侯或畿內的小封君；他的庶子的庶子也許還有機會做畿內的封君；但他的庶子的庶子的庶子則不必然了。越往下去，他的後裔胙土受封的機會越少，而終有儕於平民的。所以至遲在前 7 世紀的末年畿內原邑的人民，便會以「夫誰非王之姻親」自誇。隨著貴族後裔的投入平民階級裏，本來貴族所專有的教育和知識也漸漸滲入民間。

周朝諸侯和大夫的傳世也是用嫡長繼承制（以現在所知諸侯位之傳襲曾不依此例者有吳、越、秦、楚。楚初行少子承襲制，至前 630 年以後，始改用嫡長承襲制；秦行兄終弟及制至前 620 年以後始改用嫡長承襲制；吳亡於前 473 年，其前半世紀還行兄終弟及制）。在嫡長繼承制下，卿大夫的親屬的貴族地位最難長久維持。大夫的諸兒子當中只有一個繼承他的爵位，其餘的也許有一個被立為「貳宗」或

「側室」，也許有一兩個被國君賞拔而成為大夫；但就久遠而論，這兩種機會是不多的。一個「多男子」的大夫總有些兒子得不到封邑，他的孫曾更不用說了。這些卿大夫的旁支後裔當中，和氏室的嫡系稍親的多半做了氏室的官吏或武士，疏遠的就做它屬下的庶民。故一個大夫和他私家的僚屬戰士，每每構成一大家族：他出征的時候領着同族出征，他作亂的時候領着整族作亂。他和另一個大夫作對就是兩族作對，他出走的時候，或者領着整族出走，他失敗的時候或者累得整族被滅。

氏室屬下的庶民也許就是氏室的宗族，否則也是集族而居的。氏室上面的一層是國君和同姓卿大夫構成的大家族，更上的一層是周王和同姓諸侯構成的大家族。其天子和異姓諸侯間，或異性諸侯彼此間，則多半有姻戚關係。這整個封建帝國的組織大體上是以家族為經，家族為緯的。

因此這個大帝國的命運也就和一個累世同居的大家庭差不多。設想一個精明強幹的始祖督率着幾個少子，在艱苦中協力治產，造成一個富足而親熱的、人人羨慕的家庭。等到這些兒子各各娶妻生子之後，他們對於父母和他們彼此間，就難免形跡稍為疏隔。到了第三代，祖孫叔姪或堂兄弟之間，就會有背後的閑話。家口愈增加，良莠愈不齊。到了第四、五代，這大家庭的分子間就會有愁怨、有爭奪、有傾軋，他們也許拌起嘴、打起架甚至鬧起官司來。至遲在東周的初期，整個帝國裏已有與此相類似的情形，充滿了這時代的歷史的是王室和諸侯間的衝突，諸侯彼此間的衝突，公室和氏室間的衝突，氏室彼此間的衝突。但親者不失其為親，宗族或姻戚間的鬩爭，總容易調停，總留點餘地。例如前 705 年，周桓王帶兵去打鄭國，打個大敗，

並且被射中了肩膊。有人勸鄭莊公正好乘勝追上去,莊公不答應,夜間卻派一位大員去慰勞桓王,並且探問傷狀。又例如前634年,齊君帶兵侵入魯境。魯君知道不敵,只得派人去犒師,並叫使者預備好一番辭令,希望把齊師說退。齊君見了魯使問道:魯人怕嗎?答道:小百姓怕了,但上頭的人卻不怕。問:你們家裏空空的,田野上沒一根青草,憑什麼不怕?魯使答道:憑着先王的命令。隨後他追溯從前魯國的始祖周公和齊國的始祖姜太公怎樣同心協力,輔助成王,成王怎樣感謝他們,給他們立過「世世子孫無相害」的盟誓;後來齊桓公怎樣復修舊職,糾合諸侯,給他們排解紛爭,拯救災難。最後魯使作大意如下的陳說:您即位的時候,諸侯都盼望您繼續桓公的事業,敝國所以不敢設防,以為難道您繼桓公的位才九年,就會改變他的政策嗎?這樣怎對得住令先君?我們相信您一定不會的,靠着這一點,我們所以不怕。齊君聽了這番話,便命退兵。又例如前554年,晉師侵齊,半路聽說齊侯死了,便退還。這種顧念舊情、不為已甚的心理加上畏懼名分、雖干犯而不敢過度干犯的矛盾心理,使得周室東遷後三百年間的中國尚不致成為弱肉強食的世界。這兩種心理是春秋時代之所以異於後來戰國時代的地方。不錯,在春秋時代滅國在六十以上;但其中大部分是以夷滅夏和以夏滅夷;諸夏國相滅只佔極少數,姬姓國相滅的例尤少。而這少數的例中,晉國做侵略者的佔去大半。再看列國的內部:大夫固然有時逐君弒君,卻還要找一個比較合法的繼承者來做傀儡。許多國的君主的權柄固然是永遠落在強大的氏室,但以非公室至親的大夫而篡奪或僭登君位的事,在前403年晉國的韓、趙、魏三家稱侯以前,尚未有所聞。故此我們把這一年作為本章所述的時代的下限。

宗族和姻戚的情誼經過了世代愈多，便愈疏淡，君臣上下的名分，最初靠權力造成，名分背後的權力一消失，名分便成了紙老虎，必被戳穿，它的窟窿愈多，則威嚴愈減。光靠親族的情誼和君臣的名分去維持的組織必不能長久。何況姬周帝國之外本來就有不受這兩種鏈索拘束的勢力。

第三章

霸國與霸業

第一節　楚的興起

　　江水在四川、湖北間被一道長峽約束住；出峽，向東南奔放，瀉成汪洋萬頃的洞庭湖，然後折向東北；至武昌，漢水來匯。江水和漢水界劃着一大片的沃原，這是荊楚民族的根據地。周人雖然在漢水下游的沿岸（大部分在東北岸）零星地建立了一些小國，但他們是絕不能凌迫楚國，而適足以供它蠶食的。在楚的西邊，巴（在今巫山至重慶一帶）、庸（在今湖北竹山縣東）等族都是弱小得只能做楚的附庸；在南邊，洞庭湖以外是無窮盡的荒林，只等候楚人去開闢；在東邊，迄春秋末葉吳國勃興以前，楚人亦無勁敵。從周初以來，楚國只有侵略別國別族的分，沒有懼怕別國別族侵略的分。這種安全是黃河流域的諸夏國家所沒有的，軍事上的安全而外，因為江漢流域的土壤肥美，水旱稀少，是時的人口密度又比較低，楚人更有一種北方所仰

羨不及的經濟的安全。

這兩種的安全使得楚人的生活充滿了優游閑適的空氣，和北人的嚴肅緊張的態度成為對照。這種差異從他們的神話可以看出。楚國王族的始祖不是胼手胝足的農神，而是飛揚縹緲的火神；楚人想像中的河神不是治水平土的工程師，而是含睇宜笑的美女。楚人神話裏，沒有人面虎爪、遍身白毛、手執斧鉞的蓐收（上帝的刑神），而有披着荷衣、繫着蕙帶、張着孔雀蓋和翡翠的司命（主持命運的神）。適宜於楚國的神祇不是牛羊犬豕的膻腥，而是蕙肴蘭藉和桂酒椒漿的芳烈；不是蒼髯皓首的祝史，而是采衣姣服的巫女。再從文學上看，後來戰國時楚人所作的《楚辭》也以委婉的音節，纏綿的情緒，繽紛的詞藻而別於樸素、質直、單調的《詩》三百篇。

楚國的語言和諸夏相差很遠。例如楚人叫哺乳做「穀」，叫虎做「於菟」。直至戰國時北方人還說楚人為「南蠻鴂舌之人」。但至遲在西周時楚人已使用諸夏的文字。現存有一個周宣王時代的楚鐘（《夜雨楚公鐘》），其銘刻的字體文體均與宗周金文一致。這時楚國的文化蓋已與周人相距不遠了。後來的《楚辭》也大體上是用諸夏的文言寫的。

第一章裏已提及，傳說周成王時，楚君熊繹曾受周封。是時楚都於丹陽，在今湖北秭歸之東。至昭王時，楚已與周為敵。周昭王曾屢次伐楚，有一次在漢水之濱全軍覆沒。後來他南巡不返，傳說是給楚人害死的，周人也無可奈何。周夷王時，熊渠崛起，東向拓地至於鄂，即今武昌縣境。渠子紅繼位，即都於鄂，以後六傳至熊咢不改。上文提到的楚鐘即熊咢的遺器，發現於武昌與嘉魚之間的，熊咢與宣王同時而稍後。當宣王之世，周楚曾起兵爭，而楚鋒大挫。故是時的周人遺詩有「蠢爾荊蠻，大邦為讎。方叔元老，克壯其猷」之語。

鄂四傳為武王，其間楚國內變頻仍，似無暇於外競。武王即位於周平王三十一年，從他以後，楚國的歷史轉入一新階段，亦從他以後楚國的歷史才有比較詳細的記錄。他三次侵隨；合巴師圍鄾、伐鄖、伐絞、伐羅，無役不勝。又滅掉權國。

他的嗣子文王始都於郢（即今湖北江陵）。在文王以前，楚已把漢水沿岸的諸姬姓國家剪滅殆盡。文王更把屏藩中原的三大重鎮，申國、鄧國和息國滅掉（息、鄧皆河南今縣，申即南陽），奠定了楚國經略中原的基礎。中原的中樞是鄭國。自從武王末年，鄭人對楚已惴惴不安。文王的侵略的兵鋒終於刺入鄭國，但他沒有得志於鄭而死。他死後的二十年間楚國再接再厲地四次伐鄭。但這時齊國已興起做它北進的第一個敵手了。

第二節　齊的興起（附宋）

齊國原初的境土佔今山東省的北部，南邊以泰山山脈與魯為界，東邊除去膠東半島。這半島在商代已為半開化的萊夷的領域。太公初來，定都營丘（後名臨淄，今仍之）的時候，萊夷就給他一個迎頭痛擊。此後萊夷和齊國的鬥爭不時續起，直到前 567 年齊人滅萊為止。滅萊是齊國史中一大事。不獨此後齊國去了一方的邊患，不獨此後它的境土增加了原有的一半以上，而且此後它才成為真正的海國。以前它的海疆只有萊州灣的一半而已。

但遠在滅萊之前，當春秋的開始，齊已強大。前 706 年，鄭太子忽帶兵助齊抵禦北戎有功，齊侯要把女兒文姜嫁給他，他便以「齊大

非吾偶」的理由謝絕。原來文姜和她的大哥即後日的齊襄公，有些曖昧的關係，她終於嫁了魯桓公。有一次桓公跟她回娘家，居然看破並且說破了襄公與她之間的隱情。襄公老羞成怒，便命一個力士把桓公殺了。講究周禮的魯人，在齊國的積威之下，只能求哀襄公把罪名加給那奉命的兇手，拿來殺了，聊以遮羞。這時齊國的強橫可以想見。此事發生後四年（前690年），襄公滅紀（在今山東壽光縣南，為周初所封與齊同姓國）。這是齊國兼併小國之始。襄公後來被公子無知所弒，無知僭位後，又被弒，齊國大亂。襄公有二弟：長的名糾，由管仲和召忽傅佐着；次的名小白，由鮑叔牙傅佐着。襄公即位，鮑叔看他的行為不太像樣，知道國內遲早要鬧亂子，便領着小白投奔莒國。亂起，管仲也領着公子糾逃往魯國，糾的母親原是魯女。無知死後，魯君便派兵護送公子糾回國，要扶立他。齊、魯之間，本來沒有好感，齊人對於魯君的盛意十分懷疑，派兵擋駕。同時齊的巨室國、高二氏暗中差人去迎接小白。魯君也慮及小白捷足先歸，早就命管仲帶兵截住莒、齊間的道路。小白後到，管仲瞄準他的心窩，一箭射去，正中目標，眼見他應弦仆倒。小白的死訊傳到魯國後，護送公子糾的軍隊在慶祝聲中，越行越慢，及到齊境，則齊國已經有了新君，就是小白！原來管仲僅射中他的帶鈎，他靈機一動，裝死躺下，安然歸國。

　　小白即桓公，他勝利後，立即要求魯人把公子糾殺了。召忽聞得公子糾死，便以身絢。管仲卻依然活着。他同鮑叔本是知友，鮑叔向桓公力薦他。桓公聽鮑叔的話，把國政付託給他，稱他為「仲父」。此後桓公的事業全是管仲的謀劃。桓公怎樣滅譚、滅遂、滅項；怎樣號召諸侯，開了十多次的冠裳盛會；怎樣在尊王的題目下，操縱王室的內政，阻止惠王廢置太子，而終於扶太子正位，這些現在都從略。

他的救邢、救衛，以阻擋狄人的南侵，給諸夏造一大功德，前面已說過。現在單講他霸業中的一大項目：南制荊楚。在前659年即當楚文王死後十八年，當齊國正忙着援救邢衛的時候，楚人第三次攻鄭。接着兩年中，他們又兩次攻鄭，非迫到它和楚「親善」不休。鄭人此時卻依靠着齊國。桓公自然不肯示弱。前657年，他聯絡妥了在楚國東北邊，而可以牽制齊兵的江、黃二國。次年便牽領齊、魯、宋、陳、衛、鄭、曹、許的八國聯軍，首先討伐附楚的蔡國。蔡人望風潰散。這浩盪的大軍，乘勝侵入楚境。楚人竟不敢應戰，差人向齊軍說和。桓公等見楚方無隙可乘，亦將就答應，在召陵（楚境，在今河南郾城縣東）的地方和楚國立了一個盟約而退。盟約的內容不可考，大約是楚國從鄭縮手，承認齊對鄭的霸權，但其後不久，周王因為易儲的問題，怨恨桓公，慫恿鄭國背齊附楚，許以王室和晉國的援助，鄭人從之。於是附齊的諸侯伐鄭，楚伐許以援鄭，因諸侯救許而退。但許君經蔡侯的勸誘和恐嚇，終於在蔡侯的引領之下，面縛銜璧，並使大夫穿喪服，士抬棺材，跟隨在後，以降於楚。次年齊以大軍伐鄭，鄭人殺其君以求和於齊。其後桓公之終世鄭隸屬齊的勢力範圍。在這期間楚不能得志於北方，轉而東向，滅弦（都今湖北蘄水西北），滅黃（都今河南潢川西）。齊人無如之何；繼又討伐附齊的徐戎，敗之，齊與諸侯救徐，無功而退。

召陵之盟是桓公霸業的極峰。其後十二三年，管仲和桓公先後去世。管仲的功業在士大夫間留下很深的印象，他死了百餘年後，孔子還讚歎道：「微管仲，吾其被髮左衽（做戎狄）矣！」到了戰國時代，管仲竟成了政治改革的傳說的箭垛；許多政治的理論和一切富國強兵善策、奇策、謬策，都堆在他名下，這些理論和方策的總結構成現存

《管子》書的主要部分。

桓公死後，五公子爭位，齊國和諸夏同時失了重心。於是宋襄公擺着霸主的架子出場。他首先會合些諸侯，帶兵入齊，給它立君定亂。這一着是成功了。接着，他拘執了滕君，威服了曹國，又逼令邾人把鄫君殺了祭社，希望藉此服屬與鄫不睦的東夷。接着他要求楚王分給他以領導諸侯霸權，楚王是口頭答應了。他便興高彩烈地大會諸侯。就在這會中，楚王的伏兵一起，他從壇坫上的盟主變作階下之囚徒。接着他的囚車追陪楚君臨到宋境。幸而宋國有備，楚王姑且把他放歸。從此他很可以放下霸主的架子了，可是不然。自從桓公死後，鄭即附楚，鄭君並且親朝於楚。於是襄公伐鄭。他的大軍和楚的救兵在泓水上相遇。是時楚人涉渡未畢，宋方的大司馬勸襄公正好迎擊，他說不行。一會，楚人都登陸，卻還沒整隊，大司馬又勸他進擊。他說，還是不行。等到楚人把陣擺好，他的良心才容許他下進攻令。結果，宋軍大敗；他傷了腿，後來因此致死。死前他還大發議論道：「君子臨陣，不在傷上加傷，不捉頭髮斑白的老者；古人用兵，不靠險阻。寡人雖是亡國之餘，怎能向未成列的敵人鳴鼓進攻呢？」桓公死後十年間，衛滅邢；邾滅須句；秦滅芮、梁；楚滅夔。

第三節　晉、楚爭霸

桓公的霸業是靠本來強盛的齊國做基礎的。當他稱霸的時代，晉國和秦國先後又在締構強國的規模，晉國在準備一個接替桓公的霸主降臨，秦國在給未來比霸業更宏大的事業鋪路。話分兩頭，先講晉國。

　　晉始封時都於唐（今太原縣北），在汾水的上游；其後至遲過了三個半世紀，已遷都絳（今翼城縣），在汾水的下游。晉人開拓的路徑是很明顯的。不過遷絳後許久他們還未曾佔有汾水流域的全部，當汾水的中游還梗着一個與晉同姓的霍國，當汾水將近入河的地方還礙着一個也與晉同姓的耿國，前745年晉君把絳都西南百多里外的曲沃，分給他的兄弟，建立了一個強宗。此後晉國實際分裂為二。曲沃越來越盛，晉國越來越衰，它們間的仇隙也越來越大。這對抗的局面終結於前679年曲沃武公滅晉並且拿所得的寶器向周王買取正式的冊封。老耄的武公，受封後兩年，便一瞑不視，遺下新拼合的大國給他的兒子獻公去黏綴、鑲補。

　　獻公即位於齊桓公十年（前676年），死於桓公三十五年。他二十六年的統治給晉國換一副面目。他重新修築了絳都的城郭；把武公的一軍擴充為二軍。他滅霍、滅耿、滅魏、滅虞、滅虢，使晉國的境土不獨包括了整個的汾水流域，並且遠蹠到大河以南。但獻公最重要的事業還不止此。卻說武公滅晉後，自然把他的公族盡力芟鋤，免遺後患。我們可以想像晉國這番復合之後，它的氏室必定滅了許多，但在曲沃一方，自從始封以來，公子公孫們新立的氏室為數也不少。獻公即位不久，便設法收拾他們。他第一步挑撥其中較窮的，使與「富子」為仇，然後利用前者去打倒後者。第二步，他讓殘餘的宗子同住一邑，好意地給他們營宮室，築城郭；最後更好意地派大兵去保衛他們，結果，他們的性命都不保。於是晉國的公族只剩下獻公的一些兒子。及獻公死，諸子爭立。勝利者鑒於前車，也顧不得什麼父子之情，把所有長成而沒有繼位資格的公子都遣派到各外國居住，此後在一長期中，公子居外，沿為定例。在這種制度之下，遇着君死而太

子未定，或君死而太子幼弱的當兒，君權自然失落在異姓的卿大夫手裏。失落容易，收復卻難。這種制度的成立便是日後「六卿專晉」，「三家分晉」的預兆。話說回來，獻公夷滅羣宗後，晉國的力量一時集中在公室；加以他憑藉「險而多馬」的晉土，整軍經武，兼弱攻昧，已積貯了向外爭霸的潛能。可惜他晚年沉迷女色，不大振作，又廢嫡立庶，釀成身後一場大亂，繼他的兒孫又都是下等材料。晉國的霸業還要留待他和狄女所生的公子重耳，就是那在外漂流十九年，周歷八國，備嘗艱難險阻，到六十多歲才得位的晉文公。

文公即位時，宋襄公已經死了兩年。宋人又與楚國「提攜」起來，其他鄭、魯、衞、曹、許等國，更不用說了。當初文公漂流過宋時，仁慈的襄公曾送過他二十乘馬。文公即位後，對宋國未免有情。宋人又眼見他歸國兩年間，內結民心，消弭所側；外聯強秦，給王室戡定叛亂，覺得他大可倚靠，便背楚從晉。楚率陳、蔡、鄭、許的兵來討，宋人向晉求救。文公和一班患難相從的文武老臣籌商了以後，便把晉國舊有的二軍更擴充為三軍，練兵選將，預備「報施救患，取威定霸」。他先向附楚的國曹、衞進攻，佔據了他們的都城；把他們的田分給宋國；一面叫宋人賂取齊、秦的救援。雖是著名「剛而無禮」的楚帥子玉，也知道文公是不好惹的，先派人向晉軍說和，情願退出宋境，只要晉軍同時也退出曹、衞。文公卻一面私許恢復曹、衞，讓他們宣告與楚國絕交；一面把楚國的來使拘留。這一來把子玉的怒點着了。於是前632年，即齊桓公死後十一年，楚、陳、蔡的聯軍與晉、宋、齊、秦的聯軍大戰於城濮（衞地）。就在這一戰中，楚人北指的兵鋒初次被挫，文公成就了凌駕齊桓的威名，晉國肇始它和楚國八十多年乍斷乍續的爭鬥。

　　這八十多年的國際政治史表面雖很混亂，卻有它井然的條理，是一種格局的循環。起先晉楚兩強，來一場大戰；甲勝，則若干以前附乙的小國自動或被動地轉而附甲；乙不肯干休，和它們算賬；從了乙，甲又不肯干休，又和它們算賬，這種賬來算去，越算越不清，終於兩強作直接的總算賬，又來一場大戰。這可以叫作「晉、楚爭霸的公式」。晉、楚爭取小國的歸附就是爭取軍事的和經濟的勢力範圍。因為被控制的小國對於所歸附的霸國大抵有兩種義務：（一）是當它需要時，出定額的兵車助它征伐。此事史無明文，但我們從以下二事可以類推：(1) 齊國對魯國某次所提出的盟約道：「齊師出境而不以甲車三百乘從我者，有如此盟！」(2) 其後吳國稱霸，魯對它供應軍賦車六百乘，郑三百乘。（二）是以納貢，或納幣的形式對霸國作經濟上的供應（貢是定期的進獻，幣是朝會慶弔的贄禮）。此事史亦無明文，但我們以下三事可以推知：(1) 楚人滅黃的藉口是它「不歸楚貢」。(2) 前 548 年晉執政趙文子令減輕諸侯的幣，而加重待諸侯的禮；他就預料兵禍可以從此稍息。(3) 前 530 年鄭往晉弔喪，帶去作贄禮的幣用一百輛車輪運，一千人押送。後來使人不得覲見的機會，那一千人的旅費就把帶去的幣用光！當周室全盛時，諸侯對於天王所盡的義務也不過如上說的兩事。可見霸主即是有實無名的小天王，而同時正式的天王卻變成有名無實了。

　　在晉、楚爭霸的公式的複演中，戰事的頻數和劇烈迥非齊桓、宋襄的時代可比，而且與日俱甚。城濮之戰後三十五年，晉師救鄭，與楚師遇，而有邲（鄭地）之戰，楚勝；又二十二年，楚師救鄭，與晉師遇，而有鄢陵（鄭地）之戰，晉勝；又十八年，晉伐楚以報楚之侵宋（先是楚侵宋以報晉之取鄭），而有湛阪（楚地）之戰，晉勝。

但這四次的大戰只是連綿的兵禍的點逗。在這八十餘年間，楚滅江、
六、蓼、庸、蕭（蕭後入於宋），及羣舒；晉滅羣狄，又滅偪陽以
與宋；齊滅萊；秦滅滑（滑後入於晉）；魯滅邾；莒滅鄫（鄫後入於
魯）。在這期間，鄭國為自衞，為霸主的命令，及為侵略而參加的爭
戰在七十二次以上。宋國同項的次數在四十六以上。其他小國可以類
推。兵禍的慘酷，可以從兩例概見：（1）前597年，正當邲戰之前，
楚人在討叛的名目下，圍攻鄭都。被圍了十七天後，鄭人不支，想求
和，龜兆卻不贊成；只有集眾在太廟哀哭，並且每巷備定一輛車，等
候遷徙，這一着卻是龜兆所贊成的。當民眾在太廟哀哭時，守着城頭
的兵士也應聲大哭。楚人都被哭軟了，不禁暫時解圍。鄭人把城修
好，楚兵又來，再圍了三個月，終於把城攻破，鄭君只得袒着身子，
牽着一隻象徵馴服的羊去迎接楚王。（2）過了兩年，惡運輪到宋人頭
上。楚王派人出使齊國，故意令他經過宋國時，不向宋人假道。宋華
元說：經過我國而不來假道，就是把我國看作屬地，把我國看作屬地
就是要亡我國；若殺了楚使，楚人必來侵伐，來侵伐也是要亡我國；
均之是亡，寧可保全自己的尊嚴。於是宋殺楚使。果然不久楚國問罪
的大軍來到宋都城下，晉國答應的救兵只是畫餅。九個月的包圍弄到
城內的居民「易子而食，析骸以炊」；楚人還在城外蓋起房舍，表示
要久留。但宋人寧可死到淨盡，不肯作恥辱的屈服。幸虧華元深夜偷
入楚營，乘敵帥子反的不備，揮着利刃，迫得他立誓，把楚軍撤退
三十里，和宋國議和，這回惡鬥才得解決。

　　像這類悲慘事件所構成的爭霸史卻怎樣了結？難道它就照一定
的公式永遠循環下去嗎？難道人類共有的惻隱心竟不能推使一個有力
者，稍作超國界的打算嗎？前579年，嘗透了戰爭滋味的華元開始作

和平運動。這時他同晉、楚的執政者都很要好；由他的極力拉攏，兩強訂立了下面的盟約：

> 凡晉、楚無相加戎，好惡同之，同恤菑危，備救凶患。若有害楚，則晉伐之；在晉，楚亦如之。交贄往來，道路無壅。謀其不協，而討不庭（不來朝的）。有渝此盟，明神殛之；俾隊（墜）其師，無克胙國。

這簡直兼有現在所謂「互不侵犯條約」和「攻守同盟」了。但這「交淺言深」的盟約，才僥倖保證了三年的和平，楚國便一手把它撕破，向晉方的鄭國用兵；次年便發生鄢陵的大戰。

爭霸的公式再循環了一次之後，和平運動又起。這回的主角向戌也是宋國的名大夫，也和晉、楚的執政者都有交情的。但他願望和福氣都比華元大。前546年，他在宋都召集了一個十四國的「弭兵」大會。兵要怎樣弭法，向戌卻是茫然的。這個會也許僅只成就一番趨蹌揖讓的虛文，若不是楚國的代表令尹子木提出一個踏實的辦法：讓本未附從晉或楚的國家以後對晉、楚盡同樣的義務。用現在的話說，這就是「機會均等」「門戶開放」的辦法。子木的建議經過兩次的小修正後到底被採納了。第一次的修正是在晉、楚的附從國當中把齊、秦除外，因為這時親晉的齊和親楚的秦都不是好惹的。第二次的修正又把邾、滕除外。因為齊要把邾，宋要把滕劃入自己的勢力範圍。四國除外，所以參加盟約的只有楚、晉、宋、魯、鄭、衛、曹、許、陳、蔡十國。

在這次盟會中晉國是大大地讓步了。不獨他任由楚人自居盟主；

不獨它任由楚人「衷甲」赴會，沒一聲抗議；而那盟約的本身就是楚國的勝利；因為拿去交換門戶開放的，晉方有鄭、衛、曹、宋、魯五國，而楚方則只有陳、蔡、許三國。但晉國的讓步還有更大的。十二年後，楚國又踐踏着這盟約，把陳國滅了（五年後又把他復立，至前 478 年終滅之），晉人只裝作不知。弭兵之會後不久，晉人索性從爭霸場中退出了。晉國的「虎頭蛇尾」是有苦衷的。此會之前，晉國已交入一個蛻變的時期。在這時期中，它的主權從公室移到越來越少的氏室，直至它裂為三國才止。在這蛻變的時期中，它只有蟄伏不動。但楚國且慢高興，當它滅陳的時候，新近暴發的吳國已躡在它腳後了。

第四節　吳、越代興

自泰伯君吳後，十九世而至壽夢。中間吳國的歷史全是空白。壽夢時，吳國起了一大變化。這變化的起源，說來很長。前 617 年，即城濮之戰後十五年，陳國有夏徵舒之亂。徵舒的母親夏姬有一天同陳靈公和兩位大夫在家裏喝酒。靈公指着徵舒對一位大夫說道：「徵舒像你。」那位大夫答道：「也像你。」酒後徵舒從馬厩裏暗箭把靈公射死。陳國大亂。楚莊王率兵入陳定亂，殺了徵舒，俘了夏姬回來，打算把她收在宮裏。申公巫臣說了一大番道理把他勸阻了。有一位貴族子反想要她，巫臣又說了一大番道理把他勸阻了。後來夏姬落在連尹襄老之手。邲之戰，襄老戰死，他的兒子又和她有染。巫臣卻遣人和她通意，要娶她，並教她藉故離楚；而設法把她安頓在鄭。夏

姬去後不久，巫臣抓着出使齊國的機會。他行到鄭國，便叫從人把所賷的「幣」帶回去，而自己攜着夏姬投奔晉國。子反失掉夏姬，懷恨巫臣。又先時另一位貴族要求賞田，為巫臣所阻，亦懷恨他。二人聯合，盡殺巫臣的家族，而瓜分他的財產。巫臣由晉致書二人，誓必使他們「疲於奔命以死」。於是向晉獻聯吳制楚之策。他親自出使於吳，大為壽夢所歡迎。吳以前原是服屬於楚的，他教壽夢叛楚。他從晉國帶來了一隊兵車，教吳人射御和車戰之術。吳本江湖之國，習於水戰而不習於陸戰。但從水道與楚爭，則楚居長江的上游而吳居其下游，在當時交通技術的限制之下，逆流而進，遠不如順流而下的利便，故吳無法勝楚。但自從吳人學得車戰後，形勢便大變了，他們從此可以舍舟而陸，從淮南江北間挒着之背。從此楚的東北境無寧日。楚在這一方面先後築了鍾離、巢及州來三城（皆在今安徽境，州來在壽縣，巢在瀘州，鍾離在臨淮縣）以禦吳。吳於公元前 519 年取州來。其後七年間以次取巢取鍾離並滅徐。前 506 年，即向戌弭兵之會後四十年，吳王闔閭大舉伐楚，吳軍由蔡人引導，從現在的壽縣、歷光、黃，經義陽三關，進至漢水北岸，乃收軍；楚軍追戰至麻城（時稱柏舉）大潰。吳師繼歷五戰，皆勝，遂攻入郢都。楚平王逃奔於隨。這次吳人懸軍深入，飽掠之後，不能不退，但楚國卻受到空前的深痛巨創了。平王復國後，把國都北遷於鄀，是為鄢郢，即今湖北宜城。

像晉聯吳制楚，楚亦聯越制吳。

在周代的東南諸外族中，越受諸夏化最晚。直至戰國時，中國人在寓言中提到越人，還說他們「斷髮文身」，說他們「徒跣」不履；又有些學者說越「民愚疾而垢」是因為「越之水重濁而洎」。此時越人的僬野可想。越人的語言與諸夏絕不相通。現在還保存着前 5 世紀

中葉一首用華字記音的越歌和它的華譯。茲並錄如下，以資比較。

越歌	華譯
濫兮抃草濫予昌枑澤予昌州州餬州馬乎秦胥胥縵予乎昭澶秦踰滲惿隨河湖（句讀已佚）	今夕何夕兮，搴洲中流？今日何日兮，得與王子同舟？蒙羞被好兮，不訾詬恥。心幾煩而不絕兮，得知王子。山有木兮，木有枝，心悅君兮，君不知。

越人在公元前 537 年以前的歷史除了關於越王室起源的傳說外，全是空白。是年越人開始隨楚人伐吳。其後吳師入郢，越人即乘虛襲其後。入郢之後十年，吳王闔閭與越王勾踐戰於檇李（今嘉興）大敗，受傷而死。其子夫差於繼位後三年（前 494 年）大舉報仇，勾踐敗到只剩甲楯五千，退保會稽（今紹興），使人向夫差卑辭乞和，情願稱臣歸屬。此時有人力勸夫差趁勢滅越。夫差卻許越和。大約一來他心軟，二來他認定越再無能為，而急於北進與諸夏爭霸，不願再向南荒用兵了。在此後十二年間，夫差在忙於伐陳伐魯，築城於邗（即今揚州），鑿運河連接江淮，從陸路又從海道（吳以舟師從海道伐齊為我國航海事見於記載之始）伐齊，和朝會北方諸侯；而勾踐則一方面向夫差獻殷勤，向他的親信大臣送賄賂，一方面在國內獎勵生育（令壯者不得娶老婦，老者不得娶壯妻；女子十七不嫁，男子二十不娶，其父母有罪），並給人民以軍事訓練。前 482 年，夫差既兩敗齊國，大會諸侯於齊的黃池。他要學齊桓、晉文的先例，自居盟主。臨到會盟的一天，晉人見他神色異常的不佳，料定他國內有變，堅持不肯屈居吳下，一直爭執到天黑，結果他不得不把盟主的地位讓給晉國。原來他已經祕密接到本國首都（吳原都句吳，在今無錫東南，至

夫差始遷於姑蘇，即今蘇州）被越人攻陷的消息了。夫差自黃池掃興而歸後，與越人屢戰屢敗。前 473 年，吳亡於越，夫差自殺。勾踐踏着夫差的路徑北進，大會諸侯於徐州（據顧棟高考，此徐州在今山東滕縣，非江蘇之徐州），周王亦使人來「致胙」。後又遷都於琅琊（越本都會稽，即今紹興。至勾踐前一代遷諸暨），築起一座周圍七里的觀台，以望東海。這時越已拓地至山東，與邾、魯為界了。

勾踐死於前 465 年，又六十三年而晉國正式分裂為三，那是戰國時代的開始。在這中間，越滅滕（後恢復），滅郯；楚則滅蔡、滅杞、滅莒（莒後入於齊），亦拓地至山東境。在轉到戰國時代之前，讓我們補記兩個和向戌先後並世的大人物：一個是鄭公孫僑，字子產，即弭兵大會中鄭國的代表之一；另一個是魯孔丘，字仲尼，即後世尊稱為孔子的。

第五節　鄭子產

公元前 565 年，即鄢陵大戰後十年，鄭司馬子國打勝了蔡（是時蔡是楚的與國），把他的主帥也俘了回來，鄭人都在慶祝，子國更是興高彩烈。他的一位約莫十六七歲的兒子卻冷靜地說道：「小國沒有把內政弄好，卻先立了戰功，那是禍種。楚人來討伐怎辦？依了楚，晉人來討伐又怎辦？從今以後，至少有四五年鄭國不得安寧了！」子國忙喝道：「國家大事，有正卿做主。小孩子胡說，要被砍頭的。」正卿做主的結果，不到一年，楚、晉的兵連接來臨鄭國。那位受屈的小預言家就是子產。

勝蔡後兩年，子國和正卿給一羣叛徒在朝廷中殺死了。正卿的兒子，聞得噩耗，冒冒失失地立即跑出，弔了屍，便去追賊，但賊眾已挾着鄭君，跑入北宮。他只得回家調兵，但回到時，家中的臣屬和奴婢已走散了一大半，器物也損失了不少。他兵也調不成了。子產聞得噩耗，卻不慌不忙，先派人把守門口，然後聚齊家臣屬吏，督着他們封閉府庫，佈置防守；然後領着十七乘的兵車，列着隊伍出發，弔了屍，就去攻賊，別的貴族聞風來助，把賊眾通通殺死了。從此以後，鄭國的卿大夫們對這位公孫僑都另眼相看。

再經過幾番的大難和子產幾番的匡扶之後，那外受兩強夾剪，內有巨室搗亂的鄭國終於（在前543年，弭兵之會後三年）輪到子產主持。這時他才約莫四十歲。

子產知道那習於因循苟且的鄭國，非經過一番革新整飭，不足以應付危局。他給全國的田土重新釐定疆界，劃分溝洫，把侵佔的充公，或歸原主。他規定若干家為一個互相的單位，若干家共用一口井。他令諸色人等，各有制服。他開始編定刑法，鑄成「刑書」，向人民公佈。他把軍賦增加，以充實鄭國的自衛力。為着這些，尤其是為着加賦的事，他不知受了多少咒罵。有的說：「他的父親死在路上，他又要做蝎尾巴了！」子產說：「苟有利於國家，生死不改！」

但子產對輿論從不肯加以任何干涉。當時都中有一所「鄉校」（大約是一個養老而兼較射的地方），人民時常聚集其中議論執政。或勸子產：何不把鄉校拆毀？子產說：「為什麼？人家早晚到那裏逛逛，議論執政的長短，正是我的老師。為什麼把鄉校拆毀了？我聽說：忠愛可以減少怨恨，卻沒聽說威嚇可以防止怨恨。若用威嚇，難道不能使怨聲暫時停止？但民怨像大川一般，堤防雖密，一旦潰決便不知要

傷害多少人，那時搶救也來不及了。不如留些小決口，給它宣泄。不如讓我得聽謗言，用作藥石。」

子產從政一年後，人民唱道：

> 取我衣冠而褚（貯）之！取我田疇而伍之！孰殺子產？吾其與之！

到了三年，人民唱道：

> 我有子弟，子產誨之。我有田疇，子產殖之。子產而死，誰其嗣之？

子產的政令，說得出，就要做得到，若行不通，他就乾脆撒手。有一回大夫豐卷為着祭祀，請求舉行狩獵，子產不准。豐卷大怒，回去便徵調人民。子產馬上辭職，向晉國出走。幸而當時鄭國最有勢的罕氏子皮擁護子產，把豐卷驅逐，子產才復職，卻保留着豐卷的田產，過了三年，召他回國，把田產還他。

子產對於傳說的迷信，毫不遷就。前 524 年，火宿（即心宿）出現不久，接着起了一陣大風。祝官裨灶說了一堆鬼話之後，請求子產拿寶玉去禳祭，以為否則鄭國將有大火。子產不聽，湊巧幾天之後鄭都有一家失火，災後，裨灶又請拿寶玉去禳祭，以為否則又將有大火。子產還是不聽。鄭人紛紛替裨灶說話，連子產的同僚也來質問，子產答道：「天象遠，人事近；它們是不相關涉的。怎能靠天象去預知人事？而且裨灶哪裏懂得天象？他胡說得多了，難道不會偶中？」

次年，鄭都大水，鄭人紛傳時門外的洧淵有二龍相鬥，請求祭龍。子產不許，回道：「我們爭鬥，礙不着龍；為什麼龍爭鬥卻礙着我們？」

上面講的都是子產在內政上的措施。但最費他心力的卻是對外的問題。在這方面他集中了全國的專才。當時馮簡子最能決斷大事；游吉長得秀美，舉止又溫文，宜於交際；公孫揮熟悉外國的情形，又善於措辭；裨諶最多謀略，但他要在野外才能想好計，回到城中便如常人一般。子產遇着外交大事，大抵先向公孫揮詢問外國的情形。並令他把該說的話多多預備；然後和裨諶乘車到野外籌劃；籌劃所得請馮簡子決斷；辦法決定了，便交游吉去執行。因此鄭國在應付外人上，很少吃虧。

前 541 年，楚公子圍（後來的靈王），領着一大班人馬來鄭都聘問並且娶親，要入居城內的客館，經子產派「行人」去勸說，才答應駐在城外。到了吉期，公子圍又要率眾人入城迎接新婦，鄭人越疑懼。子產又派「行人」去說道：「敝邑太窄小，容不了貴公子的從人。請在城外掃除空地，作行禮的場所罷。」公子圍的代表，以面子關係為理由，堅持不允。鄭人便直白說道：「小國沒有什麼罪，惟倚靠外人才真是罪。本來要依靠大國保障的，但恐怕有人不懷好意，要計算自己。萬一小國失了倚靠，諸侯不答應，要和貴國搗麻煩，那時小國也是過意不去的。」公子圍知道鄭國有備，只得命眾人倒掛着弓袋入城。對強鄰戒備，那是子產永遠不會放鬆的。前 524 年鄭都大火時，他一面派人去救火，一面派大兵登城警備。有人說：「那不會得罪晉國嗎？」子產答道：「平常小國忘卻防守就會危亡，何況當着有災難的時候？」不久晉人果來責問，說晉君正在替鄭人擔憂。鄭兵登城，是什麼意思？子產給他解釋了一番，最後說道：「若不幸鄭國亡了，

貴國雖替擔憂，也是沒用的。」

前 529 年，晉君乘着楚靈王被殺，楚國內亂之後，大會諸侯於陳國的平丘，子產代表鄭國赴會。將要結盟時，子產突然提出減輕鄭國軍賦的要求，從正午一直爭到昏黑，晉人到底答應了。會後有人責備子產道：「萬一晉人翻起臉來，帶着諸侯的兵，來討伐鄭國，那時怎辦？」子產答道：「晉國政出多門，尚且敷衍個不了，哪裏有工夫向別國討伐。國家若不掙扎，便愈受欺凌，還成個什麼國家？」

子產不獨是一個實行家，而且是一個能夠化經驗為原理的實行家。有人問他為政的道理，他說：「政治好比莊稼的工夫，日夜要籌度；起先籌度好就做到底，從早到晚苦幹，可別幹出了籌度的範圍，如像耕田不要過界，那就很少有錯失了。」

有一回子皮要派一個子弟去做邑宰。子產說：「他年紀太小，不知道行不行？」子皮回答道：「這人老實，我愛他，他斷不會背叛我的。讓他去學，便漸漸懂得政事了。」子產說：「那不行，人家愛一個人，總要使他得到好處；現在你愛一個人，卻給他政事，好比叫一個還沒學會拿刀的人去切東西，只有使他受傷而已。假如你有一匹美錦，你必定不讓人拿來練習剪裁。要職和大邑是我們身家性命所託庇的，就可以讓人拿來練習做官嗎？」

前 522 年，子產死。死前，他囑咐繼任的人道：惟獨非常有德的才能靠寬縱服人。其次莫如用猛力。你看火，因為它猛烈，人人望見就怕它，故此因它致死的很少。但水，因為軟弱，人人都去狎玩它，故此因它致死的很多。

子產的死耗傳到魯國時，孔子含淚歎道：「古之遺愛也！」他和子產卻未曾會過一面。

第四章

孔子及其時世

第一節　魯國的特色

　　當春秋時代，魯是一個弱國，始受制於齊，繼受制於吳，終受制於越。但它也是列國中文化最高的。宗周的毀滅和成周在春秋時所經幾度內亂的破壞，更增加魯在文化上的地位。前540年，晉韓宣子來聘，看到魯太史所藏的典籍，便說「周禮盡在魯矣」！先此數年，吳公子季札歷聘諸國，到魯國，特別請求聽奏各種「周樂」。可見「周樂」亦「盡在魯矣」。不獨代表「精神文明」的「禮樂」為然，論「物質文明」也是魯國首屈一指。前589年，魯向楚求和，略以木匠、繡工、織工和縫工各一百人。可見這些工藝在魯國特別發達。我國歷史上第一個著名的建築工程師公輸般，即舊日木匠行所供奉的「魯班（班般古同音）師父」，就是生於孔子死後不久的魯國人。

　　當春秋時代，在多數國家，「周禮」已成為一段模糊的歷史了。

但魯人特別小心翼翼地遵守着它，並且當作一種重大的學問去講求它。當時魯國有一班人，專以傳授禮文，並「導演」禮儀為職業。這種人叫作「儒」。魯人之重禮信儒曾造成一段歷史的話柄。魯昭公有一次和齊君會盟。齊君對他叩頭，他卻只作揖還禮。齊人大怒。魯國相禮的大夫解釋道：依禮，寡君除非對天子是不能叩頭的。試想當時齊國是何等強，魯是何等弱；魯對齊地也不知割過多少了，兵役也不知服過多少了；然而這一次毫不丟臉的叩頭，只因為《周禮》上沒有寫着，便不能通融了。其後數年，齊人把昭公請到齊國的地方來會盟，特別督着要他叩頭，他只得照辦。當時齊人唱了一支歌嘲笑他道：

魯人之皋！數年不覺。使我高蹈。惟其儒書，以為二國憂！

這首歌，用現在話譯出，大意就是説：

魯人的頑固！幾年都不覺醒。使我們又要奔波。一味死守着他們的儒書，引起兩國間無限的麻煩！

第二節　孔子的先世與孔子的人格

前 518 年魯國三巨室之一的大夫孟僖子臨死，遺囑他的家臣，大意道：「人之有禮好比樹之有幹，沒有禮便站立不住。我聽說不久將有一位顯達的人出現，叫作孔丘。他是聖人的後裔，而本族在宋國被

滅。他的祖先弗父何（按略與周厲王同時）原是宋國的太子而讓位給宋厲公。弗父的後人（按曾孫）正考父輔佐戴公、武公、宣公三世，受過三次的冊誥命（按三命為上卿）而越加敬謹，所以他的鼎銘道：

　　一命而僂，再命而傴，三命而俯。循牆而走，亦莫余敢侮。
饘於是，粥於是，以餬余口。

他是這樣敬謹的。臧孫紇（按乃魯國以智慧著名的大夫）說過：「有明德的聖人，若本身不能得位，他的後代必定有顯達的。現在將要應在孔丘身上了罷？我死後你們務必讓我的兩個兒子跟他學禮。」

　　孟僖子所述孔子的先世，還須要一點補充。正考父的兒子孔父嘉在宋國的內亂中被殺了。一說孔父嘉的兒子避難到魯國，一說他的曾孫防叔始遷居魯國，未知孰是。防叔的孫孔紇生孔子。孔紇是名聞於諸侯的大力士。歷史上記着他兩件戰功：（一）前 563 年晉人率諸侯兵攻偪陽國的都城（在今山東嶧縣南五十里）。先鋒的戰士剛進入郭門，懸門忽然落下；幸虧孔紇在場，推起懸門，把他們放出。（二）前 556 年，齊師侵魯，把魯大夫臧紇圍在旁邑裏，孔紇亦在圍中，他半夜率領三百名甲士襲擊齊軍，乘齊人忙亂中，把臧紇送走，然後回營固守。齊人無可奈何而退。此役之後四年而孔子生，那是孔紇晚年續娶的顏氏女所出。

　　當孟僖子死時，孔子年三十五。以前他的歷史我們知道得很少。只知道他在少年時便沒了父母，家境很寒苦；他為貧而仕，先後替貴族管過會計和牧畜的事都很稱職；他從小就是一個好學不倦而且多才多藝的人。他自己曾謙說道：「我少時微賤，故學會了許多鄙事。」

像射、御、詩、禮等經常的士的技能他自然是具備的了。又自述道：「我十五歲便立志向學，三十歲便站立得住。」所謂站立得住，就是學禮成功的意思。此後不久，他便成了一個名動公卿的禮學權威。當孟僖子的兩個兒子來到孔子門下時，同門的貴族子弟和平民子弟已很不少了。

他們所遇到的是怎樣一位先生呢？這位先生衣冠總是整齊而合宜的；他的視盼，和藹中帶有嚴肅；他的舉止，恭敬卻很自然。他平常對人樸拙得像不會説話，但遇着該發言的時候卻又辯才無礙，間或點綴以輕微的詼諧。他所喜歡的性格是「剛毅木訥」，他所痛惡的是「巧言令色」。他永遠是寧靜舒適的。他一點也不驕矜；凡有所長的他都向其請教。便是他和別人一起唱歌，別人若唱得好，他必請再唱一遍，然後自己和着。他的廣博而深厚的同情到處流露。無論待怎樣不稱意的人，他總要「親者不失其為親，故者不失其為故」。他的朋友「生於我乎館，死於我乎殯」。他遇見穿喪服的人，雖是常會面的，必定變容。他在有喪事的人旁邊吃飯，從未曾飽過。

他和弟子間相處的氣象，從弟子的兩段記錄可以窺見。

有一天幾位弟子陪着孔子閑坐。孔子道：「你們覺得我是長輩，不免有點拘束，不要這樣。平常你們總説沒人知道我，假如有人知道，又有什麼把握呢？」子路爽快地答道：「千乘之國，夾在兩大國中間，受着兵禍，又鬧饑荒，讓我來主持，才到三年，便使得人民有勇，並且循規蹈矩。」孔子向他微笑了一下，又問另一弟子道：「求，你怎樣？」他答道：「五六十里或六七十里見方的國家，讓我來主持，才到三年，便使得人民富足。至於禮樂，另待高明。」孔子又問：「赤，你怎樣？」答道：「並不是説能夠，但想學學：像宗廟的大

事和諸侯的聚會，我願意穿着章甫（按章甫乃商朝的冠服，在儀式中相禮的人穿的），在旁邊做一個小相。」孔子又問另一弟子：「點，你怎樣？」這時他彈瑟漸緩，微音鏗然。他把瑟放下，起身答道：「我和他們三位不同。」孔子道：「有什麼關係呢？不過各說自己的志向罷了。」他道：「暮春的時候，春衣既已做好，和少年五六人，童子六七人，到沂水裏洗浴。洗完了，當着輕風歇晾，一面看人舞雩（按雩是祈雨之祭）。然後大家歌詠而歸。」孔子聽了喟然歎道：「我和點有同感。」

又一次，顏淵、了路和孔子在一起。孔子道：「你們何不各把自己的志向說說？」子路道：「願把自己的車馬輕裘，和朋友共用，用壞了也沒有怨憾。」顏淵道：「願不誇自己的長處，不表自己的功勞。」子路請問老師的志向。孔子道：「願給老年的以安樂，對朋友以信實，給幼少的以愛撫。」

第三節　孔子與其時世

教育是孔子心愛的職業，政治是他的抱負，救世是他的理想。

孔子生於弭兵之會前六年。此會後，中原的戰爭暫時減少，但劇戰的場所不過移到江淮一帶，兵禍並沒有真正消弭。在另一方面，環此會前後的一百年間，舊秩序的破壞加甚，至少在宋、魯、鄭、齊、晉等國，政柄落在大夫，君主成了傀儡；諸巨室彼此勾心鬥角，不時攪起內亂。魯國到底是君子之邦，它的巨室「三桓」（皆出自桓公的，故名），絕少自相殘害。他們採用分贓的辦法。前 537 年（孔

子十六歲），他們把公室的土地人民分為四份，季孫氏揀取了兩份，叔孫氏和孟孫氏各得一份，此後三家各對公室納些小的貢賦，便算補償。三家妥協，魯君更不好做。前 517 年（孔子三十六歲），昭公討伐季氏，結果給三家合力趕走，在外國流寓了七年而死。這還不夠。惡人還有惡人磨。跋扈的大夫每受制於更跋扈的家臣，這也是魯國的特色。前 538 年（孔子十五歲），豎牛叛叔孫氏，把他禁在一室，活活地餓死。前 530 年（孔子二十三歲），南蒯叛季孫氏，據了費邑三年。但這些還是局部的事變。前 505 年（吳王闔閭入郢之次年，孔子四十八歲），季孫斯的家臣陽虎勾結了季孫氏和叔孫氏兩家中不得志的分子，起了一場大政變。名副其實的陽虎把季孫斯囚禁起來，迫得他立誓屈服，然後放他；更挾持魯君，放逐敵黨，居然做了三年魯國的獨裁者，而且不知憑什麼手段，很得民眾的歸服。三桓也俯首帖耳，聽陽虎驅使。後來陽虎要除去他們，將自己的黨羽替代季孫氏和叔孫氏，以自己替代孟孫氏。本來隱忍旁觀的孟孫氏（即奉父命從孔子學禮的孟懿子）被迫作困獸鬥，結果，出乎大家意料之外的，陽虎兵屢敗，逃奔齊國。但次年（前 500 年）叔孫氏所屬郈邑的馬正侯犯又殺了邑宰，據郈作亂，幸而他無勇無謀，幾個月即被解決。魯國如此，本來破落的周室又復崩分。前 520 年（孔子三十三歲），景王死，王子朝糾合了無數失職的官吏和失意的貴族乘機作大規模的暴動，從此畿內擾攘了二十年，賴晉國屢次出兵援助，才得平定。

　　舊秩序的破壞不僅在政治方面，弭兵大會以前的長期混戰除摧毀了無數的生命和財產外，還摧毀了許多的迷夢。它證明了「昊天不惠」，它證明了「渝盟無享國」一類的詛誓只是廢話，它證明了「牲牷肥腯，粢盛豐潔」無補於一國或一身家的安全，它證明了人們最

可靠的靠山還是自己。當鄭子產昌言「天象遠，人事近，它們是不相及」的時候，理智的鋒刃，已衝破傳統迷信的藩籬。從前盡人相信一切禮法制度是天帝所規定的；現在有人以為它們是人所創設而且是為人而設的了。從前盡人相信王侯是代表天帝（君，天也）神聖不可侵犯的；現在惡君被弒或被逐，有人公然説他罪有應得，並且對叛徒表同情了。孔子曾慨歎道：「我還及見史官闕文，有馬的借給人騎，如今都沒有了！」這兩件事雖然本身很小，它們的象徵的意義卻很大。它們象徵「世風日下，人心不古」的總趨勢，社會組織蜕變時所必有的趨勢。因為舊道德的力量減少，又因人口增加，都邑擴大，貴族和庶民間的關係日益疏遠；禮教的拘束和威儀的鎮壓已不夠做統制之用；所以有些精明的貴族感覺到制定成文的刑法的必要。前 536 年（孔子十七歲），鄭子產把所作的刑書鑄在鼎上公佈。前 513 年（孔子四十歲），晉人也把范宣子所作的刑書（范宣子卒於前 549 年，其作刑書年不詳），以同樣的方式公佈。這些都是非常的創舉，在當時受着嚴厲的誹議的。

　　孔子所處的時代的性質已約略表過。在宗教思想上，孔子是大致跟着時代走的。他雖然還相信一個有意志有計劃的天帝，但那已經不是可以用犧牲玉帛賄買的天帝，而是在無聲無嗅中主持正道的天帝了。他絕口不談鬼神的奇跡。有人向他請教奉事鬼神的道理，他説「未能事人，焉能事鬼？」再向他請教死的道理，他答道：「未知生，焉知死？」他教人「敬鬼神而遠之」，教人「祭如在」。「遠之」就是不當真倚靠它們；「如在」就是根本懷疑它們的存在了。不過既然根本懷疑它們存在，為什麼還要向它們致祭，為它們舉行繁縟的葬禮，並且守着三年的喪呢？孔子的答案是以此報答先人的恩德，非如此則

於心不安，於心不安的事而偏要做，便是不仁。把宗教儀節的迷信意義剝去，只給它們保留或加上道德的意義，這種見解雖然不必是孔子所創，在當時乃是甚新的。

在政治主張上，孔子卻是逆著時代走的。他的理想是以復古為革新，他要制裁那些僭越的家臣，僭越的大夫，僭越的諸侯，甚至那些不肯在貴族腳下安守舊分的民眾。他的理想是：「天下有道則禮樂征伐自天子出。」「天下有道則政不在大夫。」「天下有道則庶人不議。」

孔子是歷史興趣很深的人，他也曾以「敏而好古」作自己的考語。他盡力考究了三代制度之後，覺得周代吸取了前二代的精華，文物燦備，不禁說道：「吾從周！」除了一些小節的修正，像「行夏之時，乘殷之輅，……樂則韶舞」等等以外，他對於西周盛時的文物典章全盤接受，並且以它們的守護者自任。他盼望整個中國恢復武王周公時代的舊觀。

他的理想怎樣實現呢？照他不客氣的看法，只有等待一個「明王」出來，用他弼輔，像武王之於周公。手把大鉞的周公，那是他畢生憧憬著的影像。在晚年他還因「不復夢見周公」而慨歎自己的衰頹。不得已而思其次，若有一個霸主信用他，像桓公之於管仲，他的理想也可以實現一部分。他對於管仲也是不勝欣慕的。更不得已而思其次，若有一個小小的千乘之國付託給他，如鄭國之於子產，他的懷抱也可以稍為展舒。他的政治理想雖高，他對於一個弱國處理的切實辦法，並不是捉摸不著。有一回他的門人子貢向他問政，他答道：要「足食、足兵、人民見信」。問：若不得已在三項中去一，先去哪項？答道：「去兵。」再問：若不得已在餘下的兩項中去一，先去哪項？答道：「去食。從古都有死，人民沒有信心便站不住。」他又說：「一

個國家，不怕人口少，只怕人心不安，不怕窮，只怕貧富不均。」這些話顯然是針對着大家只知道貧弱為憂的魯國而發的。

「假如有用我的，僅只一周年也可以，三年便有成功。」他說。

第四節　孔子與政治

但是誰能拔用孔子呢？魯昭公不用說了，他十九歲即位，「猶有童心」，況兼是個傀儡。孟孫氏大夫孟懿子是孔子的門人，但他還是個後生小子。三家之中，季氏最強，大權獨攬，但他便是曾以僭用天子禮樂，致孔子慨歎「是可忍孰不可忍」的。不久，更不可忍的事發生，昭公被逐，孔子便往齊國跑。

他到齊國，大約是避亂的成分少，而找機會的成分多。這時距齊人滅萊之役已五十年；景公即位已三十一年，崔、國、欒、高諸巨室已先後被滅，陳氏已開始收拾人心，蓄養實力。景公固然不是個怎樣的賢君。他的厚斂曾弄到民力三分之二歸入公家；他的淫刑曾弄到都城的市裏「屨賤踊（被刖者所用）貴」。他聽到「天下有道則禮樂征伐自天出」一類的話，當然要皺眉。但他聽到「天下有道則政不在大夫」一類的話卻不由不大讚：「善哉！善哉！」但不知是他的眼力，抑或是他的腕力不夠呢？他始終沒有任用孔子。孔子在齊七八年，雖然養尊處優，還是（用他自己的比喻）活像一個葫蘆，被人「繫而不食」。這是孔子所能忍耐的麼？乘着魯定公即位（前509年），魯國或有轉機，他便回到祖國。

他歸魯後約莫三四年而陽虎的獨裁開始。眼光如炬的陽虎就要

借重孔子。他知道孔子不會干謁到他的,卻又不能屈身去拜候一個窮儒。依禮,貴臣對下士若有饋贈而他不在家接受,他得到貴臣門上拜謝。於是陽虎探得孔子外出的時候,送一大方熟豬肉給他。孔子也探得他外出,然後去拜謝。可是他們竟在途中相遇,陽虎劈頭就說:「來!我和你說句話。懷着自己的寶貝,卻瞞着國人,這可謂仁嗎?」孔子只得回答道:「不可。」「喜歡活動,卻坐失時機,這可謂智嗎?」孔子只得答道:「不可。」陽虎道:「日子一天天的過去了!歲月是不等待人的!」孔子只得回答道:「是,我快出仕了。」

但他沒有出仕,而陽虎已倒。這時他機會可真到了。他的門人孟懿子因為發難驅陽虎的大功,在政府裏自然爭得相當的發言權。季孫氏一方面為收拾人心,一方面感念孔子不附陽虎,便把司寇一席給他。這時孔子有五十多歲,距鄭子產之死有二十多年。

子產的人格和政績是孔子所稱讚不厭的。他說子產有君子之道四:「其行己也恭,其事上也敬,其養民也惠,其使民也義。」此時孔子的地位也有點和子產的相像;鄭之於晉、楚,猶魯之於齊、晉;鄭之有七穆,猶魯之有三桓。所不同的,子產自身是七穆之一。而且得七穆中最有力的罕氏擁護到底;孔子卻沒有一田半邑,而他受季氏的真正倚任也只有三個月,雖然司寇的官他至少做了三年(從定公十至十二年)。但他在無可措施中的措施也頗有子產的風度。

前500年(定公十年)孔子輔佐着定公和齊景公會盟於夾谷(齊邊地)。有人向景公說道:孔丘這人雖熟悉禮儀,卻沒勇力;假如叫萊兵逼脅魯侯,必定可以得志。景公依計。不料「臨事而懼、好謀而成」的孔子,早就設着武備。他一看見萊兵,便護着定公退下,並命令隨從的武士們動手;接着說一番「夷不亂華……兵不偪好」的

道理，直斥齊人此舉，於神是不祥，於道德是不義，於人是失禮。齊侯氣沮，只得遣退萊兵。臨到將要結盟，齊人在盟書上添寫道：「齊師出境而（魯）不以甲車三百乘從我者，有如此盟！」孔立即命人宣言，齊人若不歸還汶陽的田，而責魯人供應，也照樣受神罰。後來齊人只得歸還汶陽的田。

孔子在魯司寇任內所經歷的大事，除了夾谷之會，便是前 498 年的「墮三都」運動。所謂「三都」就是季孫氏的費邑，叔孫氏的郈邑和孟孫氏的成邑；「墮三都」就是要將這三邑城郭拆除。三邑之中，費、郈都是舊日家臣叛變的根據地，而費邑自南蒯失敗後，不久便落在另一個家臣公山不狃之手。不狃是陽虎的黨羽，陽虎既倒，他還屹然不動。「墮三都」一方面是要預防家臣負隅作亂，一方面亦可以削弱三桓。二者都是和孔子素來的政治主張相符的。故此，他對於此舉，極力贊勸，雖然主動卻似乎不是他，而是他的門人子路，這時正做着季氏的家宰的。子路的發動此事原是盡一個家臣的忠悃。此時費邑已成了季氏腹心之患，非墮不可的。季孫氏地廣邑多，毀一城滿不在乎。但叔孫和孟孫二氏各毀一大城則元氣大損，這也是於季孫氏有利的。叔孫氏猶有侯犯之亂可懲，至於孟孫氏墮城，好比一個無病的人白陪人家吃一劑大黃巴豆，完全是犯不着的。所以墮城議起，他一味裝聾，後來定公率兵圍城，沒有攻下，便把他放過。但郈、費到底被墮了，墮費最費氣力，孔子受季孫氏三個月的倚任就在此時。原來公山不狃不待季孫氏動手，先自發難，率費人襲入都城，定公和三桓倉皇躲進季孫氏的堡中，被費人圍攻着。叛徒快到定公身邊了，幸虧孔子所派的援兵及時趕到，把費人殺敗。其後不狃勢窮，逃往齊國。

　　墮費之役孔子雖然立了大功，但不久（前 497 年），孔子便辭職。他辭職的直接原因，有人說是祭餘的燒肉沒有照例送到，有人說是季孫氏受了齊人的女樂，三日不朝。孰是孰非，無關宏旨。總之，季孫氏的勢力完全恢復了以後，再沒有可以利用孔子的地方了，再不能維持向日對孔子的禮貌了；魯國再沒有孔子行道的機會了。他只好再到外國去碰碰運氣，雖然他不存着怎樣的奢望。如魯國一個守城門的隱者所說，他原是一個「知其不可而為之者」。

　　但是到什麼地方去呢？齊的韶樂雖然值得孔子再聽，齊景公卻不值得他回顧。衞雖小國，地理上和政治上卻最與魯國接近。恰好這時子路的僚婿彌子瑕甚得衞靈公的寵信。去職的次年，孔子便領着一班弟子來到衞都帝丘（在今河北濮陽西南）。這時距衞人第一次避狄遷都 —— 從朝歌（在今河南淇縣）遷到楚丘（在今河南滑縣）有一百六十多年，距衞人第二次避狄遷都 —— 從楚丘遷到帝丘，有一百三十多年。當第一次遷都時，朝歌的遺民男女合計只有七百三十口。經過長期的休養生聚，新都又成了熙熙攘攘的大邑。孔子入境，不禁歎道：「好繁庶呀！」給孔子駕車的弟子冉有忙問：「既繁庶了，還要添上什麼呢？」孔子答道：「添上富。」「既富了，還要添上什麼呢？」「添上教。」

　　但此時衞靈公正被夫人南子迷得神魂顛倒，哪裏有閑心去管什麼富咧，教咧，只照例用厚祿敷衍着孔子。孔子居衞些時，覺得沒味，便又他去（前 496 年？）。此後十多年間他的行蹤，記載很缺略，而且頗有參差。我們比較可以確知的，他離衞後，到過宋、陳和楚新得的蔡地，中間在陳住了好幾年；前 485 年（魯哀公十年）自陳返衞；約一年後自衞返魯。此外他也許還經過曹、鄭，到過故蔡以外的楚

境。在這長期的奔波中，孔子不獨遇不着一個明君，而且遇了好幾次的生命危險。當他過宋時，向戌的曾孫桓魋不知因為什麼對他發生惡感，要殺害他，幸虧他改裝逃脫。當他過匡（鄭地？）時，受過陽虎荼毒的匡人錯認他是陽虎，把他連羣弟子包圍起來。幸虧匡人沒有錯到底。在陳、蔡的邊境時，因為無「上下之交」，糧糈斷絕，他和弟子們曾經餓到站立不起。

這些困厄並沒有壓倒孔子的自信心。當在宋遇難時，他説：「天生德於我，桓魋其奈我何！」當在匡遇難時，他説：「文王死了以後，文教不在我這裏嗎？難道天要廢棄這些文教嗎？難道後來的人不得承受這些文教嗎？天沒有廢棄這些文教的，匡人其奈我何！」

在旅途中孔子曾受過不少隱者的譏諷。有一次他使子路去向兩個並耕的農人問渡頭的所在。甲説：「在車上執轡的是誰？」子路答道：「是孔丘。」「是魯孔丘麼？」「是的。」甲説：「這人便知道渡頭的所在了！」子路只得向乙請問。乙説：「您是誰？」子路答：「是仲由。」「是魯孔丘的徒弟麼？」「是的。」「滿天下都是洪水滔滔，一去不返的。誰能改變它呢？而且您與其跟隨到處要避人的志士，何如索性跟隨避世的隱士呢？」乙説完了，不斷地覆種。子路回去告訴孔子。孔子説：「鳥獸是不可與同羣的。我不和世人在一起卻和誰在一起？假如天下有道，我便不去改變它了。」

但政治方面的否塞使得孔子救世熱情終於不得不轉換方向。當他最後由蔡回到陳的時候，他歡道：「歸罷！歸罷！我們這班天真爛漫的小子，好比織成了文彩斐然的錦，卻不知道怎樣剪裁。」這時他已隱然有以教育終餘生的意思了。這時他確已老了，他已六十八歲了，雖然他一向總是「發憤忘食，樂以忘憂，不知老之將至」。

第五節　孔子與教育

孔子最大的抱負雖在政治，他最大的成就卻在教育。在我國教育史上，他是好幾方面的開創者。這幾方面，任取其一也足以使他受後世的「馨香尸祝」。

第一，在孔子以前，教育是貴族的專利，師儒是貴族的寄生者。孔子首先提倡「有教無類」，這就是說，不分貴賤貧富，一律施教。他自己說過，從具「束脩」（十吊臘肉）來做贄見禮的起，他沒有不加以訓誨的。這件事看來很平常，在當時實是一大革命。這是學術平民化的造端，這是「布衣卿相」的局面的引子。至於他率領弟子，周遊列國，作政治的活動，這也是後來戰國「游說」的風氣的創始。

第二，孔子以個人在野的力量，造就或招聚一大幫的人才，他的門下成了至少魯國人才的總匯；他自衛返魯後，哀公和季康子要用人時，每向他的弟子中物色。這樣一個知識的領袖不獨沒有前例，在後世也是罕見的。傳說他的弟子有三千多人，這雖然近誇張，但他的大弟子名氏可考的已有七十七人，其中事跡見於記載的共二十五人。現在僅計他自己所列舉跟他在陳、蔡之間捱餓的弟子；以德行見長的有顏淵、閔子騫、冉伯牛、仲弓；以言語見長的有宰我、子貢；以政治見長的有冉有、子路；以文學見長的有子游、子夏。這些人當中顏淵最聰明，最好學，最為孔子所歡賞，可惜短命；冉伯牛也以廢疾早死，無所表現；其餘都是一時的俊傑。閔子騫曾被季氏召為費宰而堅決辭卻。仲弓做過季氏家宰。宰我受過哀公的諮詢，在政府裏當是有職的。子貢、冉有皆先孔子歸魯。子貢在外交界任事，四次和吳人，一次和齊人折衝，都不辱命。冉有做過季氏的家宰，於前 484 年（哀

公十一年，孔子歸魯前），當齊人大舉侵魯，魯當局守着不抵抗主義的時候，激動季氏出兵。冉有並且用矛陷陣，大敗齊軍。子路為季氏主持「墮三都」及他後來留仕在衞，死孔悝之難，前面均已表過。前 481 年，小邾（魯的南鄰之一）的一位大夫挾邑投奔魯國，要子路作保證，以替代盟誓。季康子派冉有到衞國來求子路，說道：「人家不信千乘之國的盟誓而信你一句話，你當不以為辱吧？」子路答道：「假如魯國和小邾開戰，我不問因由，死在敵人的城下也可以。現在依從一個叛臣的話，便是認他為義，我可不能。」子游做過魯國的武城宰，孔子到他邑裏，聽得民間一片弦歌聲，因此和他開過「割雞焉用牛刀」的玩笑。子夏做過晉大夫魏成子（即後日魏文侯）的老師。因為孔子弟子多是當時的聞人，他們又多有「仲尼日月也，無得而逾焉」的信念；憑他們的宣揚，孔子便在上層社會裏永遠傳下很大的聲名。

第三，孔子首先把技藝教育和人格教育打成一片；他首先以系統的道德學說和縝密的人生理想教訓生徒；他的教訓，經他的弟子和再傳弟子記載下來叫作《論語》的，是我國第一部語錄。

孔門傳授的技藝，不外當時一般貴族子弟所學習的《禮》《樂》《詩》《書》。其中《禮》和《詩》尤其是孔子所常講，弟子所必修的。

所謂禮有兩方面：一是貴族交際中的禮貌和儀節；二是貴族的冠、婚、喪、祭等等典禮。當時所謂儒者就是靠襄助這些典禮，傳授這些儀文為生活的。孔子和他大部分的弟子都是儒者，他們所學習的禮當然包括這兩方面。禮固是孔子所看重的。他說：「不學禮，無以立。」但每一種禮節原要表示一種感情。感情乃是「禮之本」。無本的禮，只是虛偽，那是孔子所深惡的。他把禮之本看得比禮文還重。

他說：「禮云，禮云，玉帛云乎哉！」又說：「喪禮，與其哀不足而禮有餘也，不若禮不足而敬有餘也。」這原是對於講究排場拘牽儀式的魯人的一劑對症藥。可惜他的弟子和後來的儒家很少領略得。

當孔子時，各種儀節和典禮大約已有現成的「秩序單」。這些「秩序單」，經過孔子和他的信徒的陸續增改，便成為現在的《儀禮》。

《詩》三百餘篇，在春秋時代是有實用的。平常貴族交際上的詞令要引詩做裝飾，朝廷享宴外賓時，照例要選《詩》中的一首或一節，命樂工歌誦，以作歡迎詞，這叫作「賦詩」。來賓也得另選一首或一章回敬，這叫作「答賦」。主賓間的情意，願望，懇求，甚至譏刺，每「斷章取義」地借詩句來隱示。在這種當兒，詩篇生疏的人便會出醜。故此孔子說：「不學《詩》，無以言。」因為任何貴官都有招待外賓或出使外國的機會，所以《詩》的熟習成為貴族教育不可少的部分。孔子教詩當然也以他的應對功用為主。《詩》中含有訓誨意味的句子，當時每被引為道德的教條。這一方面孔子也沒有忽略。但他更進一步。他教人讀《詩》要從本來沒有訓誨意味的描寫，體會出人生的道理。這便是他所謂「興於《詩》」。例如詩文：

> 巧笑倩兮，美目盼兮，素以為絢兮。

意思原是說一個生來美好的女子，可施裝飾。子貢問這裏有什麼啟示，孔子答道：「繪畫要在有了素白的質地之後。」子貢跟着問：「然則禮要在（真情）後嗎？」孔子便大加讚賞，說他有談《詩》的資格。

詩和樂在當時是分不開的。《詩》三百篇都是樂章。而正宗的音樂不外這三百篇的曲調；除了射御和舞以外，音樂是貴族教育最重要

的項目。一切典禮裏都有音樂。而他們平常閑居也不離琴瑟。孔子本來是個音樂家，雖然他在這方面成就完全被他的「聖德」所掩。再沒有別事比音樂更可以令他迷醉的了。他在齊聽了韶樂曾經「三月不知肉味」。這種享受他當然不肯外着他的弟子們。他的教程是「興於詩，立於禮，成於樂」。孔子講音樂和前人不同處在他特別注重音樂的感化力。他確信音樂不獨可以陶冶個人的性靈，並且可以改變社會的品質。為儘量發揮音樂的道德功用，他有兩種主張：第一，音樂要平民化。他的門人子游做武城宰，便弄到滿邑都是弦歌之聲。第二，音樂要受國家統制，低劣的音樂要被禁絕。當時鄭國的音樂最淫蕩，所以他倡議「放鄭聲」。他晚年曾將《詩》三百篇的舊曲調加以修訂。這是他生平很得意的一回事。他説：「吾自衛反魯，然後樂正，雅、頌各得其所。」雅、頌各是詩中的一門類，依着音樂的性質而分別的。經孔子修正過的樂曲，可惜現在無從擬想了。

後世所謂儒家的「六藝」，除了以前提到的《禮》《樂》《詩》和《周易》外，還有《書》和《春秋》。是時《周易》一書，除了卦爻辭外，又增添了象傳。那是解釋卦爻辭之文，孔子以前魯太史所作的，韓宣子聘魯時已經看見。卦爻辭或象傳中含有勸誡意味的話，孔子偶然也引來教訓弟子。但孔門的科目裏並沒有《周易》，卜筮之事孔子更是不談的。《書》，大部分是西周的檔案，其內容或為戰爭時的誓師辭，或為周王封立國君時的冊命之詞，或為周王對臣下的告諭，或是王室大典禮的記錄；另一小部分則是追記唐、虞、夏、商的故事和言語的。這類文件據説在孔子時有一百多篇，現在只剩二十八篇。《書》中訓誨的話最多；像《易》一般，它在孔子以前已常被學者引用。它是孔門的讀本之一，雖然遠不及《詩》的重要。

《春秋》本來是魯國史官的流水賬式的記錄的總名，大約因為它每年必標舉四時，所以簡稱《春秋》。它的內容可以現存的第一年為代表：

> （隱公）元年，春，王正月。三月，公及邾儀父盟於蔑。夏，五月，鄭伯克段于鄢。秋，七月，天王使宰咺來歸惠公仲子之賵。九月，及宋人盟於宿。冬十有二月，祭伯來。公子益師卒。

像這樣的史記，列國都有的，大約魯國的特別遠久，特別全備。這些史記並不完全依事直敍。因為有些醜事，例如魯桓公之死，根本不能直敍。再者，有些史官故意要把史事記錯，來寄託褒貶的意思，或維持已失效的名分。例如晉靈公明明是被趙穿弒了的，但晉太史董狐卻因為趙穿的兄弟趙盾「亡不越境，返不討賊」，便記道「趙盾弒其君」。又如前632年周襄王應晉文公的喚召去參加踐土之會，而現傳的《春秋》卻記道：「天王狩於河陽。」傳說孔子曾採用與這兩例一路的「書法」，將魯史記中從隱公元年到哀公十四年的一段加以修改，而成為現存的《春秋經》。這一段所包括的時代（前722至前481年）史家因此稱為春秋時代。《春秋經》之始於隱公不知何故，也許魯史本來如此。它終於哀公十四年，傳說是因為是年叔孫氏子出獵獲麟；據說麟是預兆明王出現的祥獸，現在「明王不興」而麟被獵獲，孔子感覺道窮，因此含淚絕筆云。

總結孔子和六藝的關係：《詩》《書》，他只沿用作教本，而時或加以新的解釋或引申。《易》，他不過偶爾徵引。《禮》，他加以重新

估價，並且在小節上偶有取捨；例如冕，古禮用麻，時禮用絲，孔子從眾，因為當時用絲價廉；又古禮臣拜君於堂下，時禮拜於堂上，孔子從古禮，因為他覺得時禮近於放肆。至於《樂》和《春秋》，他雖加過修改，到底他紹述的成分多而創作的成分少。「述而不作，信而好古」，原是他的自白。

但在學術上他果真是僅只述古的人嗎？至少就道德的教說而論，那是不然的。有一回他問子貢：「你以為我是多多地學習卻把所得牢記的麼？」子貢答道：「是的，難道不對嗎？」孔子說：「不，我一以貫之。」他認定所有的道德規律中有一條最根本，最概括，可以包羅其他的。這種認識乃是道德思想上一大發明。孔子的一貫之道，據他的高足弟子曾參的了解而他所沒有否認的便是「忠恕」，忠恕只是一種態度「仁」的積極和消極兩方面。恕便是他所謂人人可以終身奉行的一個字，意義是「己所不欲，勿施於人」。忠的廣義是「己欲立而立人，己欲達而達人」。忠的狹義是盡自己對他人的責任，甚至不顧任何的犧牲，「可以託六尺之孤，可以寄百里之命，臨大節而不奪。」這種忠也就是勇了。所以說「仁者必有勇」。仁、勇，再加上智便是孔子心目中的全德。

第六節　孔子的晚年

孔子從衛歸魯，至遲當在哀公十二年春天之前，是年春季氏因為增加軍賦的事諮訪孔子。此時孔子已儼然一個國老，公卿不時存問，饋遺，國政也有資格過問。哀公十四年齊大夫陳恆弒君，孔子便齋戒

沐浴，然後上朝，請求討伐。和陳一丘之貉之三桓，雖能遏阻魯國的義師，卻不能遏阻孔子的義言。

　　和孔子的聲望同時增加的是他的門徒，和門徒所帶來的「束脩」之類。此時他的生活很可以當得起一個退職的司寇；行則有車代步；衣則「緇衣（配以）羔裘，素衣麑裘，黃衣狐裘」；食則「食不厭精、膾不厭細。……失飪不食，不時（不合時的菜）不食，割不正不食，不得其醬不食，沽酒市脯不食」；回思在陳絕糧時的情景，已成隔世了。但那樣的晚福他並不能久享。哀公十六年（前 479 年）四月（即「夏曆」二月），他臥病七日而死，享壽七十四歲。

　　孔子死後，門弟子把他葬在魯都城北泗水邊；並且為他服喪三年，然後灑淚分手。諸弟子和別的魯人依孔子塚而居的有一百多家，名為「孔里」。塚前的空地，成了魯儒舉行鄉飲、鄉射等典禮的場所。城中孔子的故居被闢為他的廟堂，內藏他的衣冠、琴、車、書籍和禮器；孔門的儒者繼續在其中學習禮樂。此後歷盡四百年的興亡和兵革，這廟堂裏未曾歇過弦歌聲。

　　孔子死後六年而越滅吳，又七十年而晉國三分，戰國時代開始。

第五章

戰國時代的政治與社會

第一節　三晉及田齊的興起

春秋時代的歷史大體上好比安流的平川，上面的舟楫默運潛移，遠看彷彿靜止；戰國時代的歷史卻好比奔流的湍瀨，順流的舟楫，揚帆飛駛，頃刻之間，已過了峰嶺千重。論世變的劇繁，戰國的十年每可以抵得過春秋的一世紀。若把戰爭比於賭博，那麼，春秋的列強，除吳國外，全是涵養功深的賭徒，無論怎樣大輸，決不致賣田典宅；戰國時代的列強卻多半是濫賭的莽漢，每把全部家業作孤注一擲，每在旦夕之間，以富翁入局，以窮漢出場，雖然其間也有一個賭棍，以賭起家，終於把賭伴的財產騙贏淨盡。

這變局怎樣造成的？因為春秋戰國之交記載特別殘缺，我們還不能充分知道。但有一點可以確說的：先後參加這國運的狂賭的列強，即所謂七雄者，其中除燕國在春秋末期和戰國初期的歷史完全是空白

109

外，其餘趙、魏、韓、田齊、楚和秦，我們都知道是曾起過一番政治經濟的大變革，曾把封建的組織加以人工的有計劃的摧毀的；前四國本身並且就是政治革命的產物。

趙、魏、韓即所謂三晉。它們的前身是晉國的三個封區。趙氏的祖先本是累代替周王御車的。穆王時，著名的神御造父以功封於趙，因以邑為氏。造父的七世孫趙叔帶，因為幽王無道，脫離周室，往仕晉國。後來晉獻公用趙夙做「御戎」（戰時御君車的），畢萬為副，以滅耿、滅霍、滅魏。臨到論功行賞，把耿給了趙夙，把魏給了畢萬。此時趙氏在晉國始有了根據地，而畢萬始建魏氏。韓氏也以封邑韓原得名，其受封略後於魏氏，惟確實年代不可考。前 583 年，晉景公聽信讒言，疑趙氏謀叛，把這一家幾乎殺盡了，把它的田邑沒收了，因韓氏的勸諫，景公才復封趙氏一個僅存孤兒。這件故事，後經點竄，成為一件很動人的傳說。我國在 18 世紀間最先傳譯於歐洲的一部戲劇《趙氏孤兒》，是以這段傳說做底子的。趙氏復嗣後，不到四十年，成為把握晉國政權的六卿中最強的一族。所謂六卿包括上說的三家和范氏、中行氏、智氏。范、中行氏後來和趙氏火併；內亂連年的結果，二氏於前 491 年（孔子卒前十一年）被逐出晉國。他們的土地終於歸入其餘的四家。前 455 年，智伯又脅迫着韓、魏和他合兵攻趙，把趙襄子圍在晉陽。聯軍決汾水灌城，只差三版便把全城淹沒。臨到城快要破的時候，韓、魏卻突然和趙勾結起來，把智伯殺掉，把他的土地也瓜分了。不久公室的土地也被分割到只剩下可忽略的數量，晉君竟卑屈到要去朝見三家的大夫，他後來的命運這裏也可以不表了。前 403 年，周威烈王竟把三家的大夫升格為侯。通常以這一年為戰國時代的開場。於是三個新國出現於歷史的舞台上；魏佔

有舊晉的中部和西南部，都於安邑（今山西夏縣），趙佔有舊晉的北部，都於中牟（今河北邢台與邯鄲之間），韓佔有舊晉的南部，都於陽翟（今河南禹縣）。開國初的四十年內，三晉先後把國都遷到最適宜於向外發展的地帶。趙南徙邯鄲（今河北邯鄲縣）；韓滅鄭，即以鄭都為新都（今河南新鄭）；魏則東徙大梁（今河南開封）。

三晉建侯後十七年（前386年）而齊的蛻變也完成。這年齊大夫田氏託魏文侯請得了周王的冊命，升格為侯。田氏即陳氏（陳田古音相同，春秋的記載用陳，戰國的記載用田），它的始祖乃是陳國的一個公子，名完，和齊桓公同時的。公子完避亂奔齊，甚得桓公的寵悅，仕為「工正」，以祖國的名號為氏。傳說公子完在本國娶親之前，他的岳家為婚事問卜，得到下面的讖辭：

> 鳳凰于飛，和鳴鏘鏘。有媯之後，將有于姜。
> 五世其昌，並于正卿。八世之後，莫之與京。

這神驗的預言無疑地是事後追造的。所謂五世，便是弑齊簡公的罪魁，孔子所要討伐的陳恆。陳恆既立新君，便專齊政，把國內稍強大的貴族盡數鋤去，只把自己的封地增加到多過齊君的采地。陳恆的兒子繼做齊相，更把齊都邑的大夫盡換了自己的宗人，再傳兩世到田和，恰好遇着一個沉迷於酒色的齊康公。田和索性把他遷海邊，留一個城邑給他過快活的日子，而自己踐登侯位。

政變的潮流不久又波及周室。三晉和田齊的建國還須借重周王的冊封。但三晉受封後三十三年，韓、趙便過河拆橋，合力攻周，扶植兩個有力的王親，把周室分裂為二：東周都於洛陽的舊王城，西周都

111

於鞏。此後周王的力量還比不上從前一個侯國裏的小封君了。

第二節　魏文侯、李克、吳起

政權的轉移每牽連到政制的改革。三晉和田氏，在地盤的擴張中，各把國內林立的小封君陸續兼併了，最後連公室也消滅了。在建國之前，即在競爭生存的時期，它們為免實力的分散，不能把新得的土地多所割封。齊、晉舊有的小封君於是逐漸被非世職而無采邑的地方官吏所替代。當四氏建國時君主集權的局面同時成立，它們沒有回到舊路的需要，而且權力這東西原是易握難放的，雖然此後這四國和同時的其他各國，偶然也把土地封給功臣或子弟，但受封的人數既絕少，每個封區若不是寥寥的數城或十數邑便是荒野的邊地，絕不足和中央抗衡的，戰國時代的國家，先後都向君主集權的路走，而最先走上這條路的是三晉和田齊。

這新建的四國當中，魏的新氣象為最顯著；它們的創業君主當中也以魏文侯為最英明。他開戰國招賢養士的風氣，在他的朝廷匯聚了國內外的人才。其中最可注意的除孔子的門人子夏外，有李克（或作李悝）和吳起。

（1）李克，魏人，是子夏的弟子，做了文侯的卿相，他是我國第一個大法律家，手定魏國的新法典。後世所傳他的《法經》六篇大約就是這法典的底稿。《法經》是我國第一部詳細的律文，可惜已經亡佚了；我們只知道其中一篇叫作《網經》，是關於盜賊的劫捕的；另一篇叫作《雜律》，有輕狡、越城、博戲、借假、不廉、淫侈、踰制

等條目。李克又替文侯改定稅法。從他自己所述這新稅法的提議中，很可以看出當時農民生活的情形，現在把原文抄在下面：

羅，甚貴傷民，甚賤傷農。民傷則離散，農傷則國貧。故甚貴與甚賤，其傷一也。善為國者，使民無傷而農益勸。今一夫挾五口，治百田畝。歲收，畝一石半，為粟百五十石。除十一之稅十五石，餘百三十五石。食，人月一石半，五人終歲為粟九十石，餘有四十五石，石三十（每石值三千錢），為錢千三百五十。除社閭、嘗新、春秋之祠用錢三百，餘千五十。衣，人率用錢三百，五人終歲用千五百，不足四百五十。不幸疾病死喪之費及上賦斂，又未與此。此農夫所以常困，有不勤耕之心，而令羅至於甚貴者也。是故善平羅者必謹觀歲，有上、中、下熟。上熟，其收自四（收穫為平時的四倍），餘四百石。中熟自三，餘三百石。下熟自倍，餘百石。小飢則收百石，中飢七十石，大飢三十石。故大熟則上羅三而舍一（將農民所餘四百石取去三百石），中熟則羅二，下熟則羅一，使民適足，價平則止。小飢則發小熟之所斂，中飢則發中熟之所斂，大飢則發大熟之所斂，而羅之（放給農民）；故雖遇饑饉水旱，羅不貴而民不散，取有餘以補不足也。

這新稅法的實行，是戰國的初年魏國富強的主要原因之一，但不知道它到底實行了多久。

（2）吳起，衛人，或說魏人。曾從曾子和子夏受學。他是戰國著名的兵法家，有兵書傳後（已佚，今本乃偽託）。他曾給文侯將兵大

敗秦國,後來任西河守,抵禦秦、韓,魏甚得力。他將兵和最下級士卒吃着一樣,睡不鋪席,行不用車馬,親自負糧,和士卒分勞苦,因此大得軍心。

吳起在魏國以軍事顯。但他的政治本領卻留在楚國發揮。文侯死後,嗣君武侯,因受離間,對他生了疑心,他怕得罪,走去楚國。不久楚悼王任他做令尹。這時距吳人入郢有一百二十多年,楚滅了陳、蔡、杞、莒之後,疆宇大展,其國都久已遷回郢邑。吳起把三晉「明法審令」的一套介紹了過來,又教悼王把坐食無用的冗官悉數裁汰,把公族疏遠的廢掉,省下錢來養兵練兵,又把一部分貴族強迫遷徙,以實國中空虛之地;又替悼王立了一條新法,令每個封君的土地傳過三世之後得交還國家,這就是說,用緩進的手段把封建制度推翻。因為這些改革,吳起成了楚國的貴族的怨府。悼王一死(前 381 年),他們便暴動起來,圍攻吳起,吳起只得匿伏在王屍旁邊。在刀箭紛集之下吳起和王屍一齊糜爛。太子正位後,藉着毀壞王屍的「大不敬」的題目,大加株連,坐罪滅族的有七十多家。楚國的貴族幾乎被一網打盡。楚國的新局面也就成立。

吳起死後二十年而秦國開始變法。

第三節　秦的變法

秦的發祥地在渭水上游的秦川的東岸(今甘肅天水縣境),周孝王時,嬴姓的非子因替王室養馬蕃息的功勞,受封在這裏,建立了一個近畿的「附庸」。宣王時,秦莊公以討伐犬戎有功受命為西垂大

夫。及平王東遷，秦襄公帶兵去扈衛，平王感念他的殷勤，才把他升在諸侯之列。這時畿內的豐岐一帶已淪入犬戎，平王索性更做一個不用破費的人情，把這一帶地方許給了秦，假如它能將犬戎驅逐。此後秦人漸漸地東向開拓，到了穆公的時代，更加猛進。穆公是春秋的霸主之一。他曾俘獲了晉惠公，拿來換取晉國的河西地方；又滅梁、滅芮，都是黃河西岸與晉鄰近的小國。他又潛師遠出，希圖滅鄭，若不是鄭商人弦高把噩耗發現得早，向祖國報訊得快，秦的鐵手此時也許便伸入中原了。秦的東侵是晉的大忌。秦師這次由鄭旋歸，晉人也顧不得文公新喪，墨絰興兵，把他們攔路截擊，殺個慘敗。後來穆公雖報了此仇，他東向的出路到底給晉人用全力扼住了。他只得回過頭去「霸西戎」，結果，「兼國十二，開地千里」。穆公死時（前621年），秦人已佔有渭水流域的大部分，已奠定一個頭等國的基礎。但此後二百多年間，秦的內部停滯不進，而晉始終保持着霸國的地位，繼續把秦人東出的路堵住。

當戰國開場的前後，秦在「七雄」中算是最不雄的一國。自前428年以降，四十多年間，它的政治出了常軌，大權落在亂臣。在這時期中，它有一個君主被迫自殺，一個太子被拒不得繼位，另一個君主和母后一同被弒，沉尸深淵。魏人乘秦內亂，屢相侵伐，並且奪回穆公所得到的河西地方。

穆公的霸圖的追續是自獻公始。他即位的次年（前383年）便把國都從雍（今陝西鳳翔縣）東遷到櫟陽（今陝西臨潼縣東北）。他恢復君權，整飭軍旅，兩敗魏師。但秦國更基本的改革，更長足的進展，還要等待繼他位的少年新君孝公和一個來自衛國的貴族少年公孫鞅。

　　公孫鞅原先游仕在魏。傳說魏相公叔痤病到要死時，魏君（即日後的惠王）請他舉薦繼任的人，他便以衛鞅對。魏君默然不語。公叔痤更囑咐道：若不用這人，必得設法把他殺掉，勿令出境。魏君答應去後，公叔痤立即喚叫衛鞅前來，把剛才的談話告訴了他，勸他快走。他不慌不忙答道：魏君不能聽你的話用我，又怎能聽你的話殺我呢？後來聞得孝公即位，下令求賢，他才挾着李悝的《法經》，走去秦國。

　　前359年（孝公三年），孝公用衛鞅計頒佈第一次的變法令。這令的內容包括兩方面：（一）是刑法的加嚴加密。人民以十家或五家為一組，若一家犯法，其他同組諸家得連同告發，知情不舉的腰斬；告發本組以外奸惡的與斬敵首同賞，藏匿奸人的與降敵同罰。（二）是富強的新策。凡不做耕織的遊民收為公家的奴隸，努力耕織多致粟帛的人民免除徭役；家有兩男以上不分居的納加倍的人口稅；私相毆鬥的分輕重懲罰；非有軍功的人不得受爵；服飾、居室和私有的田土奴婢的限度，按爵級區別，因此沒有軍功的人雖富也不得享受。這新法施行十年後，秦國家給人足，盜賊絕蹤，百姓從詛咒轉而歌頌。這新法的成效更表現在衛鞅的武功，前352年，他親自領兵征魏，把魏的舊都安邑也攻破了。此役後二年，衛鞅又發動第二步的改革：把國都遷到渭水邊的咸陽，在那裏重新築起宏偉的城闕和宮殿；統一全國的度量衡；把全國的城邑和村落歸併為三十一縣，每縣設縣令、丞（正副縣長）；把舊日封區的疆界一概鏟平，讓人民自由佔耕未墾闢的土地，讓國家對人民直接計田徵稅。第二步改革完成後，衛鞅於前340年又領兵征魏，把魏將公子卬也虜了回來。於是孝公封衛鞅於商，為商君，後人因此稱他為商鞅，但他的末日也快到了。先時第一次變法令公佈後，人人觀望懷疑。適值太子犯法。衛鞅便拿他做一個

榜樣，把他的師傅公子虔黥了。後來公子虔自己犯法，又給衞鞅劓了。前338年孝公死，太子繼位後的第一件大事便是把商鞅族誅。但商鞅的政策卻繼續被採用。

秦地本是戎狄之區。西周的京畿雖建在其上，文明的透入始終不深，好比一件錦衣覆着襤褸。周室東遷後，錦衣一去，便襤褸依然。直至孝公變法時，秦人還不脫戎狄之俗，例如他們還父兄子弟和姑媳姒娌同寢一室，這大約是沿着遊牧時代以一個帳幕為一家的經濟辦法。這種陋俗經商鞅的嚴禁才消滅。又例如秦國道地的音樂，直至戰國晚年，還是「擊甕叩缶，彈箏搏髀，而歌呼嗚嗚」。沒有受文明的雅化，也就沒有受文明的軟化。在六國中秦人是最獷野矯健的。商鞅的嚴刑峻法給他們養成循規蹈矩的習慣，商鞅的特殊爵賞制度使得對外戰爭，成了他們唯一的出路。以最強悍、最有紀律的民族，用全力向外發展，秦人遂無敵於天下。

商鞅死後約莫七八十年，趙國的大儒荀卿遊秦。據他所記，這時商鞅變法的成績還歷歷可見。荀卿說：

> （秦之）國塞險，形勢便，山林川谷美，天材之利多，是形勝也。入境觀其風俗；其百姓樸，其聲樂不流（淫蕩）污（猥褻），其服不挑（佻），甚畏有司而順。……及都邑官府：其百吏肅然，莫不恭儉、敦敬、忠信。……入其國（首都），觀其士大夫，……不比周，不朋黨，倜然莫不明通而公也。……觀其朝廷，其朝（早）間聽決，百事不留，恬然如無治者。

荀卿的弟子韓非也說：

今（六國）言賞則不與，言罰則不行。賞罰不信，故士民不死也。今秦出號令而行賞罰，有功無功，相事也。⋯⋯是故秦戰未嘗不克，攻未嘗不取，所當未嘗不破。

信賞必罰正是商鞅的政術。

荀卿又曾比較齊、魏和秦的強兵政策道：

齊人隆技擊。⋯⋯得一首者則賜贖錙（八兩）金，無本賞矣（本賞大約是指戰勝攻取之賞）。是事小，敵毳（脆），則偷可用也；事大，敵堅，則渙然離耳。⋯⋯是亡國之兵也。⋯⋯魏氏之武卒，以度取之（按一定標準挑選）：衣三屬（層）之甲，操十二石之弩，負服矢五十個，置戈其上，冠（冑）帶劍，贏（背）三日之糧，日中而趨百里。中試則復其戶（免除賦役），利其田宅（給以好田宅）。是數年而衰，而未可奪也（合格的武卒，幾年後便衰弱不可用。但其特權卻不能剝奪）。⋯⋯是故地雖大，其稅必寡，是危國之兵也。秦人，其生民也陿陋（給人民的生路陿隘），其使民也酷烈。⋯⋯忸（狃）之以慶賞，　（蹈）之以刑罰，使⋯⋯民所以要利於上者，非鬥無由也。陿（壓迫）而用之，得而後功之（勝利才算功，不但計首級），功賞相長也。⋯⋯故齊之技擊，不可以遇魏氏之武卒；魏氏之武卒，不可以遇秦之銳士。

所說齊魏的兵制，不知創行於何時，所說秦國的兵制正是商鞅所創的。

第四節　經濟的進步與戰爭的變質

三晉建侯和商鞅之死，是世變程途中的兩大塊「記里石」。環這兩大事件的一世紀左右（約前 420 至前 320 年）是一個大轉捩的時期。在我國史上，恐怕只有從鴉片戰爭到現在的一段可以和它相比。不獨春秋的四霸在這時期裏先後蛻去封建的組織而變成君主集權的七雄；其他好些在春秋末葉已發端的趨勢，如工商業的發達，都市的擴大，戰爭的劇烈化，新知識階級的興起，思想的解放等，從這時期以下，都加倍顯著。七雄的樹立，前面已表過；新知識階級的興起和思想的解放，詳於次章，其他各端附記於此。

在春秋末葉，雖然已有和小封君一般闊綽的商人，但似乎還沒有用奴隸和傭力支持的大企業。但在戰國時代這種企業卻出現了。以現在所知，和商鞅同時而稍後的，有一個洛陽大實業家白圭，「能薄飲食，忍嗜欲，節衣服，與用事僮僕同苦樂」；他「趨時若猛獸鷙鳥之發」。他自己說：「吾治生產，猶伊尹、呂尚之謀，孫、吳用兵，商鞅行法。」白圭不獨是後世言治生術的始祖，並做過魏惠王的大臣，受過封邑，提倡過「二十而稅一」的制度，又以善治水築堤著名，自言「丹（白圭本名）之治水也愈於禹」，他儼然是一個戰國時代的張南通。可惜關於他的史料太缺乏了。白圭所經營的主要是穀米和絲漆業。此後戰國時代見於記載的大企業家，有以製鹽起家的猗頓，有鐵冶成業的邯鄲郭縱（二人的正確年世不詳），皆是富埒王者；有「畜牧大王」烏氏倮，他的牛馬多至不能以頭數，而用山谷量，他因此得到秦王政的優禮，地位侔於封君，歲時和列臣同赴朝請；又有巴蜀寡婦清，承受了擅利數世的丹穴，而能保守財富和貞操，因此得到秦王

政的敬仰，為築「女懷清台」。與工商業的發展相偕的是貨幣的進步
和都市的擴大。銅錢的製造，不知始於何時，它的普遍的使用和多量
通流當是春秋戰國之交的事。文化較落後的秦國到前 336 年（商鞅死
後一年）才開始行錢。黃金的用作貨幣最早亦當在戰國初年。終春秋
時代，國際間的賄賂以及君主對臣下的大宗賞賜沒有用黃金的；但在
戰國時代此等賄賂和賞賜則用黃金為常了。當春秋晚年，除國都外，
「千室之邑」已是標準的大邑，其時任何國都的人口雖不見於記載，
我們即使算頭等國的國都都比標準的大邑大十倍，也不過有一萬戶。
但入戰國時代，「萬家之邑」已很普通。而齊的臨淄，約在商鞅死後
不久，人口已上七萬戶。「其民無不吹竽鼓瑟，彈琴擊筑，六博蹹鞠
者。臨淄之途車轂擊，人肩摩，連衽成帷，舉袂成幕……」。洛陽在
戰國末年戶數在十萬以上。都市中物質文明的進步，從貴豪家的生活
可見。《楚辭》中的《招魂》一篇（一說屈原作，一說屈原的弟子宋
玉作），於楚國貴豪的生活有一段極精緻的描寫，引錄於下：

> 高堂邃宇，檻層軒些。層台累榭，臨高山些。網戶朱綴，刻
> 方連些。冬有突夏，夏室寒些。川谷徑復，流潺湲些。光風轉
> 蕙，汎崇蘭些。經堂入奧，朱塵筵些。砥室翠翹，絓曲瓊些。翡
> 翠珠被，爛齊光些。蒻阿拂壁，羅幬張些。纂組綺縞，結琦璜
> 些。……紅壁沙版，玄玉之梁些。仰觀刻桷，畫龍蛇些。坐堂
> 伏檻，臨曲池些。芙蓉始發，雜芰荷些。紫莖屏風，文綠波些。
> 文異豹飾，侍陂陀些。軒輬既低，步騎羅些。蘭薄戶樹，瓊木籬
> 些。……室家遂宗，食多方些。稻粢稻麥，拏黃粱些。大苦醎
> 酸，辛甘行些。肥牛之腱，臑若芳些。和酸若苦，陳吳羹些。濡

鱉炮羔，有柘漿些。鵠酸臇鳧，煎鴻鶬些。露雞臛蠵，厲而不爽
些。粔籹蜜餌，有餦餭些。瑤漿蜜勺，實羽觴些。挫糟凍飲，酎
清涼些。華酌既陳，有瓊漿些……肴羞未通，女樂羅些。陳鐘
按鼓，造新歌些。涉江采菱，發揚荷些。美人既醉，朱顏酡些。
娭光眇視，目層波些。被衣服纖，麗而不奇些。長髮曼鬋，豔陸
離些。二八齊容，起鄭舞些。袵若交竿，撫案下些。竽瑟狂會，
搷鼓鳴些。宮庭震驚，發激楚些。吳歈蔡謳，奏大呂些。

我們若拿這一段和上引李克關於農民的描寫並讀，便看見人間的天堂
和地獄。

與都市的繁榮相副的是交通的進步。當孔子之世，從吳都往邾國
至快的行軍要走三個月。但當戰國初年，從魯都往楚都郢，個人的旅
行，十晝夜便可抵達。這種進步似乎不由於運輸工具上的新發明，而
由於道路的開闢。而道路的修治多半由於軍事上的需要。我們可以推
想當春秋戰國之際，我國在交通上曾起過一次大革命；許多國家，為
侵略用兵的便利，都「塹山填谷」，以修築新道路。此事雖然史無明
文，但我們從下引戰國人所傳的兩件故事可以得到一點消息：

中山國（在今滹沱河以北）有一部落叫作夙繇，智伯想滅掉
它，卻無路可通。於是鑄了一個大鐘，用兩輛駢列的大車載着，
要送給夙繇的君長。這君長於是「塹岸堙谷」，開路迎鐘。智伯
的軍隊卻跟在大鐘後面，把夙繇滅掉。

秦惠王想滅蜀，但山路險阻，兵路不通。於是雕了一隻大石
牛，每天派人祕密在它後面放一堆黃金，揚言石牛便金。他把這

異寶贈給蜀侯。蜀侯於是「塹山填谷」，開路以迎石牛。秦惠王的軍隊，卻跟在石牛後面，把蜀滅掉。

這兩件故事雖然未必全真，至少反映戰國人對軍事影響交通的認識。

顧名思義，戰國時代的特色乃在戰爭。這時代的戰爭，在質量上都大變春秋的舊樣。第一，直至春秋末年，最大的晉、楚兩國，其兵力不過四千乘左右，以一乘戰士十人計算，也不過四萬人，再加一倍也不到十萬人；而戰國的七雄中秦、楚、齊、趙，各有「帶甲百萬」以上；韓、魏、燕的兵力也各不下六十萬。第二，春秋時代的國防，其初只注意首都，後來才陸續給近邊衝要的邑築城。但除了少數有城的都邑外，其餘的地方，敵國的軍隊可以隨時通過，如入無人之境。但在戰國時代，各國當敵的邊境都築起長城和堡壘，這表明國際的生存競爭已到了絲毫不能放鬆的地步了。第三，在春秋時代，征戰的目的以取俘奪貨，屈敵行成為常例；以佔奪土地，殘殺敵人為例外。在戰國時代，則征戰的目的以佔奪土地殘殺敵人為常例，而僅只取俘奪貨，屈敵行成為例外。國家對兵士，以首級論功，每次戰爭動輒斬首十萬八萬，甚至二十萬，甚至一坑四十萬。我們的辭典中最兇殘的「屠城」一詞是在戰國時代出現的（見《荀子・議兵篇》）。「師之所處必生荊棘」「大兵之後必有凶年」，都是這時代人形容戰禍的實話。第四，戰爭工具在這時代也大有進步：以前的兵器全是用銅的，此時已漸漸地代以鐵和鋼；以前純用車戰，只適宜於平原，而不適宜於山險，調動也很遲緩，此時則濟以騎兵和步卒。此外攻城有「雲梯」的器械，舟戰有「鈎拒」的器械，都是戰國初年魯國一個大工匠公輸般所發明的。第五，戰爭的技術在戰國時代日益專門化了。當春秋之

世，各國的軍事領袖都是兼管民政的封君，純粹的武將是沒有的。戰國初期大政治家像李悝、吳起、商鞅……都是能帶兵出陣的，但自此時以降，文武漸漸分途。專門的名將如孫臏、穰苴、白起、王翦、廉頗、李牧等相繼出現。專門化的趨勢並且及於至少一部分常備的兵士。他們合格的標準已被提高。他們所受的訓練，也更加繁重。他們和臨時徵發農民充當的兵卒已有天淵之別。從上引荀卿所說魏國的武卒可見一斑。因為統治者對軍士的重視，民間也開始有結合團體，專習武技或兵法以供統治者選用的。這類團體中最著名的是墨翟所領導的「墨者」們，下文再將敘及。軍事專門化之另一表徵是兵書的撰著。我國重要的「武經」，如吳起的《吳子》、孫臏的《孫子》、穰苴的《司馬法》、墨家的《備城門》等共五篇，和尉繚的《尉繚子》，全是戰國時代的產品。

第五節　國際局面的變遷

晉國的西南角給黃河裱了一層，外面又給山地裱了一層，即屬於所謂「表裏山河」的地帶，也就是扼着秦人東向出路的地帶。這一部分的晉境，給魏國承受了。魏一日保持晉的霸威，秦一日不能大有發展。

魏文侯本已先秦孝公而著鞭。當戰國開場的六十年間，魏是風頭十足的一國。在它西邊的秦，東邊的齊，南邊的韓、楚，北邊的趙，沒有不受過它的侵略。前 353 年它把趙都邯鄲也攻破了，並且繼續佔據了兩年，因為齊國的壓迫才退出。前 342 年魏又伐韓，韓求救於

齊，齊將用了一個和吳起齊名的兵法家孫臏做軍帥，依他的計，領兵直搗魏的首都大梁。次年魏軍還救，大敗於馬陵；十萬雄師，一朝覆沒，主帥太子申和將軍龐涓都送了命。次年內，齊、秦、趙又連接向魏進攻（商鞅第二次征魏即在此時），連接把它打敗。不久楚人也乘機來報復。計馬陵之戰後二十餘年間秦對魏五次用兵，魏對秦兩次獻地，秦人不獨奪回河西，並且侵入河東、河南。

在四面受敵之下，魏君（後來的惠王）用了大哲學家惠施的計策，向齊國屈意修好；後來又用他的計策，於前334年和齊君相會於徐州，互認為王。這是魏人聯絡齊人的一種手段呢，抑或是抵制當時秦國挾周室以令諸侯的計策呢？恐怕兩般都有。與齊魏同時，燕趙中山（即春秋時的白狄國鮮虞）亦稱王，其後秦、韓、宋亦繼步。從此周室的餘威完全消滅了，從此「尊王」的招牌再沒人掛了，舊時代所遺下的空殼已被打破了，新時代的幕已被揭開了。列強已毫無遮掩地以爭獰的面目相對，以血染的鋒刃相指，再不用尋覓題目，以為奪地攻城的口實了。

虎狼的秦國既已「出柙」，六國的最大問題便是怎樣應付它。六國的外交政策不出兩途，即所謂「合從（縱）」和「連衡（橫）」，或簡稱「從」和「衡」。依韓公子非在他的遺書裏所下的界說：

> 從者，合眾弱以攻一強也；衡者，事一強以攻眾弱也。

所謂一強，不用說是秦國了。秦在西方，六國皆在其東。六國中任何一國與秦國的結合都是東西的結合，東西為橫，故稱連衡；六國共相結合是南北的結合，南北為縱，故稱合從。合從當然是六國最安

全的政策，也是秦人最懼怕的政策。直至後來六國都被證明已消失了單獨抗秦的力量時，據荀卿的觀察，秦人還是「諰諰然常恐天下之一合而軋己。」不過合從政策的持久有很大的困難。第一，除了些殘餘的可忽略的泗上小侯，如魯、衛、鄒（即春秋時的邾國）、滕等外，沒有一個國家願意維持現狀，沒有一個國家不想乘四鄰的間隙擴張領土，便是不在七雄之列的宋，也經過東征西討的迴光返照之後才給齊國滅掉（前286年）。合從，則六國的出路只有一條，向秦進攻，而秦卻不是好惹的。合從政策和六國的「帝國主義」根本衝突。第二，齊、燕兩國，距秦遙遠；秦的東侵，直到很晚，還沒有給他們以切膚之痛；因此它們對於合從運動的熱心很容易冷下去。反之魏、楚、韓、趙，因為鄰接秦國；它們一和秦絕交，外援未必，而秦軍先已壓境；就因為始終怕吃一點眼前虧，他們很容易被秦人誘入「親善」的圈套，而破壞從約。因此，戰國時代的國際關係，好比時鐘的擺往復於合從、連橫之間；每經一度往復，秦國的東侵便更進一步，六國的抵抗力便更弱一些。

自魏衰後，六國中聲勢足以與秦相埒，力量足以左右世局的惟有楚和齊，這兩國若再倒坍，秦人「統一天下」的幸運便注定。下文略述楚和齊在從橫捭闔的變化中被削弱的經過。其他六國自相殘殺和秦人蠶割三晉的慘史，這裏不必細表。

前318年六國第一次合從攻秦，以楚懷王為從長。但實際上參戰的只有韓、趙。次年，這兩國的兵給秦大敗於修魚（韓地），齊又倒戈攻趙、魏。這首次從約，不待秦破壞先已瓦解。越一年，秦滅蜀，並滅巴，國境增加原有的一倍以上，與楚的巫郡、黔中相接。於是秦人開始圖楚。最為秦人所畏忌的是齊、楚的結合，秦人於是以商

於之地六百里的許讓為條件，誘得楚懷王與齊絕交，旋即食言。懷王大怒，於前 312 年，發兵攻秦。秦脅韓助戰，大敗楚軍於丹陽，斬首八萬，虜楚主將及裨將七十多人，並且佔領了楚的漢中（漢水上游陝西湖北接界的一帶地方）。懷王越怒，再以傾國的兵襲秦。戰於藍田，又是一敗塗地。韓、魏還趁火打劫，侵楚至鄧。次年秦又攻楚取召陵。自漢中失，郢都的西北屏藩撤，楚的國威大挫。其後不久（前307 年？）楚雖承越國內亂，攻殺越王無疆，盡取故吳地至浙江，所得還不足以補償它這次的損失。

前 306 年（？）齊又提議合從，自為從長，邀楚參加。這時正是楚人復仇的機會了，懷王也答應參加了。但一會受了秦人誘惑，忽然變起卦來，竟和秦國互結婚姻。前 303 年，齊、魏、韓於是便連兵討楚背約。懷王使太子質於秦，請得秦的救兵，三國才退去。但次年楚太子鬥殺秦大夫，逃歸。秦人得了這個好題目，便聯合齊、韓、魏攻楚方城，接著又給了楚兩次的懲創之後，秦忽然和楚「親善」起來，並且請求懷王親到秦楚交界的武關會盟。懷王待要不去，怕得罪了秦，又禁不起兒子的催促，便應命而往。他一入關，秦的伏兵便把關門閉起。他被領到咸陽，朝章台宮，如藩臣一般，秦人要他割讓巫郡、黔中，以為釋放他的條件，他也答應了。但秦要先得地，後放人！他憤而拒絕。在秦國覊留了兩年，他試逃歸，事泄，秦人截住楚道，他從間道走趙，趙不敢納，正要往魏，而秦兵追至，把他押回，次年，他發病死。秦人把他的屍首送還，楚的老百姓都哀憐他，如像死了親戚。但過了三年，秦人大敗韓軍，斬首二十四萬級之後，投書楚頃襄王（懷王子）道：「楚倍秦，秦且率諸侯伐楚，爭一旦之命，願王之飭士卒，得一善戰！」頃襄王給嚇得心驚膽戰，立即同秦國講

和，次年又向秦國迎親。

楚懷王死後不久，齊國也由極盛而驟衰。自馬陵之戰，齊已代魏而為東方的領袖，三晉的君主都向他來朝。其後二十九年（前 314 年），齊趁燕王噲讓位給卿相子之，燕太子逆着民意作亂的時機，出兵伐燕。燕人在離叛的狀態之下，連城門也懶得關閉。齊兵不到兩個月便攻破燕都；並且繼續佔據了三年，因諸侯的脅迫而退出。用齊宣王自鳴得意的話：「以萬乘之國伐萬乘之國，五旬而舉之！」這樣的武功直至此時，秦人也還沒有嘗試過。前 296 年，齊遂領着三晉和宋合從攻秦，秦人竟不敢應戰。自楚衰後，齊、秦在列國中成了東西突起的兩個高峰。為表示它們的特殊地位，秦昭襄王於前 288 年（懷王死後八年），約合齊湣王同時把尊號升高一級；秦王為西帝，齊王為東帝，這個授議隱然有秦、齊平分天下的意思了。但秦的勸道只是「將欲取之，必固與之」的手段。它一則可以助長齊湣王的驕心，一則可以離間齊和別國的親交。湣王底下未嘗沒有看出這詭計的人。所以他稱帝後二日，便受勸仍復稱王，昭襄王也只得照樣。但湣王的帝號雖已取消，他的野心並沒有減小。過了兩年，他便舉兵滅宋。接着又南割楚的淮北，西侵三晉，並且打算吞滅兩周。泗上鄒、魯等小國的君主個個震恐，向齊稱臣。宋在向戌弭兵之會後，曾先後吞併了曹、滕，在被滅之前已是一個擁有五千乘兵力的四千里之國，而宋王偃，雖然後世的史家把他比於桀、紂，卻不是一個無抵抗主義者。滅宋，而齊的國力大大損耗。燕昭王方卑身厚幣，築館招賢，伺機復仇。他看破了這一點，便於宋滅後二年（前 284 年）聯合秦、楚和三晉，大舉伐齊。燕將樂毅攻入臨淄，把三十年前齊軍在燕京的暴行照抄一遍。這泱泱大國的首都六七百來年所積的「珠玉財寶，車甲珍

器」被劫奪一空。湣王出走，連歷衞和鄒、魯，還始終擺着「東帝」的架子，責應供張，卻到處碰釘，又走回齊國，結果為莒人所殺。別國的兵飽掠揚歸後，燕軍繼續前進，五年之間，把整個齊國的七十餘城，除了莒和即墨外都佔領了，並且列為燕的郡縣。這兩個城之能夠支持，因有田單在。

田單是齊王室的支裔，初時做臨淄市官底下的一個小吏。燕軍入齊，他走回故鄉安平，教族人把車軸的末端截去，加上鐵套。安平破，齊人爭路逃奔，多因車軸撞壞，給燕兵追及，擄去為奴。田單和他的族人獨得脫身，走避即墨。燕兵圍即墨，即墨大夫戰死，城中無主。眾人公推田單為將軍，以抗燕。田單親負版鍤（築城的用具）和士兵分勞，把酒肉儘量分給部下，把妻妾編在行伍間服務。兩軍正相持間而燕昭王死（前 279 年），他的繼位的兒子，素與樂毅不睦，又中了田單的反間計，便請樂毅退歇，而用一個蹩腳的將軍替代他。

樂毅一去，燕軍便如枯草敗葉一般被田單掃出齊境。然而齊國已被踐躪得體無完膚了！此後直至滅亡之前是它「閉門養疴」的時期。

東帝已被打倒了。秦人可以放膽為所欲為的了。時局急轉直下了。燕昭王死前一年，秦將司馬錯由蜀道攻佔楚的黔中。又過二年，秦將白起出漢中，攻破鄢郢。把楚先王陵墓的宏偉建築，付之一炬，楚兵潰散不戰，楚王狼狽遷都於陳國的故城；後來還不放心，又遷都於壽春（今安徽壽縣）。秦人破鄢郢之後，即把它佔領置為南郡。次年蜀郡守又佔領楚的巫郡及江南。計四年之間，楚國蹙地殆半。結果它還是只得向秦求和。秦便暫時把它放下，而專力去宰割三晉。前260 年，白起的遠征軍敗趙於長平（今山西高平縣西北），活埋降卒四十萬。趙的壯丁幾乎在此役死盡。又四年，秦滅西周，西周君赴秦

頓首受罪，盡獻所屬邑三十六、逃剩的人口三萬和一些未散的寶器。同年周赧王死，再沒人給他立後。周朝的殘喘也斷絕了。

此時秦人正好打鐵趁爐熱地去吞併六國。但此時昭襄王已衰老，名將白起已被猜疑而誅死，而繼昭襄王的兩個君主，一個只享祚三日，一個只享祚三年，最後秦王嬴政又以沖齡踐位，政權暫時落在母后和權相手中。因此秦人統一的大業被耽擱了二十多年，我們正好借這空閑，從喋血的戰場轉到歷史中比較平靜的一角。

第六章

戰國時代的思潮

第一節　新知識階級的興起

當封建時代的前期貴族不獨專有政權和田土，並且專有知識。閑暇和教育是他們的所獨享，《詩》、《書》、《禮》、《樂》完全與平民絕緣，在封建組織演化中，貴族的後裔漸漸有降為平民的，知識也漸漸滲入民間，初時在野的學人有兩種，一是躬耕食力的隱者，二是靠相禮或授徒餬口的「儒」，這兩種人在孔子以前都已存在，雖然他們最初出現的時候不能確定。

《詩》三百篇中已有些隱者的詩，例如：

> 十畝之間兮，桑者閑閑兮，行與子還兮。
> 十畝之外兮，桑者泄泄兮，行與子逝兮。

又例如：

> 衡門之下，可以棲遲。泌之洋洋，可以樂飢。
> 豈其食魚，必河之魴？豈其娶妻，必齊之姜？

這種淡泊自適的胸襟，決不是沒有學養的人所能道的。孔子以前的隱者，也有見於記載的。前 586 年，晉國起了大地震，梁山崩坍，都人驚懼，晉侯派傳車去召大夫伯宗來商議，伯宗在半路遇着一輛載重的大車，喝令避開。趕車的人說：與其等待我，不如停車繞道，還來得快些。伯宗見他有膽識，和他問訊。原來他是絳人，問以絳事。答道：梁山崩坍，聽說召伯宗來商議。問：伯宗來又怎麼辦呢？那人答道：「山有朽壞的土壤便崩坍下來，可怎麼辦呢？國以山川為主。若山崩川竭，國君得暫時減卻盛饌，除去盛服，停止音樂，改乘縵車（沒裝飾的），出宿郊外，並且命祝去獻幣，史去陳辭，以致敬禮，不過如此而已。便伯宗來，又怎麼辦呢？」伯宗要帶他去見晉君，他不答應，後來拿他的話轉告晉君，被採用了。這位趕車的隱者，其識見竟敵得過當世晉國最足智多謀的大夫。到了春秋末年，明哲的人隱遁的更多，孔子至有「賢者避世，其次避地」之歎。這輩隱者，孔子師弟在遊歷的途中，屢有所遇，前面已敍及一例。但這時代的隱者和後來戰國時代的隱者不同。他們在思想界是沒有勢力的。他們乃是真正的隱逸，既不著書立說，也沒有當世的聲名。他們的言行即使偶然闖入記載裏，他們的姓氏也沒有流傳。

其次說「儒」。這一名詞後世成了孔子信徒的專稱，原初卻不如此。《論語》裏記孔子對一位弟子說：「汝為君子儒，毋為小人儒！」

可見孔門之外盡多孔子所不取的小人儒。最初的儒，大約是公室氏室所祿養的祝、宗、卜、史之類，因主家的滅亡或衰落，而失去世職流落民間的，他們本來是貴族的「智囊團」，多半是兼通《詩》、《書》、《禮》、《樂》的，所長特別是典禮的嫻熟。他們失職之後，便靠幫助人家喪葬祭祀的大事（尤其是喪事）或傳授《詩》、《書》和《禮》文，以為生活。別的社會分子也有傳授他們的衣鉢，繼續他們的業務的。這輩人漸漸成為社會上一特殊的流品。古禮是他們的飯碗，守舊是他們的習性，文弱是他們的本分。因為他們的比較文弱，所以有儒之稱，凡從需的字，大抵有柔緩的意思。他們之中也有墮落到只顧衣食，不講廉恥，聽說闊人有喪事，便率領子姓，如蟻附膻地不請自往；甚至有窮極無聊，乞人禾麥的。這類儒者大概即是孔子所謂小人儒。

偉大的儒者從孔子數起。「君子儒」的理想也是他首先提倡的。他和他的大弟子便是君子儒的榜樣。他們也授徒，但不獨傳授技能，並且傳授主義；他們也相禮，但把「禮之本」看得比禮文還重要。而且授徒相禮不過是他們的事業的一部分。他們最大的抱負乃在政治的建樹，傳統制度的擁護，武王周公時代的禮樂的復興。孔子以前的儒者也許已有出仕於公室或氏室而做些家臣或邑宰之類的，但有主義、有操守地作政治活動的儒者，卻以孔子為第一人。大概孔子死後，到了一個時期，所有的儒者，不分君子小人，或由師承，或由私淑，或由依附，都奉孔子為宗師。因此，儒與「孔子的信徒」合一。

但在春秋末年儒還只有職業階級的意義而沒有學派的意義。因為那時除了儒外似乎沒有別的學派，至少別的特樹一幟的學派。那時作政治活動的在野知識分子只有儒者。儒之成為學派的名稱乃是戰國初

年的事；乃是有了與儒對抗的學派，即所謂「道術分裂」以後的事。
最初與儒對抗的學派是墨翟所領導的墨家和專替國君做參謀、出法令
的法家。而墨翟初時是「學儒者之業，受孔子之術」的；初期的法家
代表人物，如李克、吳起，都是孔子的再傳弟子。在墨家和法家出現
以前，在野的知識界差不多給儒包辦了。

　　自墨家和法家興起以後，那不稼穡，無恆產，而以做官或講學為
生活的知識分子，即所謂「文學游說之士」者，派別日益紛繁。同時
在政權的爭奪，強鄰的抗拒，或侵略的進行當中，列國的君相因為人
才的需要，對於這班游士禮遇日益隆重。最著的，如在齊宣王的朝廷
中，被爵為上大夫、「不治而議論」的游士一時有七十六人，宣王在
臨淄稷門外的稷下，「開第康莊之衢，高門大屋，（以）尊寵之」。因
此有「稷下先生」的稱號。其他來求利祿而未得進身的游士還不知凡
幾呢。直至燕人之難後，稷下講學的風氣還沒有消滅。下文將要敍及
的重要思想家中，如孟軻、鄒衍、荀卿先後都到過稷下。

第二節　墨子

　　春秋時代最偉大的思想家是孔丘，戰國時代最偉大的思想家是墨
翟。孔子給春秋時代以光彩的結束，墨翟給戰國時代以光彩的開端。

　　墨子和孔子同國籍（但墨子一生似乎在宋的時候多）。墨子的降
生約略和孔子的逝世銜接。在戰國及漢初，孔、墨是兩位常被並稱的
大師，同以德智的崇高和信徒的廣眾為一般學人所敬仰，雖然漢以後
孔子被人捧上神壇，而墨子則被人忘記了。就學術和生活而論，孔、

墨卻是相反的兩極。孔子是傳統制度的擁護者，而墨子則是一種新社會秩序的追求者。孔子不辭養尊處優，而墨子則是惡衣粗食，胼手胝足的苦行者。孔子不講軍旅之事，而墨子則是以墨守著名的戰士。孔子是深造的音樂家，而墨子則以音樂為應當禁絕的奢侈。孔子不談天道，而墨子則把自己的理想託為「天志」；孔子要遠鬼神，而墨子則相信鬼神統治着人世。孔子卑視手藝，對於請「學稼」「學圃」（種園）的弟子樊遲曾有「小人哉」之譏；而墨子則是機械巧匠，傳說他曾創製過一隻能自飛的木鳶。

在世界史上，墨子首先拿理智的明燈向人世作徹底的探照，首先替人類的共同生活作合理的新規畫。他發現當前的社會充滿了矛盾、愚昧和自討的苦惱。他覺得諸夏的文明實在沒有多少值得驕傲的地方。他覺得大部分所謂禮義，較之從前沐（在越東，大約今漸江濱海一帶）國人把初生的長子肢解而食以求「宜弟」，及以新媚的祖母為接近不得的「鬼妻」而拋去不養等類習俗，實在是五十步之笑百步。看看諸夏的禮義是怎樣的！為什麼殘殺一個人是死罪，另一方面，在侵略的戰爭中殘殺成千成萬的人卻被獎賞，甚至受歌頌？為什麼攘奪別人的珠玉以至雞犬的叫作盜賊，而攘奪別人的城邑國家的卻叫作元勛？為什麼大多數的人民應當縮食節衣，甚至死於飢寒，以供統治者窮奢極欲的享樂？為什麼一個人羣統治權應當交給一家族世世掌握，不管他的子孫怎樣愚蠢兇殘？為什麼一個貴人死了要把幾十百的活人殺了陪葬？為什麼一條死屍的打發要弄到貴室匱乏，庶人傾家？為什麼一個人死了，他的子孫得在兩三年內做到或裝成「哀毀骨立」的樣子，叫作守喪？總之一切道德禮俗，一切社會制度，應當為的是什麼？說也奇怪，這個人人的切身問題，自從我國有了文字記錄以來，

經過至少一二千年的漫漫長夜，到了墨子才把他鮮明地、斬截地、強聒不捨地提出，墨子死後不久，這問題又埋葬在兩千多年的漫漫長夜中，到最近才再被掘起！

墨子的答案是很簡單的，一切道德禮俗，一切社會制度應當為着「天下之大利」，而不是一小階級、一國家的私利。什麼是天下的大利呢？墨子以為這只是全天下人都能安生遂生，繼續繁殖，更具體地說，都能足食足衣，結婚育子。目前全天下人都能做到這一步了嗎？不能。那麼，墨子以為我們首先要用全力去做到這一步。至於這一步做到後怎辦，墨子是沒閑心去計及的。在做到這一步之前，任何人的享受，若起過遂生傳種的最低限度需求，便是掠奪。「先天下之樂而樂」乃是罪惡。所以墨子和他的門徒實行極端的勤勞和節約。他們拿傳說中沐雨櫛風，為民治水，弄得腿上的毛都脫盡的大禹作榜樣。他們的居室，茅茨不剪，木椽不斫；他們用土簋土碗，食藜藿的羹和極粗的高粱飯；他們的衣服，夏用葛布，冬用鹿皮，結束得同囚犯一樣。他們說，非如此夠不上禹道，夠不上做墨者。按照墨子所找出的一切社會制度的道德根據，好些舊日大家所默認的社會情形，其有無存在的理由，是不煩思索的。侵略的戰爭是違反「天下之大利」的，所以墨子提倡「非攻」；統治階級的獨樂是違反「天下之大利」的，所以墨子提倡「節用」；厚葬久喪是違反「天下之大利」的，所以墨子提倡「桐棺三寸，服喪三日」的禮制。王侯世襲和貴族世官世祿是違反「天下之大利」的，所以墨子設想一個合理的社會，在其中，大家選舉全天下最賢的人做天子；天子又選些次賢的人做自己的輔佐。因為「天下……博大，遠國異土之民，是非利害之辯，不可一二而明知」，天子又將天下劃分為萬國，選各國中最賢的人做國君；國以

下有「里」，里以下有「鄉」；里長鄉長各由國君選里中鄉中最賢的人充任；鄉長既然是鄉中最賢的，那麼全鄉的人不獨應當服從他的命令，並且得依着他的意志以為是非毀譽；等而上之，全天下人的是非毀譽都得依着天子的意志。如此則輿論和政令符合，整個社會像一副抹了油的機器，按着同一的方向活動。這便是墨子所謂的「上同」。

第三節　墨子與墨家

「天下之大利」的反面是「天下之大害」。我們一方面要實現「天下之大利」，一方面要消除「天下之大害」。墨子以為天下的大害，莫如大國之侵略小國，大家族之欺凌小家族，強者智者之壓迫弱者愚者，以及一切倫常間的失歡失德，總而言之，即人與人的衝突。墨子推尋人們衝突的根本原因乃在彼此不相愛。假如人人把全人類看成與自己一體，哪裏還有爭奪欺凌的事？所以墨子又提倡「兼愛」，那就是說，對世上一切人都一視同仁地愛，不因親疏而分差等。

反對墨家的人說道：兼愛誠然是再好不過的，可惜只是空想，不能實行！墨子答道：天下最苦的事，哪裏有超得過「赴湯蹈火」？然而賞罰和毀譽竟能使人甘之如飴。兼愛至少不是「赴湯蹈火」一般的苦事。反之，「愛人者人恆愛之」，所得的報酬真是「一本萬利」的。假如有以身作則的統治者拿獎勵戰死的精神獎勵兼愛，拿懲罰逃陣的精神懲罰不兼愛，而社會的毀譽又從而援應之，哪怕人民不「風行草偃」地趨向兼愛？所以「上同」是必要的。

在聖賢的統治之下，大眾「兼相愛，交相利」；「有餘力以相勞，

有餘財以相分」;「老而無妻子者有所侍養以終其壽,幼弱孤童之無父母者有所放依以長其身」;整個社會裏,沒有貧富勞逸的不均,沒有浪費和窘迫的對照,沒有嫉妒、愁怨和爭奪,這便是墨子的理想社會。

墨學在漢以後雖無嗣音,它的精華已為一部分儒家所攝取。所謂「大同」的觀念即儒家講政治所達到的最高境界,見於戰國末年所作的《禮運篇》中者,實以墨家言為藍本。《禮運》説:「大道之行也,天下為公,選賢與能,講信修睦。故人不獨親其親,不獨子其子,使老有所終,壯有所用,幼有所長,鰥寡孤獨廢疾者皆有所養。男有分,女有歸。貨惡其棄於地也,不必藏於己;力惡其不出於身也,不必為己。是故謀閉而不興,盜竊亂賊而不作,故外戶而不閉,是謂大同。」我們試拿這段話和上述墨子的理想比較,便知道它們的符合決不是偶然的。

墨子不獨有建設一個新社會的理想,並且在他的能力之內求它實現。他和他所領導的弟子三百餘人便是他的理想的具體而微。

在戰國的一切學派中,墨家是最特別的。法家者流不過是些異時異地、各不相謀的人物,後世因為他們的方術相同,給以一個共名而已。儒者雖然有時聚集於一個大師之下,也不成為什麼組織。唯墨家則是一個永久的,有組織的團體。他的作用兼有技術的傳授和職業的合作。這是一個「武士的行會」,它的事業,表面上像是和墨子的主義極端相反的,乃是戰鬥!不過墨子固然反對侵略的戰爭,卻絕不是一個無抵抗主義者。他知道要消滅侵略的戰爭只有靠比侵略者更強頑的抵抗。所以他和弟子們講求守禦的技術,製造守禦的器械,「以備世之急」。他們受君相祿養,替他們守城。墨家以外,給君相「保鑣」

137

為業的「俠士行會」，同時當尚有之。墨家的特色乃在奉行着一套主義，只替人守，不替人攻。平常墨者參加守禦的戰事固然是受僱的，但有時他們也自動打抱不平。前 445 年左右，公輸般替楚國造「雲梯」成，將用來攻宋。墨子在魯國聞訊，一面派弟子禽滑釐等三百餘人帶着守禦器械在宋城上佈防，一面步行十日十夜到郢郡勸楚惠王罷兵。在惠王面前，墨子解帶為城，以衣為械，和公輸般表演攻守的技術，公輸般攻城的機變出盡，而墨子守器有餘，墨子又把禽滑釐等在宋的事實宣佈，惠王只得罷兵。

像別的替君相保鏢的游俠一般，墨者多半是從下層社會中來的。在同時的士大夫眼中墨子也只是一個「賤人」。這些「賤人」自然不會有儒家者流的紳士架子，他們的生活自然是樸陋的。他們的團體，像近世江湖的結幫一般，是「有飯大家吃，有錢大家花」的。這團體的領袖叫作「鉅子」，是終身職，第一任鉅子墨翟是大家擁護的，以後的鉅子卻大概是由前任指定。當墨家全盛時，這整個團體的意志統一在鉅子之下。墨翟能使他的任何弟子「赴火蹈刃，死不旋踵」。這團體有特殊的法律，由鉅子執行。現在僅得而知的，「墨者之法，殺人者死，傷人者刑」，絕無寬縱。墨子所提倡的種種社會理想，大致是墨者團體內所實行的，也許是以前同類的團體所已實行的。墨子的貢獻也許是把這種團體的實際生活類推到極端，擴充到全人類，並且給以理論的依據。

墨子的死年不可確考，但必在前 381 年吳起之死以前。是年楚肅王窮治殺害吳起的貴族，其中有一個陽城君，墨者鉅子和徒弟一百八十餘人為他守邑抗官軍而死。這鉅子已不是墨翟而是孟勝。這一百八十餘人的死無疑是墨家的一大損失。但它的損失還有更大的。

墨子死後不久，墨家裂成三派，各自以為是正宗，不相上下，甚至互相傾軋。而墨子以後，墨家並沒有十分偉大的領袖繼起，如像儒家之有孟子、荀子，這也是墨家衰微的原因。

第四節　孟子、許行及周官

戰國的歷史可以分為三期：從三晉建侯（前403年）至秦始變法（前359年）凡四十四年，是為初期；從秦始變法至秦齊相帝（前288年）凡七十一年，是為中期；從秦齊相帝至六國盡滅（前221年）凡六十七年，是為末期。

當戰國初期，對抗的顯學只有儒墨；其時法家者流雖已出現，尚未加入論戰的漩渦。到了中期則「百家之學」並起爭鳴，而像儒墨法等大家中又分派。在戰國思想史中，初期好比樹幹始杈，中期則枝柯交錯了。這中期的思想家裏頭，無論怎樣膽大，怎樣怪誕的，從勸人學禽獸一般恣情縱慾的它囂、魏牟，到勸人學石頭一般無知無覺的田駢、慎到，都應有盡有。這一期的學說現在不能盡述，尤其是內中比較玄奧的哲理，本書因為性質所限，不能涉及。現在只講這時期的幾個代表思想家的人生觀以及政治理想。先從儒家中在孔子底下坐第二把交椅的孟子說起。

像墨子一般，孟子也留意全人類的幸福。不過在替全人類的策畫中，他們有這一點不同。墨的出身無疑地是窶人子。他知道粒粟寸縷，只有靠血汗才換得來；他「昭昭然為天下憂不足」（用荀子形容墨子的話）；他覺得絲毫物質或精力的浪費是不可恕的罪惡；他覺

得人們生在這世上，是來共患難的，不是來共安樂的，至少就目前和最近的將來而論是如此。孟子的家世雖不可知，然而他久遊於物力充裕，誇誕成風的齊國，從一班被養着來高談闊論的「稷下先生」中間出來，「後車數十乘，從者數百人，以傳食於諸侯」；他對於世事的樂觀，活像一個不知稼穡艱難的紈絝子。聽他說的：「不違農時，穀不可勝食也；數罟不入污池，魚鱉不可勝食也；斧斤以時入山林，材木不可勝用也。」既然如此，人人稍為享樂些，甚至有些人特別享樂些也不為過了。所以他承認統治者厚祿的特權，在他的理想社會裏，國家分為三等，上等國的官祿如下表：

庶人在官者	祿相當於百畝的出產
下士	與庶人在官者同祿
中士	祿二倍下士
上士	祿四倍下士
大夫	祿八倍下士
卿	祿三十二倍下士
國君	祿三百二十倍下士

不過孟子這個表與其說是替當時的統治者張目，毋寧說是制裁他們，因為他們實際的享受決不止此。這時小至一個縣令，身死以後，子孫也能累世乘車呢！

與孟子同時有一位楚人許行，他託為神農（神話中發明耕稼的聖帝）之言，提倡統治者和被統治者在經濟上的絕對平等。他以為國君應當廢掉府庫，「與民並耕而食」。又主張用政府的力量規定物價：

「布帛長短同則價相若，麻縷絲絮輕重同則價相若，五穀多寡同則價相若，屨大小同則價相若」；如此則「市價不二，國中無偽」，同時也再沒人肯費力去製造華美的東西，奢侈不禁自絕了。

許行聞得滕國（齊、楚間小國）新即位的文公要行仁政，便率領弟子數十人來到滕都。他們雖受文公的禮遇，還穿着短衣，織席出賣以為生活。同時在宋國的儒者陳相，也受文公的吸引，和兄弟陳辛，肩着耒耜，走來滕國。他們聽到許行的教説，立即把舊時所學的「周公仲尼之道」拋棄，而變成許行的信徒。這時孟子恰在滕國。有一天陳相去看他，彼此間不免有一番論戰。孟子提出分工的道理來，説道：做各種手藝的人，要精於所業，不能同時耕種，難道治天下的人就可以同時耕種了嗎？「故曰：或勞心，或勞力；勞心者治人，勞力者治於人；治於人者食（供養）人，治人者食於人；天下之通義也。」這自然是再對沒有的。從孟子書中的記載看來，陳相也好像被他長江大河的辭令駁得啞口無言。不過就許行的根本主張推論，治人者即使不能「與民並耕而食」，「祿足以代其耕」也就可以了。憑什麼理由，他們應當享受三十二倍至於三百二十倍於平民？憑什麼理由他們的子孫應當世世受着人民的供養？這是孟子所無暇計及的。這一點的忽略判定儒墨的榮枯。

不過孟子雖然承認世祿的貴族階級，卻懷疑天子世襲制度的合理。他設想一個德智兼全的聖人在天子之位，到了年老，則預選一個年紀較少的聖人，試使為相；如果這人的成績彰著，便「薦之於天」，以為將來自己的替代者。老聖人死，少聖人便依法繼位，這即後世所謂「禪讓」制度。怎知道新君是被天所接受呢？天意是不可知的。但「天視自我民視，天聽自我民聽」。如果民心歸附新君，即是

天以天下與之。孟子相信，從前堯之於舜和舜之於禹，都實行禪讓的辦法。所以他談到政治，必稱堯舜。但他已認禪讓之變為世襲是「莫之為而為之者，天也」。禪讓似乎只是他憧憬中的理想而非認為必須實現的制度。

孟子雖然擁護統治者的若干特權，畢竟認定政府存在的唯一理由，是人民利益的保障。他說「民為貴，社稷次之，君為輕」。他對於民生問題，也有比墨子更具體的改革方案。

依孟子的理想，每國的「國中」（首都和它的附近）和「野」（「國中」以外的地方）應有不同的制度。於「野」，每方里（九百畝）的田土為一單位。這一單位分為九格，成井字形。旁邊的八格，分給八家，叫作「私田」。中間的一格由政府保留，叫作「公田」。八家除了各耕私田外，同時合耕公田。「公事畢然後敢治私事」。私田的出產完全歸各私家，公田的出產則拿去充有職或無職的貴族的俸祿。此外農民更不須納什麼租稅，出什麼力役。這是孟子所謂「九一而助」的辦法，也就是後世許多儒者所憧憬着的「井田」制度。至於「國中」的辦法，孟子書中的記載不大清楚，也許有點殘缺，現在不必費神去推敲。總之，在這裏，減輕賦役和平均土地分配的精神是和助法一致的。

在這種經濟組織之下，人民可以「養生喪死無憾」了，但「養生喪死無憾」孟子只認為是「王道之始」。那麼，什麼是「王道之終」呢？就是用政府的力量，普及教育，使人人得而發展「人之所以異於禽獸」的特性。教育，在孟子以前是貴族的專利和其他少數人的幸運，把它普及於一般人，那是孟子的新要求，那是他指給後來的歷史的新路。

再者，什麼是「人之所以異於禽獸」的特性呢？

在孟子時代，一個新問題開始流行於思想界，那就是人性善惡的問題。所謂人性，是人人生來就有的品質。在這場爭論中孟子是主張性善的。他以為人人生來就有仁、義、禮、智的趨勢——「端」。所謂「仁之端」即對他人苦難的同情；所謂「義之端」即對不義事的羞惡；所謂「智之端」即辨別是非的能力；所謂「禮之端」即辭讓的心情。孟子以為這四端是「人之所不慮（思慮）而知……不學而能」的，也就是「人之所以異於禽獸」的。用全力去發展這四端，便是他所謂「盡性」。「盡性」的修養積之既久，人們便會彷彿感覺着自己的心中充滿了一種「浩然之氣」，「其為氣也，至大至剛……塞乎天地之間」。具有這種氣概的人「富貴不能淫，貧賤不能移，威武不能屈」。這便是孟子所謂「大丈夫」。做到這樣的大丈夫才是人生的最高的目的。

這裏可以附帶講一位不知名的政治思想家，即《周官》（亦稱《周禮》）的作者。他無疑的是戰國時人，但屬於戰國的哪一期和哪一國則不可知。我把他附在孟子之後，因為他的政治理想，在基本觀念上是與孟子一致的；在細節上也有許多地方和孟子相同。儒家講政治都是大體上擁護周朝的制度，即封建的組織，而在這軀殼內，提高人民的地位，改善人民的生活，發展人民的教育。孔子如此，孟子也是如此，《周官》的作者也是如此。但在實施的辦法上，則孟子講得比孔子更精詳，《周官》的作者講得比孟子更精詳。從思想發展的自然趨勢看來，我推測《周官》的作者的時代當在孟子之後，而且是受到了孟子的影響的。

《周官》的作者是一大學者，他似乎曾盡當時所能得到的文獻對周制做過一番研究功夫。《周官》一書是他對周制的知識和他的社會

理想交織而成的。這裏不打算給這部書作一提要，只將其中若干進步
的理想摘述於下。

（1）孟子以為政治當順民意。《周官》的作者亦然。他主張國家
遇着三種時機，應當把全國的人民（他理想中一個政府所直接統治最
大範圍是王畿，不過一千里見方）召齊來徵詢他們的意見。那三種時
機：一是國家危急，二是遷都，三是君位的繼承有了問題（大約是君
死而無嫡子）。

（2）孟子於「國中」和「野」提出不同的平均地權的制度。《周
官》的作者亦然。他主張把「郊」（相當於孟所謂「國中」）的田地
分為三等：上等是最饒沃而無須採用輪耕法的；中等是須用輪耕法而
每耕一年之後須休歇一年的；下等是每耕一年之後須休歇兩年的。上
田每家給予一百畝，次田每家給予二百畝，下田每家給予三百畝。於
「野」不行輪耕法而按照另外的標準把田分為三等。上田，每夫（即
成年的男子）給予一百畝，另外荒地五十畝；次田，每夫給予一百
畝，另外荒地一百畝；下田，每夫給予一百畝，另外荒地二百畝。

（3）孟子鄙視壟斷的「賤丈夫」，《周禮》的作者亦然。但他更
想出由國家節制資本的具體辦法。他主張遇天災時和遇因季候關係，
而物產稀少時，禁止抬高物價。又主張國家設泉府一官，遇貨物滯
銷，由泉府收買，待其價格升漲時，照原價賣於消費者。惟人民買泉
府物時須得地方官吏保證，以防其轉賣。這一來商人便無法賤買貴賣
囤積居奇了。他又主張人民可以向泉府賒貸而納很輕的利息。這一來
富人便無法重利盤剝貧民了。

（4）孟子心目中的「王政」是要使普天之下無一人不得其所，甚
至「內無怨女，外無曠夫」。《周官》於政府之社會救濟的事業更有

詳細的規定，像荒政，像老弱孤寡的給養，不用說了。最可注意的是其中「醫師」和「媒氏」兩職。醫師屬下有許多內科和外科的官醫，人民有病，由官醫免費療治。醫師於每年年底統計官醫的成績，分別等第而加懲獎。每遇有病死的人，官醫須記錄其證候，送交醫師。媒氏掌管人民的婚姻，他登記國內成年而無偶的男女給他們配合。每年二月他下令叫人民婚嫁，在這一月內，成年的男女可不經父母之命、媒妁之言而自由配合。

（5）在教育方面，《周官》的作者的思想比孟子落後。在《周官》裏，貴族子弟的教育是有特設的官職（保氏）和機關掌管的。但像孟子理想中為平民子弟而設的「庠、序」卻沒有。在郊的區域，政教合一，地方官同時就是人民的教師。但在野的區域裏，則除了軍事訓練外政府不管人民的教育，地方官也無教育的職責。若不是作者有重內輕外的見解，便是認為「野人」是根本不可教的了。至於郊的區域裏，教育實施的辦法大略有四種。一是「讀法」。每年內，不同等級的地方官，在不同的時節和不同的典禮中召集屬下的人民讀法。《周官》裏所謂法比我們現在所謂法意義更廣，它包括許多現在不屬於法律範圍的道德規條。二是訓誡和賞罰。人民有違法紀而罪非甚重的，由執法的官吏召來訓誡，經過若干次訓誡無效，便加懲罰。品行優良的由地方官吏登記呈報，供政府選擇任用。三是教導禮儀。黨正（每五百家為一黨，其長名黨正）遇黨內有祭祀、婚喪、宴飲等事，便去教導和糾正禮儀。四是會獵。各地的壯丁，每季聚齊舉行田獵一次，由官吏率領。在獵事前後受武藝和戰陣的訓練。《周官》的教育理想是以六德、六行、六藝教萬民（野人不在內）。所謂六德乃「智、仁、聖、義、中、和」；所謂六行乃「孝、友（親於兄弟）、睦（親於同

族）、姻（親於戚屬）、任（信於朋友）、恤（救助貧乏）」；所謂六
藝是「禮、樂、射、御、書、數」。作者更特別注重中和與禮樂。他
說「禮以教中，樂以教和」。

第五節　楊朱、陳仲、莊周、惠施、老子

孟子攻擊最力的論敵是墨翟和楊朱。據他說，當時「楊朱墨翟之
言盈天下；天下之言，不歸楊則歸墨」。

楊朱據說見過魏惠王，大約是孟子的前輩。他的學說雖曾煊赫一
時，他的事跡，卻無傳於後，他即使有著述，漢以後已亡佚。我們只
能從戰國人的稱引中，窺見他的學說的一鱗一爪。與墨子的兼愛相針
對的，他提倡「為我」（用現在的話說即自私），以為人生的最高目
的，應當是各求自己舒適地生活下去 —— 不放縱，也不吃苦，為達
到這目的，人們應當「不入危城，不處軍旅，不以天下大利易其一脛
毛」。楊朱以為倘若人人能如此，天下便太平了。這種思想，無疑是
一向獨善其身的隱者給自己的生活的辯護。

稍後於楊朱而與孟子同輩的著名隱者有陳仲和莊周。

陳仲本是齊國的貴族。他的兩個胞兄都食祿萬鍾。他卻提倡「不
恃人而食」的新道德；以為他們的祿是不義的祿，不肯食；以為他們
的房屋是不義的房屋，不肯住。他帶着妻室，避兄離母，別立家庭。
他讓妻緝練麻絲，自己織麻鞋出賣，以為生活。一日，他回舊家省
母，適值有人送了鵝來，他厭惡道：要這的東西做甚？後來他的母親
瞞着他宰了那鵝給他吃。正吃時，他的一個兄長走來說道，這就是那

的東西的肉啦。陳仲立即走到門外把它嘔出來。他所實行的新道德，據說是「持之有故，言之成理」的，並且他的理論是很能「惑眾」的，可惜其詳現在不可得知了。

莊周，宋人，和主使齊魏稱王的惠施同國籍，並且是很要好的朋友。但莊子卻不樂仕進，僅做過本鄉蒙邑的漆園史。據說楚王有一次派人去聘他為相。他問來使道：「聽說楚王有一隻神龜，死去三千多年了。楚王把他藏在巾笥裏。這只龜寧願死了留下骨頭受人珍貴呢？寧願活着在爛泥裏拖尾巴呢？」來使答道：「寧願活着在爛泥裏拖尾巴。」莊子便說：「去吧！我要在爛泥裏拖尾巴呢。」莊子善用恢奇的譬喻解說玄妙的道理。他的著作是哲學和文學的結合。論其想像的瑰麗和情思的飄逸，只有稍後的楚國大詩人，《離騷》的作者屈原，可以和他比擬。他以為理想中的「至人」——那泯視了生死、壽夭、成敗、得失、是非、毀譽的差別，超脫了世間一切欲好的束縛，一切喜怒哀樂的縈擾，看得自己與天地萬物合為一體，不知有「我」與「非我」相對立的「至人」——他以為這樣的「至人」較之背像泰山，翼像遮天的雲，乘着海風直上九萬里，激水三千里，一飛要六個月才歇息的大鵬還更逍遙自在；至於一般縈縈擾擾的俗人則比於那些被榆枋撞倒在地上的蟬雀。他把當世思想界紛吱的辯論，比於颶風起時萬竅的聲響：發自崔嵬的巖壑，發自百圍大樹的窟窿，像鼻、像口、像耳、像瓶罍、像杯棬、像春臼、像深池或像淺池的，吼的、號的、叱的、吸的、叫的、笑的、嗷嗷的、吁吁的、嘻嘻的，為態雖百殊，都是自然而然並且不得不然的天籟，都無是非曲直之可計較。

莊子在當世的思想家中最推重惠施，在過去的思想家中最推重老子。

　　惠施是戰國初中期之交思想界裏一顆彗星。整個戰國時代的思辨力集中在人事界 ── 在社會改造，戰爭的消滅，一切世間苦的解除，只有惠施曾把玄想馳騁到自然界上，據說他曾「徧為萬物説，説而不休，多而無已，猶以為寡，益之以怪」；有人問他「天地所以不墜不陷（及）風雨雷霆之故」，他「不辭而應，不慮而對」。在社會思想上他有「去尊」之説，即廢除尊卑的差別的主張，可惜其詳不可得而考了。他著的書據說有五車之多，那時書用竹簡寫，一車的書未必抵得過現在一厚冊。然而他的著作之富可説是前無古人了。可惜這五車的書只傳下短短的十句話，至今哲學史家還不能盡解。

　　老聃傳說是楚人，姓李名耳，做過周室的守藏史。傳說孔子在中年曾往周都向他問禮，又現存的《老子》五千言相傳就是他的遺著。不過老聃既然是這樣一個名人，《老子》書又真是他所作，那麼書中最露骨的主張，像「絕聖棄知」「絕仁棄義」之類，和孔、墨的學説都根本不相容的，不應在孔、墨時代的一個半世紀中，絕無人稱引或批評的，而且書中所泄露的社會背景，像「萬乘之國」「取天下」等話，決非孔子時代所有。因此好些史家都不相信《老子》書是孔子同時的老聃所作。但在戰國晚期，這書中所具的學説已成為顯學，而書中的話屢為《莊子》所引，那麼這學説當有一部分產生於莊周著書之前，也許有一部分是承襲孔子同時的老聃的。我們不能起古人於地下，只好以這樣不確定的結論自足了。

　　世界上再沒有五千字比《老子》書涵義更富，影響更大的了。它闡明「物極必反」「福兮禍所伏」的原則；教人謙卑遜讓，知足寡欲；教人創造而不佔有，成功而不自居；教人將取先與，以退為進，以柔制剛，以弱勝強。以為文明是人類苦痛和罪惡的源泉，要絕棄知識，

廢除文字，而恢復結繩記事的老法，廢棄舟車和一切節省人力的利器，讓「鄰國相望，雞犬之聲相聞，民至老死不相往來」。在政治上它主張統治者但擺個樣子，一切聽人民自便，不加干涉，像大自然之於萬物一般。這便是它所謂「無為」。它否認有一個世界的主宰者，以為宇宙間的事物都是循着一定的法則，自然而然。它提出一個無形無質、不動不變、不可摹狀、「玄之又玄」的「道」，以為天地萬物的原始。《老子》書的作者和莊子都喜歡講這個「道」，因此後人稱他們為道家。莊子和他一派的學者都喜歡借神話中的黃帝的口吻來發表自己的思想，因此後人有「黃老」之稱。

第六節　鄒衍、荀卿、韓非

　　像眾川到了下游，漸漸匯合入海，戰國的思想到了末期有一顯著的趨勢，是混合。例如以儒家為主，而兼採墨、道的有荀卿；集法家各派的大成的有韓非。最後秦相呂不韋命眾門客合纂了一部《呂氏春秋》，那簡直是當時的流行思想的雜貨店。今以荀卿、韓非及荀卿的同時人鄒衍為主，略述這一期思想界的大勢。

　　(1) 鄒衍，齊人，據說做過燕昭王師，死於長平之戰以後。他的著作有十餘萬言，可惜都已亡佚。鄒衍的學說，現在所留傳的有「大九州說」和「五德終始說」。鄒衍以前的學者想像全世界是一塊大陸，四周是海，海盡處與天相接；當時的中國（包括七雄和若干小國）幾乎就是這大陸的全部；這大陸相傳曾經夏禹劃分為九州。鄒衍卻以為「儒者所謂中國者，於天下乃八十一分居其一耳。中國名曰赤縣

神州。赤縣神州內自有九州，禹之序九州是也⋯⋯中國外如赤縣神州者九⋯⋯（各）有裨海環之，人民禽獸莫能相通。⋯⋯乃有大瀛海環其（大九州）外，天地之際焉」。這便是大九州之說（約略同時又有一種關於世界的想像，以為「凡四海之內，東西二萬八千里，南北二萬六千里。⋯⋯凡四極之內，東西五億（十萬）又九萬七千里，南北亦五億又九萬七千里。」（說見《呂氏春秋》）鄒衍以前又有一種流行的思想，叫作五行說。五行說的出發點是認為萬物皆由金木水火土五種原素構成，叫作五行。世間事物大抵可以湊成五項一組，和五行相配，如五色、五音、五味、五方等。遇着不夠五項的事物便割裂足數，例如在四季裏分出季夏湊夠五時。各組中的任何一項和五行中與它相當的某項之間，有一種神祕的關係。例如五時中的春季和五色中的青同是和五行中的木相配的，所以帝王在春季要穿青色的衣服才吉利，這是五行的迷信的基本方式。當時的儒者又以為一年之中五行的勢力輪流當盛。在某行當盛時，帝王除了須穿顏色與它相配的衣服外，還有許多應做和不應做的事項，例如仲春應當行慶施惠，禁止伐木覆巢，不應當出兵。凡帝王在一年各時中應做和不應做的事項曾被列成時間表，叫作「月令」。鄒衍更把「月令」的思想推廣，以為自從「天地剖判」以來的歷史也是給五行的勢力，即所謂「五德」輪流地支配着。在某德輪值的時代須有某種特殊的服色，某種特殊的制度（關於正朔、數度和禮樂的制度）和某種特殊的政治精神和它相配。例如周屬火德，故色尚赤。某德既衰，繼興的一德，必定是與前相克的；例如水克火，故水德繼火德。兩德交替的時間，照例有些和新德相應的符瑞出現。符瑞所在，便是新時代的主人的所在。例如周文王時，有赤鳥銜着丹書，落在周社（月令和五德始終的思想，《周官》

中無之，可見此書似作於鄒衍之前）。

到鄒衍時代，羣龍無首的局面，已經歷五百多年了。憫世的哲人都在盼望統一「偃兵」；苦命的民眾都在盼望「真命天子」出現。鄒衍的五德說正好給將興起的新朝以製造符命的方法。這一系統應時的迷信，以著名誇誕的齊國做中心，不久便掩蓋全國；而荀聊一派儒者所提倡的嚴肅的理智態度，竟被撇到歷史的暗角裏去了。

（2）荀子（名況，字卿），當孟子做齊國的客卿時，以一個俊秀的少年游學稷下，但及見湣王之死和長平之戰，約略和鄒衍並世。

孟荀是儒家中兩位齊名的大師。他們同是孔子的崇拜者；同以周制的擁護者自命；同鼓吹省刑罰，薄稅斂和息戰爭的「王政」。但這些同點並不能掩蔽他們間若干根本的差異。孟子的性格是豪放、粗闊的；荀子卻是謹飭、細密的。這種差別從他們的文章也可以看得出，在他們的學說上更為顯著。孟子相信人性是善的，以為只要讓他順着自然的趨向發展，不加阻礙，他便會走上正路。所以在個人的修養上孟子注重內蘊的擴充，而不注重外表的抑制和典型的模仿；注重「先立乎其大者」，先握定根本的原則，而不注重枝節點滴的訓練。在政治上，孟子注重在上者的感化和民眾的教育，而不注重禮制的束縛。荀子則正正相反。他認定人性是惡的，若讓人們順着自然的趨向做去，結果只有爭奪，暴亂；自然的人好比野獸，要靠禮制的練索把他捆住，才不致噬人；要靠日積月累地養成守禮的習慣，才會消除獸性。「禮」這個名詞荀卿從未曾給過明晰確定的界說，大約包括所有傳統的儀節，傳統的行為規範和一些他所認為合理的社會制度，尤其是規定貴賤、尊卑、貧富等階級「身份」的制度 —— 在荀卿看來，是一種社會的萬應藥。「人之命在天，國之命在禮」。

不過人性既然是惡的，那些改變人性而強人為善的「禮」卻是怎樣產生的？荀子以為人雖有惡性，同時也有教他趨樂避苦、趨利避害的智力。人們的智力不齊，智力最高的便是聖人。「禮」，是聖人為着人類的福利而創造出來的。人們要生存不能不分工互助，不能沒有「羣」（社會）。但人們若順着本性做去，則任何人都是其他任何人的仇敵，根本不能有「羣」。聖人造出種種禮制就是要使人們相讓相安，使「羣」成為可能。以人類的福利為禮制的根據，這是荀子本自墨家的地方。

荀子又承襲道家之說，以為宇宙間一切事變都循着永恆的法則。沒有天意的主宰，沒有妖祥的徵兆。但不像道家的委心任命，他覺得正唯自然有固定的法則，人類可以利用這些法則去戰勝自然。他又以為一切人為的法則，即一切禮制，也如自然的法則一般，適用於過去的必定適用於現在和將來。這是他擁護「周道」的論據，也是他反對法家因時變法說的論據。他絕不能想像同樣的禮制在不同的生活環境裏，可以有絕對不同的效果。

在一切的禮制中，荀子特別注重貴賤貧富的階級的差別。他以為若沒有這種差別，社會秩序是不能維持的。他說：「兩貴之不能相事，兩賤之不能相使，是天數也。勢位齊而欲惡同，物不能贍（供給），則必爭，爭則必亂。……先王惡其亂也。故制禮義以分之，使有貧富貴賤之等。足以相兼臨者，是養天下之本也。」這就是說，人們天生是這樣壞，若沒有一種勢力在上面鎮壓着，則除了所欲皆遂的人，個個都會做強盜。要維持這種鎮壓的勢力，不能不設立一個特別貴和特別富的階級。這是荀子對許行的「神農之言」和惠施的「去尊」（廢除尊卑的差別）說的總答覆。這是荀卿對於傳統制度的擁護比孟

子更要細密的地方。

荀卿的禮治和法家的法治相差只這一間：禮制的維持畢竟靠風氣和習慣的養成重於靠刑罰和慶賞的迫誘，而法家的行法則專靠刑罰和慶賞的迫誘而無暇顧及風氣和習慣的養成。但荀卿的禮和法家的法有這一點根本的相同，它們對於個人都是一種外來的箝制，他只有服從的義務，沒有選擇的餘地，沒有懷疑和批評的自由。荀卿的思想和法家這樣接近，他的門徒中出了一個集法家理論之大成的韓非和一個佐秦始皇實行法家政策的李斯，決不是偶然的。

（3）在講到韓非（韓國的公子，名非）之前，對於法家，得補一筆。法家和其他一切學派有一根本異點。別家講政治總是站在人民的一邊，替全天下打算。法家則專替君主打算，即使顧及人民也是為着君主的利益。這是無足怪的。法家的職業本來是替君主做參謀。一個君主的利益沒有大得過提高威權和富強本國；而且這些越快實現越好，至少要使他及身看見成功。這個問題，韓非把握得最緊，解答得最圓滿。

韓非以前的法家有三派。其一重「術」，以在戰國中期相韓昭侯的「鄭之賤臣」申不害為宗。所謂「術」，即人主操縱臣下的陰謀，那些聲色不露而辨別忠奸、賞罰莫測而切中事實的妙算。其二重「法」，以和申不害同時的商鞅為宗。他的特殊政略是以嚴刑厚賞來推行法令，使凡奉法遵令的人無或缺賞，凡犯法違令的人無所逃罰。其三重「勢」，以和孟子同時的趙人慎到為宗。所謂勢即是威權。這一派要把政府的威權儘量擴大而且集中在人主手裏，使他成為恐怖的對象，好鎮壓臣下。這三派的注意點，韓非兼容並顧，故此說他集法家的大成。

　　韓非對於當世的君主有大旨如下的勸告：你們國弱的不是想強，國強的不是想更強，甚至用武力統一天下嗎？這是無可非議的。不過大部分你們所採的手段，尤其是你們所認為最賢明的手段，尤其是儒家所進獻的手段，若不是和你們的目的相反，便是離你們的目的很遠。儒家（墨家也一樣）不是教你們用賢人治國嗎？你們試伸手一數，國內真正的賢人有幾？可數得滿十隻手指？但國內重要的官吏至少有一百。你們再等一輩子也找不到這麼多賢人的。不要把心放在賢人上！不要怕人不忠，怕人作弊，要設法使人不能不忠，不敢作弊！我老師荀卿說得好，人天生是壞，天生是貪利怕禍的。只要出可靠的重賞，什麼事也有人替你們做到。只要佈置着無可逃避的重刑，什麼弊也可以禁絕。但注意，刑法不獨要重，而且要使人無可逃避。無論怎樣精細的網，若有了漏洞，就捉不到魚！其次儒家不是教你要愛民而且博得人民的愛戴嗎？這於你們有什麼好處？你們愛民，極其量不過如父母愛子，但頑劣的兒子，父母動不了他毫毛的，一個小小的縣吏帶着練索去拿人，就可以使他妥妥帖帖。要使人民服從，與其用愛，不如用威。而且人民的愛戴是靠不住的。能愛人者亦能惡人。你們若把自己的命運放在人民的愛戴上，一旦他們不愛戴了，怎麼辦？其次，那班滿口禹、湯、堯、舜，或神農、黃帝，以「是古非今」為高的「文學游說之士」和那般成羣結黨以逞勇犯禁為義的劍擊游俠之徒，不是世人所敬仰，而你們也敬仰着，甚至供養着的嗎？這兩色人到底於你們有什麼用處呢？你們所需要的，第一是出死力打仗的兵士，第二是供給兵士以糧食的農民，現在說士和游俠既不替你們打仗，又不替你們耕田，都享着榮譽或富貴，而兵士和農民卻處在社會的最下層，戰士的遺孤甚至在路邊行乞！「所利非所用，所用非

所利」，這是再顛倒沒有的了。何況說士和游俠，對於你們，不獨無用，而且有害！游俠以行為破壞你們的法令，說士以議論破壞你們的法令。他們都是要於法令之外，另立是非的標準。他們的標準行，你們的威嚴便掃地。再可惡不過的是說士們稱引先王批評時政。臣之尊君至少應當比得上子之尊父。設想一個兒子成日價對自己的父親讚別人的父親怎樣晏眠早起，勤力生財，怎樣縮食節衣，鞠養兒女，這對於自己的父親，是怎樣的侮謾。這種侮謾，明主是不受的。所以「明主之國，無書簡之文，以法為教；無先王之語，以吏為師」。

韓非著的書，傳到秦國，秦王嬴政讀了，歎道：「寡人得見此人與之游，死不恨矣！」

第七章

秦始皇與秦帝國

第一節　呂不韋與嬴政

> 秦皇掃六合，虎視何雄哉！飛劍決浮雲，諸侯盡西來。
> 明斷自天啟，大略駕羣才。收兵鑄金人，函谷正東開。
> 銘功會稽嶺，騁望琅琊台。刑徒七十萬，起土驪山隈。
> 尚採不死藥，茫然使心哀！連弩射海魚，長鯨正崔嵬。
> 額鼻像五岳，揚波噴雲雷。鬐鬣蔽青天，何由睹蓬萊？
> 徐市載秦女，樓船幾時回？但見三泉下，金棺葬寒灰！
>
> （李白《古風》之一）

這首壯麗的詩是一個掀天揭地的巨靈的最好速寫。這巨靈的來歷，説來話長。

當長平之戰前不久，有一個秦國王孫，名子楚的，被「質」在

趙。他是太子安國君所生，卻非嫡出，他的母親又不得寵。因此趙人待他很冷薄，他連王孫的排場也苦於維持不住。但是陽翟（韓地）大賈呂不韋在邯鄲做買賣，一看見他，便認為是「奇貨可居」。

不韋見子楚，說道：「我能光大你的門庭。」子楚笑道：「你還是去光大自己的門庭罷！卻來光大我的！」不韋說：「你有所不知，我的門庭要等你的來光大。」子楚明白，便和他商量兩家光大門庭的辦法。原來安國君最愛幸的華陽夫人沒有生育的希望，安國君還沒有立嗣。不韋一面獻上巨款，給子楚結交賓客，沽釣聲名；一面輦了巨款，親到秦國，替他運動。不久華陽夫人便收到許多子楚孝敬的珍寶，不久她便時常聽到人稱讚子楚的賢能，不久她的姊姊便走來替她的前途憂慮，大意說道：「妹妹現在是得意極了。但可曾想到色衰愛弛的一天？到時有誰可倚靠！就算太子愛你到老，他百歲之後，繼位的兒子，要為自己母親吐氣，你的日子就不好過。子楚對你的孝順，卻是少有的。何不趁如今在太子跟前能夠說話的時候，把他提拔，將來他感恩圖報，還不是同自己的兒子一般？」華陽夫人一點頭，子楚的幸運便決定了。

不韋回到邯鄲時，子楚已成了正式的王太孫。不韋也被任為他的師傅。他們成功之後，不免用美人醇酒來慶祝一番。邯鄲在戰國以美女著名。不韋的愛姬，尤其是邯鄲美女的上選，妙擅歌舞。有次她也出來奉酒，子楚一見傾心，便要不韋把她相讓。不韋氣得要死，但一想過去的破費和將來的利益，只得忍氣答應。趙姬既歸子楚，不到一年（正當長平之戰後一年），產了一子，即是後來做秦王和秦始皇帝的嬴政。當時傳說，趙姬離呂家之時，已經孕了嬴政。但看後來不韋所受嬴政的待遇，這傳說多半是謠言。

　　嬴政於前 246 年即王位，才十三歲。這時不韋是食邑十萬戶的文言侯，位居相國；他從前的愛妾，已做了太后，並且和他私續舊歡。不韋的權勢可以想像。他的政治野心不小，他招賢禮士，養客三千，打算在自己手中完成統一的大業。但嬴政卻不是甘心做傀儡的。他即位第九年，太后的姘夫嫪毐在咸陽反叛，他用神速的手段戡定了亂事以後，乘機把太后的政權完全褫奪；並且株連到呂不韋，將他免職，逐歸本封的洛陽，過了兩年，又把他貶到蜀郡。在憂忿夾攻之下，不韋服毒自殺。

　　不韋以韓人而執秦政，他所客養和援用的又多三晉人，和他結交的太后又是趙女。這種「非我族類」的勢力是秦人所嫉忌的。不韋罷相的一年（秦王政十年），適值「鄭國渠」事件發生，更增加秦人對外客的疑懼。鄭國也是韓人，為有名的水利工程師。韓廷見亡國的大禍迫在眉睫，派他往秦，勸秦廷開鑿一條溝通涇水和洛水的大渠，藉此消磨秦的民力，延緩它的對外侵略。這渠才鑿了一半，鄭國的陰謀泄露。其後嬴政雖然聽了鄭國的話，知道這渠也是秦國的大利，把它完成，結果溉田四萬多頃，秦國更加富強；但鄭國陰謀的發現，使秦宗室對於遊宦的外客振振有詞。嬴政於是下了有名的「逐客令」，厲行搜索，要把外籍的遊士統統趕走。這命令因為李斯的勸諫而取消。但不韋自殺後，嬴政到底把所有送他喪的三晉門客驅逐出境。可見逐客令是和不韋有關的，也可見不韋的坍台是和種族之見有關的。

第二節　六國混一

　　嬴政既打倒了呂不韋，收攬了秦國的大權，便開始圖謀六國。這時，六國早已各自消失了單獨抗秦的力量。不過它們的合從還足以禍秦。嬴政即位的第六年，秦國還吃了三晉和衛、楚的聯軍一次虧，當時大梁人尉繚也看到的，假如六國的君主稍有智慧，嬴政一不小心，會遭遇智伯、夫差和齊湣王的命運也未可知。但尉繚不見用於祖國，走到咸陽，勸嬴政道：「願大王不要愛惜財物，派人賄賂列國的大臣，來破壞他們本國的計謀，不過花三十萬金，六王可以盡虜。」嬴政果然採納了這策略。此後六國果然再不費一矢相助而靜待嬴政逐個解決。

　　首先對秦屈服，希望以屈服代替犧牲，而首先受犧牲的是韓。秦王政十四年，韓王安為李斯所誘，對秦獻璽稱臣，並獻南陽地。十七年秦的南陽守將舉兵入新鄭，虜韓王，滅其國。李斯赴韓之前，韓王派了著名的公子韓非入秦，謀紓國難，嬴政留非，想重用他。但不久聽了李斯和另一位大臣的讒言，又把他下獄。口吃的韓非有冤沒處訴，終於給李斯毒死在獄中。

　　韓亡後九年之間，嬴政以迅雷烈風的力量，一意東征，先後把其餘的五國滅了。這五國的君主，連夠得上說抵抗的招架也沒有，雞犬似的一一被縛到咸陽。只有俠士荊軻，曾替燕國演過一出壯烈的悲劇。

　　秦王政十九年，趙國既滅，他親到邯鄲，活埋了所有舊時母家的仇人；次年回到咸陽，有燕國使臣荊軻卑辭求覲，說要進獻秦國逃將樊於期的首級和燕國最膏腴的地域督亢的地圖。獻圖的意思就是要納地。秦王大喜，穿上朝服，排起儀仗，立即傳見。荊軻捧着頭函，副

使秦舞陽捧着地圖匣以次上殿。秦舞陽忽然股栗色變，廷臣驚怪，荊軻笑瞧了舞陽，上前解釋道：「北番蠻夷的鄙人，未曾見過天子，所以惶恐失措，伏望大王包容，俾得完成使事。」秦王索閱地圖，荊軻取了呈上。地圖展到盡處，匕首出現！荊軻左手把着秦王的袖，右手搶過匕首，就猛力刺去，但沒有刺到身上，秦王已斷袖走開。秦王拔劍，但劍長鞘緊，急猝拔不出，荊軻追他，兩人繞柱而走。秦廷的規矩，殿上侍從的人，不許帶兵器，殿下的衛士，非奉旨不許上殿。秦王忙亂中沒有想到殿下的衛士，殿上的文臣哪裏是荊軻的敵手。秦王失了魂似的只是繞着柱走。最後，侍臣們大聲提醒了他，把劍從背後順力拔出，砍斷了荊軻的左腿。荊軻便將匕首向他擲去，不中，中銅柱。這匕首是用毒藥煉過的，微傷可以致命。荊軻受了八創，已知絕望，倚柱狂笑，笑了又罵，結果被肢解了。

> 風蕭蕭兮易水寒，壯士一去兮不復還！

這是荊軻離開燕國之前，在易水邊的別筵上，當着滿座白衣冠的送客，最後唱的歌，也可以做他的輓歌。

荊軻死後六年（前 221 年）當秦王政在位的第二十六年而六國盡滅。於是秦王政以一道冠冕堂皇的詔令，收結五個半世紀的混戰局面，同時宣告新帝國的成立。那詔書道：

> ……異日韓王納地效璽，請為藩臣。寡人以為善，庶幾息
> 兵革。已而倍約，與趙、魏合從畔秦，故興兵誅之，虜其王。趙
> 王使其相李牧來約盟，故歸其質子。已而倍盟，反我太原，故興

兵誅之，得其王。趙公子嘉乃自立為代王，故舉兵擊滅之。魏王
始約服入秦，已而與韓、趙謀襲秦，秦兵吏誅，遂破之。荊王獻
青陽以西，已而畔約，擊我南郡，故發兵誅，得其王，遂定其荊
地。燕王昏亂，其太子丹乃陰令荊軻為賊，兵吏誅滅其國。齊王
用后勝計，絕秦使，欲為亂，兵吏誅，虜其王，平齊地。

所有六國的罪狀，除燕國的外，都是製造的。詔書繼續說道：

　　寡人以眇眇之身，興兵誅暴亂，賴宗廟之靈，六王咸伏
其辜，天下大定。今名號不更，無以稱成功，傳後世。其議
帝號。……

在睥睨古今、躊躇滿志之餘，嬴政覺得一切舊有的君主稱號都不適
用了。

戰國以前，人主最高的尊號是王，天神最高的尊號是帝。自從
諸侯稱王後，王已失了最高的地位，於是把帝拉下來代替，而別以本
有光大之義的「皇」字稱最高的天神。但自從東西帝之議起，帝在人
間，又失去最高的地位了。很自然的辦法，是把皇字挪下來。秦國的
神話裏有天皇、地皇、泰皇，而泰皇為最貴。於是李斯等上尊號作泰
皇。但嬴政不喜歡這舊套，把泰字除去，添上帝字，合成「皇帝」；
又廢除周代通行的謚法（於君主死後，按其行為，追加名號，有褒有
貶的），自稱為「始皇帝」，預定後世計數為二世皇帝，三世皇帝，
「至於萬世，傳之無窮」。

同時始皇又接受了鄒衍的學說，以為周屬火德，秦代周，應當

屬克火的水德；因為五色中和水相配的是黑色，於是把禮服和旌旗皆用黑色；又因為四時中和水相配的是冬季，而冬季始自十月，於是改以十月為歲首。鄒衍是相信政治的精神也隨着五德而轉移的。他的一些信徒認為與水德相配的政治應當是猛烈苛刻的政治，這正中始皇的心懷。

第三節　新帝國的經營

秦自變法以來，侵略所得的土地，大抵直隸君主，大的置郡，小的置縣，郡縣的長官都非世職，也無世祿。始皇沿着成例，每滅一國，便分置若干郡。而秦變法以來新設的少數封區，自從嫪毐和呂不韋的誅竄已完全消滅。既吞併了六國，秦遂成為一個純粹郡縣式的大帝國。當這帝國成立之初，丞相綰主張仿周朝的辦法於燕、齊、楚等僻遠的地方，分封皇子，以便鎮懾，但他的提議給李斯打消了。於是始皇分全國為三十六郡，每郡置守，掌民政；置尉，掌兵事；置監御史，掌監察。這種制度是仿效中央政府的。當時朝裏掌民政的最高官吏有丞相，掌兵事的最高官吏有太尉，掌監察的最高官吏有御史大夫。

這三十六郡的名稱和地位是現今史家還沒完全解決的問題。大概的說，秦在開國初的境域，北邊包括今遼寧的南部，河北、山西及綏遠、寧夏兩省的南部；西邊包括甘肅和四川兩省的大部分，南邊包括湖南、江西和福建；東以福建至遼東的海岸為界。從前臣服於燕的朝鮮，也成為秦的藩屬。此外西北和西南邊外的蠻夷君長稱臣於秦的還

不少。我們試回想姬周帝國初建時，西則邦畿之外，便是邊陲，南則巴蜀、吳、楚皆屬化外，沿海則有徐戎、淮夷、萊夷盤踞，北則燕，晉已與戎狄雜處；而在這範圍裏，除了「邦畿千里」外，至少分立了一百三十以上的小國。我們拿這種情形和三十六郡一統的嬴秦帝國比較，便知道過去八九百年間，諸夏民族地盤的擴張和政治組織的進步了。嶧山的始皇紀功石刻裏說：

> 追念亂世，分土建邦，以開爭理。攻戰日作，流血於野，自泰古始。世無萬數，陁及五帝，莫能禁止。乃今皇帝，壹家天下，兵不復起。災害滅除，黔首康定，利澤長久。

這些話一點也沒有過火。

在這幅員和組織都是空前的大帝國裏，怎樣永久維持皇室的統治權力，這是始皇滅六國後面對著的空前大問題，且看他如何解答。

帝國成立之初，始皇令全國「大酺」來慶祝（秦法，平時是禁三人以上聚飲的）。當眾人還在醉夢的時候，他突然宣佈沒收民間一切的兵器。沒收所得，運到咸陽，鑄成無數大鐘和十二個各重一千石以上的「金人」，放在宮廷裏。接著他又把全國最豪富的家族共十二萬戶強迫遷到咸陽，放在中央的監視之下。沒有兵器，又沒有錢財，人民怎能夠作得起大亂來？

次年，始皇開始一件空前的大工程：建築脈通全國的「馳道」，分兩條幹線，皆從咸陽出來，其一東達燕、齊，其一南達吳、楚。道寬五十步，道旁每隔三丈種一株青松，路身築得堅而且厚，遇著容易崩壞的地段，並且打下銅椿。這宏大的工程，乃是始皇的軍事計劃的

一部分。他滅六國後防死灰復燃，當然不讓各國餘剩的軍隊留存。但偌大的疆土若把秦國原有的軍隊處處分派駐守，則分不勝分。而且若分得薄，一旦事變猝起，還是不夠應付；若分得厚，寖假會造成外重內輕的局面。始皇不但不肯採用重兵駐防的政策，並且把舊有六國的邊城，除燕、趙北邊的外，統統拆毀了。他讓秦國原有的軍隊，依舊集中在秦國的本部，少數的地方兵只是警察的性質。馳道的建築，為的是任何地方若有叛亂，中央軍可以迅速趕到去平定。歷來創業之主的軍事佈置沒有比始皇更精明的了。（1896年李鴻章聘使歐洲，過德國，問軍事於俾斯麥，他的勸告有云：「練兵更有一事須知：一國的軍隊不必分駐，宜駐中樞，扼要地，無論何時何地，有需兵力，聞令即行，但行軍的道路，當首先籌及。」這正是秦始皇所採的政策。）

　　武力的統治不夠，還要加上文化的統治；物質的繳械不夠，還要加上思想的繳械。始皇三十四年（始皇即帝位後不改元，其紀年通即王位以來計），韓非的愚民政策終於實現。先是始皇的朝廷裏，養了七十多個儒生和學者，叫作博士。有一次某博士奉承了始皇一篇頌讚的大文章，始皇讀了甚為高興，另一位博士卻上書責備作者的阿諛，並且是古非今地對於郡縣制度有所批評。始皇徵問李斯的意見。李斯覆奏道：

　　　　古者天下散亂，莫之能一，是以諸侯並作，語皆道古以害今，飾虛言以亂實，人善其所私學，以非上所建立。今陛下並有天下，辨白黑而定一尊。而私學乃相與非法教之制，聞令下，即各以其私學議之，入則心非，出則巷議，非主以為名，異趣以為高，率羣下以造謗。如此不禁，則主勢降乎上，黨與成乎下。禁

之便，臣請諸有文學《詩》《書》百家語者，蠲除去之。令到，滿三十日弗去，黥為城旦（城旦者，旦起行治城，四歲刑），所不去者，醫藥、卜筮、種樹之書。若有欲學，以吏為師。

始皇輕輕地在奏牘上批了一個「可」字，便造成了千古歎恨的文化浩劫。

以上講的是始皇內防反側的辦法。現在再看他外除邊患的努力。

自從戰國中期以來，為燕、趙、秦三國北方邊患的有兩個遊牧民族，東胡和匈奴——總名為胡。東胡出沒於今河北的北邊和遼寧、熱河一帶，受它寇略的是燕、趙。匈奴出沒於今察哈爾、綏遠和山西、陝、甘的北邊一帶，燕、趙、秦並受它寇略。這兩個民族，各包涵若干散漫的部落，還沒有統一的政治組織。它們在戰國中期以前的歷史十分茫昧。它們和春秋時代各種名色的戎狄似是同一族類，但是否這些戎狄中某些部分的後身，否則和各種戎狄間的親誼是怎樣，現在都無從稽考了。現在所知道秦以前的胡夏的關係史只有三個攘胡的人物的活動。第一個是和楚懷王同時的趙武靈王。他首先採用胡人的特長，來制胡人；首先脫卻長裙拖地的國裝，而穿上短衣露褲的胡服，以便學習騎戰。他領着新練的勁旅，向沿邊的匈奴部落進攻，把國土向西北拓展；在新邊界上，築了一道長城，從察哈爾的蔚縣東北（代）至河套的西北角外（高闕）；並且沿邊設了代、雁門和雲中三郡。第二個攘胡的英雄是秦舞陽（隨荊軻入秦的副使）的祖父秦開。他曾被「質」在東胡，甚得胡人的信任。歸燕國後，他率兵襲擊東胡，把他們驅逐到一千多里外。這時大約是樂毅破齊前後。接着燕國也在新邊界上築一道長城，從察哈爾宣化東北（造陽）至遼寧遼陽縣

北（襄平）；並且沿邊設了上谷、漁陽、右北平、遼西和遼東五郡。秦開破東胡後，約莫三四十年，趙有名將李牧，戍雁門、代郡以備胡。他經了長期斂兵堅守，養精蓄銳，然後乘着匈奴的驕氣，突然出戰，斬了匈奴十多萬騎，此後十幾年間，匈奴不敢走近趙邊。

當燕、趙對秦作最後掙扎時，無暇顧及塞外。始皇初併六國忙着輯綏內部，也暫把邊事拋開。因此胡人得到復興的機會。舊時趙武靈王取自匈奴的河套一帶，復歸於匈奴。始皇三十二年，甚至聽到「亡秦者胡」的讖語。於是始皇派蒙恬領兵三十萬北征。不久把河套收復，並且進展至套外，始皇將新得的土地，設了九原郡。為謀北邊的一勞永逸，始皇於三十三四年間，又經始兩件宏大的工程：其一是從河套外的九原郡治，築了一條「直道」達到關內的雲陽（今陝西淳化縣西北，從此至咸陽有涇、渭可通），長一千八百里；其二是把燕、趙北界的長城和秦國舊有的西北邊城，大加修葺，並且把它們連接起來，傍山險，填溪谷，西起隴西郡的臨洮（今甘肅岷縣境），東迄遼東郡的碣石（在渤海岸朝鮮境），成功了有名的「萬里長城」。

始皇的經營北邊有一半是防守性質，但他的開闢南徼，則是純粹的侵略。

現在的兩廣和安南，在秦時是「百越」（越與粵通）種族所居。這些種族和浙江的於越，大約是同出一系的，但文化則較於越遠為落後。他們在秦以前的歷史完全是空白。在秦時，他們還過着半漁獵、半耕稼的生活；他們還仰賴中國的銅鐵器，尤其是田器。他們還要從中國輸入馬、牛、羊，可見牧畜業在他們中間還沒發達。不像北方遊牧民族的獷悍，也沒有胡地生活的艱難，他們絕不致成為秦帝國的邊患。但始皇卻不肯放過他們。滅六國後不久（二十六年？）即派尉

屠雎領着五十萬大軍去征百越，並派監祿鑿渠通湘、漓二水（漓水是珠江的上游），以便輸運。秦軍所向無敵，越人逃匿於深山叢林中。秦軍久戍，糧食不繼，士兵疲餓。越人乘機半夜出擊，大敗秦軍，殺屠雎。但始皇續派援兵，終於在三十三年，把百越平定，將他們的土地，分置南海郡、桂林郡和象郡（南海郡略當今廣東省，桂林郡略當廣西省，象郡略當安南中北部）。百越置郡之後，當時中國人所知道的世界差不多完全歸到始皇統治之下了。琅邪台的始皇紀功石刻裏說：

> 六合之內，皇帝之土。西涉流沙，南盡北戶，東有東海，北過大夏。人跡所至，無不臣者。

至是竟去事實不遠了。

以上所述一切對外對內的大事業，使全國瞪眼咋舌的大事業，是始皇在十年左右完成的。

第四節　帝國的發展與民生

像始皇的勵精刻苦，在歷代君主中，確是罕見。國事無論大小，他都要親自裁決。有一個時期，他每日用衡石秤出一定分量的文牘，非批閱完了不肯休息。他在帝位的十二年中，有五年巡行在外；北邊去到長城的盡頭——碣石，南邊去到衡山和會稽嶺。他覺得自己的勞碌，無非是為着百姓的康寧。他對自己的期待，不僅是一個英君，

而且是一個聖主。他唯恐自己的功德給時間掩沒。他二十八年東巡時，登嶧山，和鄒魯的儒生商議立石刻詞，給自己表功；此後，所到的勝地，大抵置有同類的紀念物。我們從這些銘文（現存的有嶧山、泰山、之罘、琅邪、碣石、會稽六處的刻石文；原石惟琅邪的存一斷片）可以看見始皇的抱負，他「夙興夜寐，建設長利，專隆教誨」。他「憂恤黔首（秦稱庶民為黔首），朝夕不懈」。他「功蓋五帝，澤及牛馬」。而且他對於禮教，也盡了不少的力量。他明立法：「飾省宣義；有子而嫁，倍死不貞；防隔內外，禁止淫佚，男女絜誠；夫為寄豭，殺之無罪；男秉義程，妻為逃嫁，子不得母，咸化廉清；大治濯俗，天下承風，蒙被休經。」在他自己看來，人力所能做的好事，他都做了，而且他要做的事，從沒有做不到的。他從沒有一道命令，不成為事實。從沒有一個抗逆他意旨的人，保得住首領。他唯一的缺憾就是志願無盡，而生命有窮。但這也許有補救的辦法。海上不據說有仙人所居的蓬萊、方丈、瀛洲三島麼？仙人不有長生不死的藥麼？他即帝位的第三年，就派方士徐福（一作市，音同）帶着童男女數千人，乘着樓船，入海去探求這種仙藥，可惜他們一去渺無消息（後來傳說徐福到了日本，為日本人的祖先，那是不可靠的）。續派的方士回來說，海上有大鮫魚困住船隻，所以到不得蓬萊。始皇便派弓箭手跟他們入海，遇着這類可惡的動物便用連弩去射。但蓬萊還是找尋不着。

始皇只管忙着去求長生，他所「憂恤」的黔首卻似乎不識好歹，只盼望他速死！始皇三十六年，東郡（河北山東毗連的一帶）落了一塊隕石，就有人在上面刻了「始皇帝死而地分」七個大字。

始皇能焚去一切《詩》《書》和歷史的記錄，卻不能焚去記憶中

的六國亡國史；他能繳去六國遺民的兵器，卻不能繳去六國遺民（特別是一班遺老遺少）的亡國恨；他能把一部分六國的貴族遷到輦轂之下加以嚴密的監視，卻不能把全部的六國遺民同樣處置。在舊楚國境內就流行着「楚雖三戶，亡秦必楚」的諺語。當他二十九年東巡行到舊韓境的博浪沙（在今河南陽武縣東南）中時，就有人拿着大鐵椎向他狙擊，中了副車，只差一點兒沒把他擊死。他大索兇手，竟不能得。

而且始皇只管「憂恤黔首」，他的一切豐功烈績，乃是黔首的血淚造成的！誰給他去築「馳道」，築「直道」，鑿運渠？是不用工資去僱的黔首！誰給他去冰山雪海的北邊伐匈奴，修長城，守長城？誰給他去毒癉嚴暑的南荒，平百越，戍新郡？誰給他運糧轉餉，供給這兩方的遠征軍？都是被鞭撲迫促着就道的黔首！赴北邊的人，據說，死的十有六七；至於赴南越的，因為不服水土，情形只有更慘，人民被徵發出行不論去從軍，或去輸運，就好像被牽去殺頭一般，有的半途不堪虐待，自縊在路邊的樹上。這樣的死屍沿路不斷地陳列着。最初徵發的是犯罪的官吏，「贅婿」和商賈；後來推廣到曾經做過商賈的人；最後又推廣到「閭左」——居住在里閭左邊的人（贅婿大概是一種自己賣身的奴隸即漢朝的贅子。商人儘先被徵發是始皇壓抑商人的手段之一。戰國時代，法家和儒家的荀子，都認商人為不事生產而剝削農民的大蠹，主張重農抑商，這政策為始皇採用。琅琊刻石有「上農除末」之語。「閭左」在先徵之列者，蓋春秋戰國以來，除楚國外習俗忌左，居住在閭左的，大抵是下等人家）。徵發的不僅是男子，婦女也被用去運輸。有一次南越方面請求三萬個「無夫家」的女子去替軍士縫補，始皇就批准了一萬五千。計蒙恬帶去北征的有三十萬人，屠睢帶去南征的有五十萬人，後來添派的援兵和戍卒，及前後

擔任運輸和其他力役的工人，當在兩軍的總數以上。為這兩方面的軍事，始皇至少摧殘了二百萬家。

這還不夠。始皇生平有一種不可多得的嗜好——建築的欣賞。他東征以來，每滅一國，便把它的宮殿圖寫下來在咸陽渭水邊的北阪照樣起造。後來又嫌秦國舊有的朝宮（朝會羣臣的大禮堂）太過狹陋，要在渭南的上林苑裏另造一所，於三十五年動工。先在阿房山上作朝宮的前殿：東西廣五百步，南北長五十丈，上層可以坐一萬人，下層可以樹五丈的大旗。從殿前築一條大道，達到南山的極峰，在上面樹立華表，當作朝宮的闕門，從殿後又築一條大道，渡過渭水，通到咸陽。先時始皇即王位後，便開始在驪山建築自己的陵墓，滅六國後撥了刑徒七十餘萬加入工作；到這時陵墓大半完成，乃分一部分工人到阿房去。這兩處工程先後共用七十餘萬人。此外運送工糧和材料（材料的取給遠至巴蜀荊楚）的伕役還不知數。這些卻多半是無罪的黔首。

這還不夠。上說種種空前的兵役和工程所需的糧餉和別項用費，除了向黔首身上出，還有什麼來源？據說始皇時代的賦稅，要取去人民收入的三分之二。這也許言之過甚，但秦人經濟負擔的酷重，卻是可想見的了。

這還不夠。苦役重稅之上，又加以嚴酷而且濫用的刑罰。秦的刑法，自商鞅以後，在列國當中，已是最苛的了。像連坐、夷三族等花樣，已是六國的人民所受不慣的。始皇更挾着虓虎的威勢，去馭下臨民。且看幾件他殺人的故事。有一回他從山上望見丞相李斯隨從的車騎太多，不高興。李斯得知以後便把車騎減少，始皇追究走漏消息的人不得，便把當時在跟前的人統統殺了。又東郡隕石上刻的字被發現

後，始皇派御史去查辦，不得罪人，便命把旁邊的居民統統殺了。又一回，有兩個方士不滿意於始皇所為，暗地訕謗了他一頓逃去。始皇聞之大怒，又刺探得別的儒生對他也有不敬的話，便派御史去把咸陽的儒生都召來案問。他們互相指攀，希圖免罪，結果牽涉了四百六十餘人，始皇命統統的活埋了。這便是有名的「坑儒」事件。始皇的執法如此，經過他的選擇和範示，郡縣的官吏就很少不是酷吏了。

始皇的長子扶蘇，卻是一個藹然仁者，對於始皇的暴行，大不謂然。當坑儒命令下時，曾替諸儒緩頰，說他們都是誦法孔子的善士，若繩以重法，恐天下不安。始皇大怒，把他派去北邊監蒙恬的軍。但二世皇帝的位，始皇還是留給他的。及三十七年七月，始皇巡行至沙丘（今河北平鄉縣東北）病篤，便寫定遺書，召他回咸陽會葬，並嗣位。書未發而始皇死。書和璽印都在宦官趙高手。而始皇的死只有趙高、李斯和別幾個宦官知道。趙高和蒙恬有仇隙，而蒙恬是太子的親信，李斯也恐怕蒙恬奪去他的相位。於是趙李合謀，祕不發喪，一面把遺書毀了，另造兩封偽詔，一傳位給公子胡亥（當時從行而素與趙高親昵的），一賜扶蘇、蒙恬死。後一封詔書到達時，扶蘇便要自殺，蒙恬卻疑心它是假的，勸扶蘇再去請示一遍，然後自殺不遲。扶蘇說：「父親要賜兒子死，還再請示什麼？」立即自殺。

胡亥即二世皇帝位時，才二十一歲，他別的都遠遜始皇，只有在殘暴上是「跨灶」的。趙高以擁戴的首功最受寵信；他處處要營私，只有在殘暴上是胡亥的真正助手。在始皇時代本已思亂的人民，此時便開始摩拳擦掌了。

第八章

秦漢之際

第一節　陳勝之起滅

二世皇帝元年七月，在舊楚境的蘄縣大澤鄉停留着附近被徵發去防守漁陽的閭左兵九百人。適值大雨，道路不通。這隊伍已無法如期達到指定的處所。照當時的法律，將校誤期，要被處斬。有兩位下級將校陳勝和吳廣，便祕密圖謀免死的辦法。他們想當今的二世皇帝並不是依法當立的，當立的乃是公子扶蘇，百姓多稱讚他的賢惠，卻不知道他已死；又從前楚國最後抗秦而死的名將項燕，親愛士卒，很得民心，民間傳說他還活着，假如冒稱扶蘇項燕起兵，響應的必定很多。他們去問卜，卜者猜到來意，連稱大利；最後並說道：「你們何不再向鬼神占卜一下？」二人會意。

不幾天，兵士買魚，忽然在魚肚裏得着一小卷絹帛，上面寫着朱字道：「陳勝王」。晚間兵士又忽然發現附近樹林中的神祠有了火光，

同時怪聲從那裏傳來，像狐狸作人語道：「大楚興，陳勝王。」這種怪聲每每把兵士們從夢中驚醒。從此他們遇到陳勝每每指目着他竊竊私語。

有一天統領官喝醉了酒，吳廣在旁，出言特別不遜。統領官大怒，鞭了他一頓，又把劍拔出。吳廣素來很得兵士心，在旁的兵士都替他不平。他搶過了劍，把統領官殺掉。陳勝幫着他，把另外兩個將官也結果了。陳、吳號召軍中，大意說道：「你們因為大雨，已誤了期，誤了期就要處斬。即使不處斬，去戍守長城，也是十有六七要死的。大丈夫不死便了，死就要成個大名。王侯將相難道是有種的嗎？」在全軍喧豗應和之下，陳、吳二人以扶蘇和項燕的名義樹起革命的旗幟。軍士袒着右臂，自號大楚。陳勝自立為將軍，吳廣為都尉。

旬日之間大澤鄉、蘄縣、陳城和附近若干縣城，皆落在革命軍之手。而革命軍在進攻陳城之時已有車六七百乘，騎千餘，步卒數萬人了。陳城在戰國末年曾一度為楚國都，革命軍即以此為根據地。先是魏遺民大梁名士張耳、陳餘為秦廷懸賞緝捕，變姓名隱居於陳。陳勝既入陳，二人進謁。是時陳中父老豪傑正議推陳勝為王。二人卻勸陳勝暫勿稱王，而立即領兵西進，同時派人立六國王室之後，以廣樹秦敵，使秦的兵力因敵多而分散，因分散而薄弱，然後乘虛入據咸陽，以號令諸侯，諸侯感再造之德，必然歸服，如此則帝業可成。陳勝不聽，遂受推戴為張楚王，都於陳，以吳廣為「假王」（假有副貳之意）。

自陳勝發難後，素日痛恨秦吏的郡縣，隨着事變消息的傳到，紛紛戕殺守長，起兵響應。特別是在舊楚境內，幾千人成一夥的不可勝數。陳勝遣將招撫略地，分途進取。舉其要者，計有六路：(1) 符離人葛嬰略蘄以東；(2) 陳人武臣及張耳、陳餘略趙地；(3) 魏人周市

略魏地；(4) 吳廣西擊滎陽；(5) 陳人周文（為一卜者，故項燕僚屬）西進，向函谷關；(6) 銍人宋留取道南陽向武關。

葛嬰至東城，立襄強為楚王，後來聞得陳勝已立為張楚王，乃殺襄強，歸陳覆命，陳勝誅之。

武臣到邯鄲即自立為趙王，分命張耳、陳餘為將相。陳勝聞訊大怒，把三人的家屬拘捕，將加誅戮，繼而聽了謀士的勸諫，又把他們遷到宮中，而派人去給武臣等道賀，並請他們速即進兵關中。他們哪裏肯聽，卻派韓廣去略取燕地。韓廣至燕，旋即自立為燕王。

周市定了魏地，東進至齊，時齊王室之後田儋已自立為齊王，以兵拒之，市軍敗散，還歸魏，魏人推戴他為王，他不肯，卻要立魏王室之後魏咎，時咎在陳勝軍中，市派人迎之，往返五次，陳勝才答應放他赴魏。

武臣之立在八月，韓廣、田儋之立在九月。周文軍越過函谷關到達戲亦在九月。戲離咸陽不到一百里，而此時周文的軍隊已增加到兵卒數十萬、車千餘乘了。東方變亂的真情，趙高一直瞞着二世，到這時已瞞不住了。可是秦廷有什麼辦法呢？帝國的軍隊幾乎盡在北邊和南越，急猝間調不回來，咸陽直是一座空城，只得赦免在驪山工作的刑徒，並解放奴隸所生的男子，派章邯帶去應戰。周文軍來勢雖盛，卻經不起章邯一擊便敗走出關，章邯追至澠池，又大破之。周文自刎死，其軍瓦解，這是二世二年十一月的事（秦以十月為歲首，二年十一月在是年正月之前，下仿此）。

章邯乘勝東下。先是吳廣圍滎陽不下，其部將田臧等私計，秦兵早晚要到，那時前後受敵，必無幸理，不如留少數軍隊看守住滎陽，而用全部精兵去迎擊章邯。他們認為吳廣驕不知兵，不足與謀，假託

陳王的命令把他殺掉，並把他的首級傳送至陳。陳王拜田臧為上將，並賜以楚令尹的印信。田臧迎擊章邯於敖倉，一戰敗死。章邯進擊至陳西，陳王出監戰，軍敗遁走，他的御者某把他殺掉，拿他的首級去投降。這是十二月的事。

陳勝，字涉，少時在田間做工。有一次放下鋤頭歎氣癡想了許久，卻對一個同伴說道：「有一天我富貴了，定不會忘記你。」那位同伴笑道：「你做長工，怎樣富貴法？」後來陳勝做了張楚王，這位同伴便去叩閽求見，閽人幾乎要把他縛起來，憑他怎樣解釋總不肯給他傳達。他等陳勝駕出，攔路叫喊，陳勝認得他，把他載歸宮裏。他看見殿堂深邃，帷帳重疊，不禁嚷道：「夥頤！涉大哥為王！沉沉的！」楚人叫多為夥頤。由此「夥涉為王」，傳為話柄。這客人出入王宮，洋洋自得，談起陳勝的舊事，如數家珍。有人對陳勝說：這客人無知妄言，輕損王威，陳勝便把他殺掉。由此陳勝的故舊盡皆退避。

宋留已定南陽。南陽人聞陳勝死，復叛歸於秦。宋留既無法入武關，東還至新蔡與秦軍遇，解甲投降，秦又把他解到咸陽，車裂示眾。

章邯既破陳勝，進擊魏王咎於臨濟，圍其城。六月，齊王田儋救臨濟，敗死。同月魏咎自殺，臨濟降於秦。其後儋子市繼立為齊王，咎弟豹繼立為魏王。

第二節　項羽與鉅鹿之戰

項燕的先人累世做楚將，封於項，因以項為氏，而家於下相。項燕有子名項梁，梁有姪名項籍，字羽。項羽少時學書寫，不成，棄

去；學劍，又不成。項梁怒責他。他說：「書寫只可以記姓名罷了，劍是一人敵，也不值得學，要學萬人敵！」項梁於是教他兵法。他略通大意，再不深求。項梁曾因事殺人，帶着項羽，逃匿於吳（今吳縣，秦會稽郡治），吳中名士大夫都奉他為領袖，遇着地方有大徭役或大喪事，每請項梁主辦，項梁暗中用兵法部勒賓客子弟，因此他的幹才為人所知。項羽長成，身材魁岸，力能扛鼎，尤為吳中子弟所敬畏。

二世元年九月，會稽郡守和項梁商議起兵響應陳勝，打算派項梁和某人為將，是時某人逃匿山澤中。項梁說，只有他的姪子知道某人所在。說完，離座外出，對項羽囑咐了一番，又走進來，請郡守傳見項羽，使召某人。項羽進見後，項梁向他使個眼色，說道：「可以了！」項羽拔劍，砍下郡守的頭。項梁拿着郡守的首級，佩了他的印綬。項羽連殺了好幾十人，闔署懾伏聽命，共奉項梁為會稽守。項梁收召徒眾，得八千人。項羽為裨將，時年二十四。

二世二年二月項梁叔姪率兵渡江而西。先是廣陵人召平為陳勝取廣陵不下，聞陳勝敗走，秦兵將到。渡江至吳，假傳陳勝之命，拜項梁為上柱國。項梁一路收納豪傑，到了下邳（今江蘇邳縣）已有了六七萬人。離下邳不遠，在彭城之東，有秦嘉所領的一支義軍，奉景駒（舊楚貴族景氏之後）為楚王。是時陳勝的下落，眾尚不知。項梁聲言秦嘉背叛陳王擅立景駒大逆不道，即進擊之。秦嘉敗死，軍降，景駒走死。

既而項梁得知陳勝確實已死，乃從居巢老人范增之策，訪得楚懷王之孫（名心）於牧場中，立以為王，仍號楚懷王，都於盱眙（安徽今縣），項梁自號武信君。這是六月的事。

自四月至八月間，項梁軍叔姪與秦軍轉戰於今蘇北、魯南及豫

東一帶，連獲大捷。項梁由此輕視秦軍，時露驕色，部下宋義勸諫他道：「戰勝而將驕卒惰乃是敗徵；現在士卒已漸形怠懈，而秦兵日增，大可憂慮。」項梁不以為意。九月章邯得到關中派來眾盛的援兵之後，還擊楚軍，大破之於定陶，項梁戰死。

章邯破項梁軍，認為楚地無足憂慮，乃渡河擊趙。先是趙地內亂，武臣被殺，張耳、陳餘訪得趙王室之後趙歇，繼立為趙王，居信都。章邯入邯鄲，遷其民於河內，夷其城郭。張耳與趙王走入鉅鹿城，章邯使王離圍之，而自軍於鉅鹿南。陳餘北收兵於常山得數萬人，軍於鉅鹿北。鉅鹿城被圍數月，糧乏兵單，危在旦夕，求援於陳餘，而陳自以力薄非秦敵，按兵不肯動。

項梁死後，楚軍集中於彭城附近，懷王亦移節於彭城。鉅鹿圍急，求救於諸侯，懷王擬派兵赴之。宋義自預言項梁之敗而中，以知兵名於楚軍。懷王召他來籌商，聽了他的議論，大為讚賞，派他為援趙軍的統帥，稱上將軍，以長安侯項羽為次將，范增為末將。宋義行至安陽（河南今縣），逗留四十六日不進，項羽主張急速渡河，與趙軍內外夾擊秦軍。宋義卻主張先讓趙秦決戰；然後秦勝則乘其疲敝而擊之，秦敗則引兵西行，乘虛襲取咸陽。於是嚴申軍令，禁止異動。宋義派其子某為齊相，大排筵席為其餞行。是時歲荒糧絀，又適值天寒大雨，士卒飢凍。項羽昌言軍中，責備宋義但顧私圖，不恤士卒，不忠楚王。一天早晨，項羽朝見宋義，就在帳中把他的頭砍下，號令軍中；說他通齊反楚，奉懷王令把他誅戮。諸將盡皆懾服，共推他為「假上將軍」。項羽使人報告懷王，懷王就派他代為上將軍。自殺了宋義之後，項羽威震楚國，名聞諸侯。

項羽既受了援趙軍統帥之任，立即派二萬人渡河救鉅鹿，先鋒連

獲小勝，陳餘又請添兵。項羽於是率全軍渡河。既渡，鑿沉船隻，破毀釜甑，焚燒房舍，令士卒每人只帶三日糧，示以決死無歸還之心。既至鉅鹿，反圍王離，九戰秦軍，絕其糧道，大破之，王離被虜，其部下要將或戰死或自殺。這是二世三年十二月的事。先是諸侯援軍營於鉅鹿城外的，不下十幾個壁壘，都不敢出戰。及楚軍開始進攻，諸侯軍將領皆從壁上觀看。楚兵無不以一當十，吶喊聲動天地，諸侯軍士卒無不心驚膽震。項羽既破秦軍，召見諸侯軍將領，他們將入轅門，個個膝行而前，不敢抬頭瞻望。於是項羽成了聯軍的統帥，諸侯軍將領皆隸他麾下。

是時章邯尚軍於鉅鹿南，外見迫於項羽，內受二世的責備，又見疾於趙高，陷入進退維谷之境。陳餘乘機投書給他，說道：

> 白起為秦將，南征鄢郢，北阬馬服（馬服謂趙將馬服君趙奢之子括，此指長平之戰），攻城略地，不可勝計，而竟賜死。蒙恬為秦將，北逐戎人，開榆中地數千里，竟斬陽周。何者？功多，秦不能盡封，因以法誅之。今將軍為秦將三歲矣，所亡失以十萬數，而諸侯並起，滋益多。彼趙高素諛日久，今事急，亦恐二世誅之，故欲以法誅將軍以塞責，使人更代將軍，以脫其禍。夫將軍居外久，多內隙，有功亦誅，無功亦誅。且天之亡秦，無愚智知之。令將軍內不能直諫，外為亡國將，孤特獨立，而欲常存，豈不哀哉！將軍何不還兵，與諸侯為縱，約共攻秦，分王其地，南面稱孤，此孰與身伏鐵質、妻子為戮乎？

章邯得書，心中更加狐疑，祕密派人和項羽議降。議未成，項羽

連接進擊章邯軍，大破之。章邯遂決意投降。項羽以軍中糧絀許之。二世三年七月，章邯與項羽相會於洹水南殷墟上（即今安陽殷墟），立盟定約。章邯與項羽言及趙高事，為之泪下。

第三節　劉邦之起與關中之陷

當懷王派定了宋義等北上援趙之際，又派碭郡長武安侯劉邦西行略地，向關中進發。

劉邦，字季，泗川郡沛縣（江蘇今縣）人。家世寒微。從小即不肯學習生產技藝。壯年做了本縣的泗水亭長（秦制若干戶為一里，十里為一亭，十亭為一鄉）。他使酒好色，卻和易近人，疏財樂施，縣署的屬吏，常給他嘻嘻哈哈的大開玩笑。有一次縣長的舊友呂公來沛縣作客，縣中屬吏都去拜賀，蕭何替他收禮，聲明賀禮不滿千錢的坐在堂下。劉季騙閽人道：「賀禮萬錢！」實在不名一錢。閽人領了他進來，呂公一見，看了他的相貌大為驚訝，特加敬重。蕭何笑道：「劉季只會吹牛，本領有限。」劉季滿不在乎地據了上位，嘲弄座客，言語之間，一點也沒有屈服。酒罷，呂公暗中使眼色留他。客散之後，呂公對他說，生平喜歡看相，看過的相也不少，從未見過他這樣好的相貌，望他自愛。就在這一次敘會中，呂公把女兒許嫁了給他，後來呂婆雖嚴重抗議也無效。

秦朝初年徵各地刑徒赴驪山工作。沛縣的刑徒，由泗水亭長押去。這些刑徒半路逃脫了許多。劉季預計到得驪山時，他們勢必跑個精光。行至豐縣西澤中，停下痛飲，半夜，把剩下的刑徒通通放了，

自己也準備逃亡。刑徒中有十幾個壯漢要跟隨他。劉季於是領了這班人匿在芒、碭兩縣的山澤巖石之間。他們所以維持生活的方法似乎是不很名譽的，所以歷史上沒有交代。

陳勝發難後，沛縣令打算響應。縣吏蕭何和曹參替他計議，以為他以秦吏背秦，恐怕沛中子弟不服，不如把本縣逃亡在外壯士召來，可得幾百人，有他們相助，眾人就不敢不聽命了。於是派樊噲去招劉季。這樊噲是劉季的黨羽，以屠狗為業。劉季率領着部下約莫一百人，跟着樊噲回來，沛令反悔，閉城不納，並打算把蕭、曹二人殺掉。二人跳城投奔劉季。劉季射書城上，勸縣人誅沛令起事，否則城破之後，以屠城對付，縣人遂共殺沛令，開城相迎。劉季受父老的推戴為沛公，收縣中子弟得二三千人。這是二世元年九月的事，此後七個月內劉季轉戰於今獨山湖以西，蘇魯兩省相接之境，先後取沛、豐、碭（皆江蘇今縣）做根據地。替劉季守豐的部將叛而附魏，劉季攻他不下，走去留縣求助於景駒。他始終沒有得到景駒的幫助，卻在留縣遇到了張良。張良原是韓國的貴公子，其先人五世相韓，亡國後散家財謀報國仇。秦始皇在博浪沙遇刺，那兇手就是他所買的。這時他領了一百多個少年，想投景駒，遇了劉季，情投意合，便以眾相從。後來楚懷王既立，張良說動了項梁，更立故韓公子韓成為韓王，只得辭別劉季，往佐韓王。

景駒敗死後，劉季往見項梁，項梁給他補充五千人。他得了這援助，才於二世二年四月把豐縣攻下。從此劉季歸附了項梁。他和項羽似乎很相得，兩人總是共領一軍出戰或同當一面，像是形影不離的。據說當懷王派劉季西行時項羽也請求同往，只是懷王左右的老將們極力反對，以為項羽慓悍殘暴，是屠城的能手，關中人民，久苦苛政，

可以德服，他一去，反失人心；惟有劉季，忠厚長者，可勝宣撫之任；懷王因此不許項羽和劉季偕行。

宋義、項羽等北上救趙之軍和劉季西進之軍，同於二世二年閏九月（當時稱後九月）分途出發。劉季轉戰於今豫東豫南，取道南陽以向武關。這時秦軍的主力被吸在河北，這一路的楚軍並未遇着勁敵。劉季從洛陽南下，復與張良相會。先是，張良同了韓王領兵千餘，西略韓地，取了數城，又被秦軍奪回，只得在潁川一帶作游擊戰。至是，領兵與劉季合，佔領了韓地十餘城。劉季令韓王留守陽翟，而同了張良前進，略南陽郡。郡守兵敗，退守宛城。劉季便越過宛城而西。張良諫道：現在雖急於入關，但關中兵尚眾，且憑險相拒，若不攻下宛城，腹背受敵，這是危道。劉季便半夜隱匿旗幟，繞道回軍，黎明，圍宛城三匝。南陽守以城降，劉季封他為殷侯，由此西至武關，一路所經城邑紛紛迎降。二世三年八月武關陷。是月，趙高弒二世，使人來約降，劉季等以為詐，繼進。九月嶢關陷。劉季初欲急攻嶢關。張良以為守將乃屠戶之子，可以利動。於是楚軍一面派人先行，預備五萬人的餐食，並在山上多樹旗幟為疑兵；一面派人拿重寶去說守將，守將果然變志，願和楚軍同入咸陽。劉季將要答應他，張良以為只是守將要反，怕士卒不從，不從可危，不如乘其怠懈進擊。劉季依計遂破嶢關。是月秦軍再戰於藍田南，復大敗。次月劉季入咸陽。先是趙高既弒二世，繼立其姪子嬰，貶去帝號，稱秦王，子嬰又襲殺趙高。至是，子嬰以繩繫頸，乘素車白馬，捧着皇帝的璽印，迎接劉季於霸上（長安東十三里）的幟道旁。

秦曆以九月為歲終，而秦曆可說是終於二世三年九月。後此五十四個月，即四年半，劉季乃即皇帝位，漢朝乃開始。中間紀事，

繫年繫月，甚成問題。若用公元，年次固可約略相附，但月份則尚無正確的對照。漢人以二世三年之後為漢元年；漢初沿秦曆法，以十月為歲首，故以漢元年十月接秦二世三年九月。但此時尚無漢朝，何有漢年？今別無善法，只得依之。

第四節　項羽在關中

劉季到了咸陽，看着堂皇的宮殿，縟麗的帷帳和無數的美女、狗馬、珍寶，便住下不肯出。奈不得樊噲和張良苦勸婉諫，才把宮中的財寶和府庫封起，退駐霸上，以等待各方的領袖來共同處分。他又把父老召來，宣佈廢除秦朝的苛法，只約法三章：「殺人者死，傷人及盜抵罪。」人民大喜，紛紛送上牛羊來犒軍，劉季一概辭謝不受。

項羽既定河北，率楚軍諸侯軍及秦降軍西向關中，行至新安，聞秦降卒有怨聲，慮其為變，盡坑之。

當初懷王曾與諸將約，誰先入關中，即以其地封他為王。劉邦因此以關中的主人自居。而項羽西進之前已封了章邯為雍王（秦地古稱雍州），大有否認懷王初約之意。劉季聞訊，派兵守函谷關，拒外軍入境，同時徵關中人民入伍以擴充實力。

項羽至函谷關，不得入，大怒，攻破之。進駐鴻門，與劉季軍相距只四十里。是時外軍四十萬，號百萬；內軍十萬，號二十萬。項羽大饗軍士預備進攻。項羽的叔父項伯曾受張良救命之恩，半夜去給張良通消息，勸張良快跟他走。張良卻替他和劉季拉攏。劉季會項伯一見如故，杯酒交歡，約為婚姻。劉季道：「我入關以來，秋毫不敢有

所沾染，簿籍吏民，封閉府庫，以等待項將軍。派人守關，只是警備盜賊。日夜盼望項將軍到，哪裏敢反？」懇求項伯代為解釋。項伯答應，並約他次早親到鴻門營中來。

項羽聽了項伯的話，芥蒂已消，又見劉邦親到，反而高興起來，留他宴飲。項羽、項伯坐西，范增坐北，劉季坐南，張良坐東。范增主張剪除劉季最力，席間屢次遞眼色給項羽，同時舉起所佩的玉玦。項羽默然不應。范增出去，一會又入來。隨後不久，項莊入來奉酒祝壽。奉畢説道：「君王和沛公飲酒，軍營裏沒有什麼可以助興的，讓我來舞劍！」項羽説：「好！」他便舞起劍來。項伯亦拔劍起舞。項莊屢屢副近劉季，項伯屢屢掩護着劉季。正對舞間，張良出去，一會又入來。隨後，門外喧嚷聲起，一人帶劍持盾闖進來，鼓起眼睛盯着項羽。項羽按劍翹身（時席地坐）問做什麼？張良説：「那是沛公的驂乘樊噲。」項羽説：「壯士！賞他酒。」是一大杯。樊噲拜謝了，一口喝乾。項羽説：「賞他一個豬肩！」那是生的，樊噲把盾覆在地上，把豬肩放在盾上，拔劍切肉便啖。項羽問他可還能飲不，他説：「臣死也不避，何況杯酒？」接着他痛陳劉季的功勞，力數項羽的不是。項羽無話可答，只請他坐，他便挨張良坐下。自從樊噲闖入，舞劍停止。樊噲坐下不久，劉季説要如廁走開，張良跟着他。過了許久，張良單獨回來，帶好些玉器。張良作禮道：「沛公很抱歉，因飲酒過多，不能親來告辭。託下臣帶了白璧一對獻與大王（項羽），玉斗（酒器）一對獻與大將軍（范增）。」項羽問沛公在哪裏，張良説：「他聽説大王有意責難他，已回營去了。」項羽收下白璧，放在几上。范增把玉斗放在地下，拔劍撞個粉碎。

隨後項羽入咸陽，屠城，殺子嬰，燒秦宮室，收財寶婦女，然

後發號施令，分割天下。他尊懷王為義帝，卻只給他湘江上游彈丸之地，都於郴（今縣）。自立為西楚霸王，佔舊楚、魏地九郡，都於彭城；此外他封立了十八個王國，列表如下：

王號	姓名	原來地位	國都	領地	附註
漢王	劉季		南鄭	漢中、巴蜀	
雍王	章邯	秦降將	廢丘	咸陽以西	三人共分關中地，三國合稱三秦
塞王	司馬欣	章邯部下長史	櫟陽	咸陽以東至河	
翟王	董翳	章邯部下都尉	高奴	上郡	
西魏王	魏豹	魏王	平陽	河東	
河南王	申陽	張耳部將，先定河南	洛陽	河南郡	
韓王	韓成	韓王	陽翟	韓地若干郡	
殷王	司馬卬	趙將，先定河內	朝歌	河內	
代王	趙歇	趙王		代郡	
常山王	張耳	趙相，從項羽入關	襄國	趙地大部分	
九江王	英布	項羽部將	六	九江郡一帶	後降劉季，封淮南王
衡山王	吳芮	百越君長，從入關	邾	楚地一部分	
臨江王	共敖	懷王柱國	江陵	楚地一部分	死於漢三年；子尉嗣，四年十二月為漢所虜
遼東王	韓廣	燕王		遼東	後拒臧荼，為所殺
燕王	臧荼	燕將，從項羽入關	薊	燕地大部分	
膠東王	田市	齊王	即墨	齊地一部分	
齊王	田都	齊將	臨淄	齊地大部分	
濟北王	田安	齊王室後，項羽部將	博陽	齊地一部分	

我們看這表便可知道，其中哪些是不會悅服項羽的宰割的人。劉季指望割據關中而只得到僻遠的漢中、巴蜀，不用說了。魏豹由魏王而縮為西魏王，趙歇由趙王而縮為代王，田市由齊王而縮為膠東王，韓廣由燕王而縮為遼東王，都是受了黜降。此外項羽在瓜分天下時所樹的敵人，不見於表中的還有故齊相田榮和故趙將陳餘。當初田儋戰死後，齊人立田假為王，田榮（田儋弟）逐田假更立儋子田市而專齊政。田假走依項梁，由此田榮與項氏有隙。項羽以齊地分王田市、田都、田安，而田榮無份。田榮怎肯甘心？陳餘本與張耳為「刎頸交」。鉅鹿之圍，張求援於陳，而陳竟以利害的計較，按兵不動。兩人從此成仇。但兩人的「革命功績」，實不相上下。項羽因張耳相從入關以趙地的大部分封他為常山王，而僅以南皮等三縣之地封陳餘為侯。陳餘由此深怨項羽。

第五節　楚漢之戰及其結局

漢元年四月，在咸陽新受封的諸王分別就國。張良辭別劉季，往佐韓王，卻送劉季到褒中，臨別，勸他燒絕所過棧道，示無北還之心，劉季依計。

五月，田榮發兵拒田都，擊走之。田榮留田市，不讓他赴膠東。田市懼怕項羽，逃亡就國。田榮追殺之，而自立為齊王。是時昌邑人彭越（以盜賊起）聚眾萬餘人於鉅野，無所屬。田榮給他將軍印，使攻濟北。越擊殺濟北王。於是田榮盡有全齊之地。彭越又進擊楚軍，大破之。陳餘請得田榮的助兵，並盡發南皮三縣兵，共襲常山，張耳

敗逃。二年十月陳餘迎故趙王歇於代，復立為趙王。於是齊趙地盡反楚。是月義帝在就國途次，為項羽命人襲殺於江中。

劉季乘齊變，於元年八月突入關中。章邯兵敗，被圍於廢丘（二年六月廢丘始陷，章邯自殺）。塞王、翟王皆降漢。先是項羽挾韓王成歸彭城，不使就國，繼廢之為侯，繼又殺之。於是張良逃就劉季於關中。劉季以故韓襄王（戰國時）孫信為韓大尉，使共張良將兵取韓地。二年十一月，韓地既定，劉季立信為韓王。先是河南王申陽亦降漢。

項羽權衡西、北兩方敵人的輕重，決定首先擊齊。二年正月，大敗田榮於城陽。田榮遁逃，為人民所殺。項羽坑田榮降卒。提兵北進，一路毀城放火，擄掠婦女。齊人怨叛。榮弟田橫，收散兵，得數萬人，復反城陽。項羽還戰，竟相持不下。劉季乘齊、楚相鬥之際東進，降西魏王豹，虜殷王卬，為義帝發喪，率諸侯兵五十六萬伐楚，遂入彭城。項羽以精兵三萬人還戰，漢軍大潰，被擠落穀水和泗水死的據說有十餘萬人。再戰靈璧東，漢軍又潰，被擠落睢水死的據說也有十餘萬人，睢水幾乎被死屍填塞了。楚軍圍了劉季三匝。適值大風從西北起，折樹發屋，飛沙走石，陰霾蔽天，白晝昏黑。楚軍逆着颶風，頓時散亂，劉季才得帶了幾十騎遁走。但項羽一去齊，田橫復定齊地，立田榮子田廣為王。劉季收聚散卒，又得蕭何徵調關中壯丁轉運關中糧食來援，固守滎陽、成皋（並在今河南成皋縣境，滎陽在東，成皋在西），軍勢復振。先是魏王豹於漢軍敗後，復叛歸楚。漢使淮陰人韓信擊之。九月，韓信俘魏王豹，定魏地。

此後戰爭的發展，可分為三個階段。

第一階段盡漢三年九月。在這一階段，漢正面大敗，而側面猛

進。在正面，漢失滎陽、成皋。劉季先後從滎陽、成皋突圍先遁。其出滎陽時，將軍紀信假扮着他，從東門出，以誑楚軍，他才得從西門逃走，紀信因此被燒殺。在側面，韓信取趙。先是，張耳敗走，投奔漢。劉季微時曾為張耳客，因善待之。及會諸侯兵伐楚，求助於趙，陳餘以漢殺張耳為條件。劉季把一個貌似張耳的人殺了，拿首級送去，陳餘才派兵相助。後來陳餘聞得張耳未死，便絕漢。漢使韓信擊趙，殺陳餘。在這階段，還有兩件大事可記。其一，楚將九江王英布先已離心，又受了漢所遣辯士的誘說，遂舉九江降漢。英布旋被項羽擊敗，隻身逃入漢，但項羽已失去一有力的臂助了。其二，項羽中了漢的反間計，對一向最得力的謀臣范增起了猜疑，范增憤而告退，歸近彭城，疽發背死。

第二階段盡漢四年九月。在這一階段，韓信南下取齊，楚軍援齊大敗，韓信遂定齊地；而彭越（於田榮死後歸漢）為漢守魏地，時出遊兵斷楚糧道，滎陽、成皋的楚軍大窘；項羽抽軍自領回擊彭越，漢乘機收復成皋，並進圍滎陽。項羽引兵還廣武（在滎陽附近，滎澤與汜水之間）與漢相持數月。項羽以前方糧絀、後方又受韓信的抄襲，想和漢決一死戰，而漢按兵不出，只得與漢約和。約定楚漢平分天下，以鴻溝（在廣武滎澤間）為界準，其東屬楚，其西屬漢；楚放還前所擄漢王之父及妻。約成，項羽便罷兵東歸。

以下入最後階段。初時劉季也打算罷兵西歸，張良等力勸乘勢滅楚。五年十月，漢追擊項羽軍於固陵（今河南淮陽縣西北），大敗之。劉季約韓信、彭越會師，而二人不至。先是韓信既定齊，自請立為齊王，劉季忍怒許之；彭越只拜魏相國。至是張良獻計：韓信故鄉在楚，指望做楚王；彭越據魏地亦指望做魏王；若能犧牲楚、魏地的

一部分，許與他們，他們必然效命。劉季依計，二人立即會師。十一月，漢遣別將渡淮圍壽春，又誘降楚舒城守將，使以舒屠六。十二月，項羽至垓下（今安徽靈璧縣東南），兵少食盡，漢軍圍之數重。項羽率八百餘騎潰圍而出，所當辟易：到了長江西岸的烏江（今安徽和縣東北烏江浦）只剩下二十六騎。烏江渡口單擺着一隻小船。烏江亭長請他立即下渡。説道：「江東雖小，也有幾千里地，幾十萬人；現在只有這一隻船，漢兵即使追來，也無法飛渡。」項羽説：「我當初領江東子弟八千，渡江西去，如今無一人歸還，即使江東父老憐恤我，奉我為王，我也有何面目再見他們？他們即使不説話，難道我不問心有愧？」於是把所乘的騅馬賞給了亭長，令他先走。自與從人步行，持短兵接戰。他連接殺了幾百人，身上受了十幾傷，然後拔劍自刎。

五年正月，漢王立韓信為楚王，領淮北，都下邳；立彭越為梁王，領魏地，都定陶。隨後，諸侯向漢王上了一封獻進書如下：

> 楚王韓信，韓王信，淮南王英布，梁王彭越，故衡山王吳芮（項羽所立，旋廢之），趙王張敖（漢立張耳為趙王，先是已死，其子敖嗣），燕王臧荼昧死再拜言：大王陛下，先時秦為無道，天下誅之，大王先得秦王，定關中，於天下功最多。存亡定危，救敗繼絕，以安萬民，功盛德厚，又加惠於諸侯王，有功者使得立社稷。地分已定，而位號比擬天上下之分，大王功德之著於後世不宣。昧死再拜上皇帝尊號。

劉季經過一番遜讓之後，於二月即皇帝位於定陶附近的氾水之北。是月封吳芮為長沙王，領長沙、象郡、桂林、南海四郡；又封故

粵王無諸（秦所廢，後從諸侯伐秦）為閩粵王，領閩中地。初定都洛陽，五月遷都於長安。

劉季做了七年皇帝（前202至前195年）而死，廟號太祖高皇帝（《廣陽雜記》卷二：「考得高祖起沛年四十八，崩時年六十三。」不知何據）。

第九章

大漢帝國的發展

第一節　純郡縣制的重建

　　劉邦即帝位之初，除封了七個異姓的「諸侯王」外，又陸續封了一百三十多個功臣為「列侯」，漢朝的封君，主要的就是這諸侯王和列侯兩級。在漢初，這兩級的差異是很大的。第一，王國的境土「多者百餘城，少者乃三四十縣」；這七個王國合起來就佔了「天下」的一大半。但侯國卻很少有大過一縣的。劉邦序次功臣，以蕭何為首，而蕭何初受封為酇侯時，只食邑八千戶；後來劉邦想起從前徭役咸陽時，蕭何多送了二百錢的賻，又加封給他二千戶；後來蕭何做到相國，又加封五千戶；合共才一萬五千戶。終漢之世，也絕少有超過四萬戶的列侯。第二，諸侯王除享受本國的租稅和徭役外，又握着本國政權的大部分。王國的官制是和中央一樣的。漢代的官制大抵抄襲秦朝。中央有丞相，王國也有之；中央有御史大夫，王國也有之；中央

有太尉，王國則有中尉。王國的官吏，除丞相外，皆由諸侯王任免。但列侯在本「國」，只享受額定若干戶的租稅和徭役（譬如某列侯食五千戶，而該國的民戶超過此數，則餘戶的租稅仍歸中央），並沒有統治權。他們有的住長安，有的在別處做官，多不在本國。侯國的「相」實際是中央所派地方官，和非封區裏的縣令或縣長相等（漢制萬戶以上的縣置令，萬戶以下的縣置長）。他替列侯徵收租稅，卻不臣屬於列侯。在封君當中，朝廷所須防備的只有諸侯王，列侯在政治上是無足輕重的。

最初，諸侯王都是異姓的。異姓諸侯王的存在，並非劉邦所甘願。不過他們在新朝成立之前都早已據地為王。假如劉邦滅項之後，不肯承認他們既得的地位，他們在自危之下，聯合起來，和劉邦抵抗，劉邦能否做得成皇帝，還未可知。所以當劉邦向羣臣詢問自己所以成功的原因，就有人答道：

> 陛下慢而侮人，項羽仁而愛人。然陛下使人攻城略地，所降下者，因以予之，與天下同利也。項羽妒賢嫉能，有功者害之，賢者疑之，戰勝而不予人功，得地而不予人利，此所以失天下也。

不過劉邦在未做皇帝之前，固能「與天下同利」；做了皇帝之後，就不然了。他在帝位未坐穩之前，不能把殘餘的割據勢力一網打盡；在帝位既坐穩之後，卻可以把他們各個擊破。他最初所封諸王，除了僅有衆二萬五千戶的長沙王外，後來都被他解決了。假如劉邦有意重振前朝的純郡縣制度，他很可以把異姓諸侯王的國土陸續收歸中

央。此時純郡縣制度恢復的主要障礙似乎只是心理的。秦行純郡縣制十五年而亡，周行「封建」享祀八百，這個當頭的歷史教訓，使得劉邦和他的謀臣認「封建」制為天經地義。異姓的「諸侯王」逐漸為劉邦的兄弟子姪所替代，到後來，他立誓：「非劉氏而王者天下共擊之。」不過漢初的「封建」制和周代的「封建」制，名目雖同，實則大異。在周代，邦畿和藩國都包涵着無數政長而兼地主的小封君；但在漢初，邦畿和藩國已郡縣化了。而且後來朝廷對藩國的控制也嚴得多：藩國的兵符掌在朝廷所派的丞相手，諸王侯非得他的同意不能發兵。

在高帝看來，清一色的劉家天下比之宗室的異姓雜封的周朝，應當穩固得多了。但事實卻不然。他死後不到二十年，中央對諸侯王國的駕馭，已成為問題。文帝初即位的六年間，濟北王和淮南王先後叛變，雖然他們旋即被滅，但擁有五十餘城的吳王濞又露出不臣的形跡。他收容中央和別國的逃犯，用為爪牙；又倚恃自己熔山為錢、煮海為鹽的富力，把國內的賦稅免掉，以收買人心。適值吳太子入朝，和皇太子（即後日的景帝）賭博，爭吵起來，給皇太子當場用博局格殺了。從此吳王濞稱病不朝，一面加緊地「積金錢，修兵革、聚穀食」。文帝六年，聰明蓋世的洛陽少年賈誼（時為梁王太傅）上了有名的《治安策》，認為時事有「可為痛哭者一，可為流涕者一（今本作可為流涕者三，據夏炘《賈誼政事疏考補》改），可為長太息者六。」其「可為痛哭者一」便是諸侯王的強大難制。他比喻道：「天下之勢，方病大腫，一脛之大幾如腰，一指之大幾如股。」他開的醫方是「眾建諸侯而少其力」，那就是說，分諸侯王的土地，以封他們的兄弟或子孫，這一來諸侯王的數目增多，勢力卻減少。後來文帝分

齊國為六，淮南國為三，就是這政策一部分的實現。齊和淮南被分之前，潁川人晁錯提出了一個更強硬的辦法，就是把諸侯王土地的大部分削歸中央。這個提議，寬仁的文帝沒有理會，但他的兒子景帝繼位後，便立即採用了。臨到削及吳國，吳王濞便勾結膠東、膠西、濟南、淄川（四國皆從齊分出）、楚、趙等和吳共七國，舉兵作反。這一反卻是漢朝政制的大轉機。中央軍在三個月內把亂事平定。景帝乘着戰勝的餘威，把藩國一切官吏的任免權收歸朝廷，同時把藩國的官吏大加裁減，把它的丞相改名為相。經過這次的改革後，諸侯王名雖封君，實為食祿的閑員；藩國雖名封區，實則中央直轄的郡縣了。往後二千餘年中，所行的「封建制」多是如此。

景帝死，武帝繼位，更雙管齊下地去強幹弱枝。他把賈誼的分化政策，極力推行。從此諸侯王剩餘的經濟特權也大大減縮，他們的食邑最多不過十餘城，下至蕞爾的侯國，武帝也不肯放過，每借微罪把它們廢掉。漢制，皇帝以八月在宗廟舉行大祭，叫作「飲酎」，屆時王侯要獻金助祭，叫作「酎金」。武帝一朝，列侯因為酎金成色惡劣或斤兩不夠而失去爵位的，就有一百多人。

景、武之際是漢代統治權集中到極的時期，也是國家的富力發展到極的時期。

秦代十五年間空前的工役和遠征已弄到民窮財盡。接着八年的苦戰（光算楚漢之爭，就有「大戰七十，小戰四十」）。好比在嬴瘵的身上更加剃戕。這還不夠。高帝還定三秦的次年，關中鬧了一場大饑荒，人民相食，死去大半。及至天下平定，回顧從前的名都大邑，多已半付蒿萊，它們的戶口往往十去七八。高帝即位後二年，行過曲逆，登城眺望，極讚這縣的壯偉，以為在所歷的都邑中，只有洛陽可

與相比，但一問戶數，則秦時本有三萬，亂後只餘五千。這時不獨一般人民無蓄積可言，連將相有的也得坐牛車，皇帝也無力置備純一色的駟馬。

好在此後六七十年間，國家大部分享着不斷的和平，而當權的又大都是「黃老」的信徒，守着省事息民的政策。經這長期的培養，社會又從蘇復而趨於繁榮。當武帝即位的初年，據同時史家司馬遷的觀察：「非遇水旱之災，民則人給家足。都鄙廩庾皆滿，而府庫餘貨財。京師之錢累巨萬，貫朽而不可校（計算）。太倉之粟，陳陳相因，充溢露積於外，至腐敗不可食。眾庶街巷有馬，阡陌之間，（馬聚）成羣」。

政權集中，內患完全消滅；民力綽裕，財政又不成問題，這正是大有為之時。恰好武帝是個大有為之主。

第二節　秦、漢之際中國與外族

在敍述武帝之所以為「武」的事業以前，我們得回溯秦末以來中國邊境上的變動。

當秦始皇時，匈奴既受中國的壓迫，同時它東邊的東胡和西邊的月氏（亦一遊牧民族，在今敦煌至天山間，其秦以前的歷史全無可考。《管子·揆度篇》和《逸周書·王會篇》中的禺氏，疑即此族），均甚強盛。因此匈奴只得北向外蒙古方面退縮。但秦漢之際的內亂和漢初國力的疲敝，又給匈奴以復振的機會。適值這時匈奴出了一個梟雄的頭領冒頓單于。冒頓殺父而即單于位，約略和劉邦稱帝同時。他

把三十萬的控弦之士套上鐵一般的紀律，向四鄰攻略：東邊，他滅了東胡，拓地至朝鮮界；北邊，服屬了丁零（匈奴的別種）等五小國；南邊，他不獨恢復蒙恬所取河套地，並且侵入今甘肅平涼至陝西膚施一帶；西邊，他滅了月氏，把國境伸入漢人所謂「西域」中（即今新疆及其以西和以北一帶）。這西域包涵三十多個小國，其中一大部分不久也成了匈奴的臣屬，匈奴在西域設了一個「僮僕都尉」去統轄它們，並且向他們徵收賦稅。冒頓死於文帝六年（前 174 年），是時匈奴已儼然一大帝國。內分三部：單于直轄中部，和漢的代郡、雲中郡相接；單于之下有左右賢王，分統左右兩部；左部居東方，和上谷以東的邊郡相接；右部居西方，和上郡以西的邊郡及氐羌（在今青海境）相接。胡俗尚左，左賢王常以太子充任。

匈奴的土地雖廣，大部分是沙磧或滷澤，不生五穀，而除新佔領的月氏境外，草木也不十分豐盛，因此牲畜不會十分蕃息。他們的人口還比不上中國的一大郡。當匈奴境內人口達到飽和的程度以後，生活的艱難，使他們不得不以劫掠中國為一種副業。而且就算沒有生活的壓迫，漢人的酒穀和彩繒，對於他們也是莫大的引誘。匈奴的人數雖寡，但人人在馬背上過活，全國皆是精兵。這是中國人所做不到的。光靠人口的量，漢人顯然壓不倒匈奴。至於兩方戰鬥的本領，號稱「智囊」的晁錯曾作過精細的比較。他以為匈奴有三種長技：

1. 上下山阪，出入溪澗，中國之馬弗如也。

2. 險道傾仄，且馳且射，中國之騎（兵）弗如也。

3. 風雨疲勞，飢渴不困，中國之人弗如也。

但中國卻有五種長技：

1. 平原易地，輕車突騎，則匈奴之眾易撓亂也。

2. 勁弩長戟，射疏（廣闊）及遠，則匈奴之弓弗能格也。

3. 堅甲利刃，長短相雜，遊弩往來，什伍俱前，則匈奴之兵（器）弗能當也。

4. 材官（騎射之兵）騶（驟）發，矢道同的，則匈奴之革笥木薦弗能支也。

5. 下馬地鬥，劍戟相接，去就相薄，則匈奴之足弗能給也。

這是不錯的。中國的長技比匈奴還多，那麼，漢人對付匈奴應當自始便不成問題了。可是漢人要有效地運用自己的長技，比之匈奴困難得多。匈奴因為是遊牧的民族，沒有城郭宮室的牽累，「來如獸聚，去如鳥散」，到處可以棲息。他們簡直用不着什麼防線。但中國則從遼東到隴西（遼寧至甘肅）都是對匈奴的防線，而光靠長城並不足以限住他們的馬足。若是沿邊的要塞皆長駐重兵，那是財政所不容許的。若臨時派援，則漢兵到時，匈奴已遠揚，漢兵要追及他們，難於捉影。但等漢兵歸去，他們又捲土重來。所以對付匈奴，只有兩種可取的辦法：一是一勞永逸地大張撻伐，拚個你死我活；二是以重賞厚酬，招民實邊（因為匈奴的寇掠，邊地的居民幾乎逃光），同時把全體邊民練成勁旅。前一種辦法，武帝以前沒有人敢採。後一種辦法是晁錯獻給文帝的，文帝也稱善，但沒有徹底實行。漢初七八十年間對匈奴的一貫政策是忍辱修好，而結果殊不討好。當高帝在平城給冒頓圍了七晝七夜，狼狽逃歸後，劉敬獻了一道創千古奇聞的外交妙計：把嫡長公主嫁給單于，賠上豐富的妝奩，並且約定以後每年以匈奴所需的漢產若干奉送，以為和好的條件。這一來匈奴既顧着翁婿之情，又貪着禮物，就不便和中國搗亂了。高帝想不出更好的辦法，只捨不得公主，於是用了同宗一個不幸的女兒去替代。不過單于們所稀

罕的毋寧是「蘗酒萬石，稷米五千斛，雜繒萬匹」之類，而不是託名公主而未必嬌妍的漢女。所以從高帝初年到武帝初年間共修了七次「和親」，而遣「公主」的只有三次。和親使單于可以不用寇掠而得到漢人的財物。但他並不以此為滿足，他手下沒得到禮物或「公主」的將士們更不能滿足。每度和親大抵只維持三幾年的和平。而堂堂中國反向胡兒納幣進女，已是夠丟臉了，賈誼所謂「可為流涕」的事，就是指此。

上面講的，是漢初七八十年間西北兩方面的邊疆狀況，讓我們再看其他方面的情形。

在東北方面，是時朝鮮半島上，國族還很紛紜；其中較大而與中國關係較密的是北部的朝鮮和南部的真番。真番在為燕所征之前無史可稽。朝鮮約自周初以來，燕、齊的人民或因亡命，或因生計所迫，移殖日眾。至遲到了秦漢之際，朝鮮在種族上及文化上皆已與諸夏為一體，在語言上和北燕屬同一區域。在戰國末期（確年無考）燕國破胡的英雄秦開（即副荊軻入秦的秦舞陽的祖父）曾攻朝鮮，取地二千餘里。不久，朝鮮和真番皆成了燕的屬地，燕人為置官吏。秦滅燕後，於大同江外空地築障以為界，對朝鮮控制稍弛，朝鮮名雖臣服於秦，實不赴朝會。漢朝初立，更無遠略，把東北界縮到大同江。高帝死時，燕王盧綰率叛眾逃入匈奴，燕地大亂，燕人衛滿聚黨千餘人，渡大同江，居秦故塞，收容燕、齊的亡命之徒；繼滅朝鮮，據其地為王，並降服真番及其他鄰近的東夷小國。箕子的國祀，經八百餘年，至此乃絕。衛滿沿着朝鮮向來的地位，很恭順地對漢稱臣，約定各保邊不相犯，同時半島上的蠻夷君長要來朝見漢天子時，朝鮮不加阻礙。但到了衛滿的孫右渠（與武帝同時），便再不和漢朝客氣，一方

面極力招誘逃亡的漢人，一方面禁止鄰國的君長朝漢。

在南方，當秦末的內亂，閩越和西南夷，均恢復自主；南越則為故龍川縣（屬南海郡）令真定（趙）人趙佗所割據。漢興，兩越均隸藩封。但南越自高帝死後已叛服不常，閩越當武帝初年亦開始侵邊。而西南夷則直至武帝通使之時，還沒有取消獨立。

以上一切邊境內外的異族當中，足以為中國大患的只有匈奴。武帝對外也以匈奴為主要目標。其滅朝鮮有一部分為的是「斷匈奴左臂」；其通西域全是為「斷匈奴右臂」。

第三節　武帝開拓事業的四時期

武帝一朝對待外族的經過，可分為四期。

（1）第一期包括他初即位的六年（前 141 至前 136 年），這是承襲文、景以來保境安民政策的時期。武帝即位，才十六歲，太皇太后竇氏掌握着朝政。這位老太太是一個堅決的「黃老」信徒。有她和一班持重老臣的掣肘，武帝只得把勃勃的雄心暫時按捺下去。當建元三年（前 138 年）閩越圍攻東甌（今浙江東南部），武帝就對嚴助說：「太尉不足與計，吾新即位，不欲出虎符發兵郡國。」結果，派嚴助持「節」去向會稽太守請兵，「節」並不是發兵的正式徵識，嚴助幾乎碰了釘子。在這一期裏，漢對匈奴不但繼續和親，而且饋贈格外豐富，關市的貿易也格外起勁；可是武帝報仇雪恥的計畫早已決定了。他派張騫去通使西域就在即位的初二年間。

（2）第二期從建元六年竇太后之死至元狩四年大將軍霍去病之兵

臨瀚海，凡十六年（前135至前119年），這是專力排擊匈奴的時期。

竇氏之死，給漢朝歷史劃一新階段。她所鎮抑着的幾支歷史暗流，等她死後，便一齊迸湧，構成捲括時代的新潮。自她死後，在學術界裏，黃老退位，儒家的正統確立；政府從率舊無為變而發奮興作，從對人民消極放任變而為積極干涉。這些暫且按下不表。現在要注意的是漢廷的對外政策從軟弱變而為強硬。她死後的次年，武帝便派重兵去屯北邊；是年考試公卿薦舉「賢良」，所發的問題之一，便是「周之成、康……德及鳥獸，教通四海，海外肅慎，……氐、羌徠服。……嗚呼，何施而臻此歟？」次年，便向匈奴尋釁，使人詐降誘單于入塞，同時在馬邑伏兵三十萬騎，要把單于和他的主力一舉聚殲。這陰謀沒有成功，但一場狠鬥從此開始。

晁錯的估量是不錯的。只要漢廷把決心立定，把力量集中，匈奴絕不是中國的敵手。計在這一期內，漢兵凡九次出塞撻伐匈奴，前後斬虜總在十五萬人以上，只最後元狩四年（前119年）的一次，也是最猛烈的一次，就斬虜了八九萬人。先是元狩二年（前121年），匈奴左地的昆邪王慘敗於霍去病將軍之手，單于大怒，要加誅戮，他便投降漢朝，帶領去的軍士號稱十萬，實數也有四萬多。光在人口方面，匈奴在這一期內，已受了致命的打擊（匈奴比不得中國，便遭受同數目的耗折也不算一回事。計漢初匈奴有控弦之士三十萬，後來縱有增加，在此期內壯丁的耗折總在全數一半以上）。在土地方面，匈奴在這一期內所受的損失也同樣的大。秦末再度淪陷於匈奴的河套一帶（當時稱為「河南」）給將軍衞青恢復了。武帝用《詩經》中讚美周宣王征伐玁狁「出車彭彭，城彼朔方」的典故，把新得的河套地置為朔方郡；以厚酬召募人民十萬，移去充實它；又擴大前時蒙恬所

築憑黃河為天險的邊塞。從此畿輔才不受匈奴的威嚇。後昆邪王降漢，又獻上今甘肅西北的「走廊地帶」（中包括月氏舊地），為匈奴國中最肥美的一片地。武帝把這片地設為武威、酒泉兩郡（後來又從中分出張掖、敦煌兩郡，募民充實之）。從此匈奴和氏羌（在今青海境）隔絕，從此中國和西域乃得直接交通，從此中國自北地郡以西的戍卒減去一半。後來匈奴有一首歌謠，紀念這一次的損失道（依漢人所譯）：

> 亡我祁連山，使我六畜不蕃息！
> 失我焉支山，使我婦女無顏色！

最後在元狩四年的一役，匈奴遠遁至瀚海以北，漢把自朔方渡河以西至武威一帶地（今寧夏南部，介於綏遠和甘肅間地）也佔領了，並且在這裏開渠屯田，駐吏卒五六萬人（惟未置為郡縣），更漸漸地向北蠶食。是年武帝募民七十餘萬充實朔方以南一帶的邊境。

（3）元狩五年至太初三年，凡十七年（前118至前102年）間，是武帝對外的第三期。在這一期內，匈奴既受重創，需要休息，不常來侵寇；武帝也把開拓事業轉向別方：先後征服了南越、西南夷、朝鮮，皆收為郡縣；從巴蜀開道通西南夷，役數萬人；戡定閩越，遷其種族的一大部分於江淮之間，並且首次把國威播入西域。

西域在戰國時是一神話的境地，屈原在《招魂》裏描寫道：

> 西方之害，流沙千里些！
> 旋入雷淵，靡散而不可止些！

幸而得脫，其外曠宇些！

赤螘若象，玄蜂若壺些！

五穀不生，叢菅是食些！

其土爛人，求水無所得些！

　　一直到張騫出使之時，漢人還相信那裏的崑崙山，為日月隱藏之所，其上有仙人西王母的宮殿和苑囿。對這神話的境界，武帝首先作有計劃的開拓。武帝在即位之初，早已留意西域。先時月氏國給匈奴滅了以後，一部分的人眾逃入西域，佔據了塞國（今伊犁一帶），驅逐了塞王，另建一新國，是為大月氏（餘眾留敦煌、祁連間為匈奴役屬的叫作小月氏），對於匈奴，時圖報復。武帝從匈奴降者的口中得到這消息，便想聯絡月氏，募人去和它通使。漢中人張騫應募。這使事是一件很大的冒險。是時漢與西域間的交通孔道還是在匈奴掌握中，而西域諸國多受匈奴的命令。張騫未入西域，便為匈奴所獲，拘留了十多年。他苦心保存着所持的使「節」，終於率眾逃脫。這十多年中，西域起了一大變化。先前有一個遊牧民族，叫作烏孫的，在故月氏國東，給月氏滅了。他們投奔匈奴，被收容着，至是，受了匈奴的資助，向新月氏國猛攻。月氏人被迫作第二次的逃亡，又找到一個富厚而文弱的國家 —— 大夏（今阿富汗斯坦），把它鳩居雀巢地佔據了；遺下塞國的舊境為烏孫所有。張騫到大夏時，月氏人已給舒服的日子軟化了，再不想報仇。張騫留居年餘，不得要領而返，復為匈奴所獲，幸而過了年餘，單于死，匈奴內亂，得間逃歸。騫為人堅忍、寬大、誠信，甚為蠻夷所愛服。他出國時同行的有一百多人，去了十三年，僅他和一個胡奴堂邑父得還。這胡奴在路上給他射鳥獸充

飢，否則他已經絕糧死了。

張騫自西域歸還，是轟動朝野的大事。他給漢人的政治、商業和文化開了一道大門；後來印度佛教的輸入，就是取道西域的。這我國史上空前的大探險，不久成了許多神話的掛釘。《張騫出關志》、《海外異物記》等類誇誕的書，紛紛地堆到他名下。這些可惜現在都失傳了。

張騫第二次出使是在元狩四年，匈奴新敗後。這回的目的是烏孫。原來烏孫自居塞地，國勢陡強，再不肯朝事匈奴，匈奴派兵討它，不勝，從此結下仇隙。張騫向武帝獻計：用厚賂誘烏孫來歸舊地（敦煌、祁連間），並嫁給公主，結為同盟，以斷「匈奴右臂」；烏孫既歸附，則在它西邊大夏（即新月氏）等國皆可收為外藩。武帝以為然，因派張騫再度出使。這回的場面比前次闊綽得多。受張騫統率的副使和將士共有三百多人，每人馬二匹，帶去牛羊以萬數，金幣價值鉅萬（萬萬）。騫至烏孫，未達目的，於元鼎二年（前 115 年）歸還，過了年餘便死。但烏孫也派了一行數十人跟他往漢朝報謝。這是西域人第一次來到漢朝的京都，窺見漢朝的偉大。騫死後不久，他派往別些國的副使也陸續領了報聘的夷人回來；而武帝繼續派往西域的使者也相望於道，每年多的十幾趟，少的也五六趟，第一行大的幾百人，小的也百多人；攜帶的禮物也大致同張騫時一般。於是請求出使西域，或應募前往西域，成了郡國英豪或市井無賴的一條新闢的出路。西域的土產，如葡萄、苜蓿、石榴等植物；音樂如摩訶、兜勒等曲調，成了一時的風尚。烏孫的使人歸去，宣傳所見所聞，烏孫由此重漢。匈奴聞它通漢，要討伐它，烏孫恐懼，乃於元封中（前 110 至前 105 年）實行和漢室聯婚，結為兄弟。但匈奴聞訊，也把一個女兒送來，烏孫王也不敢拒卻，也就一箭貫雙雕地做了兩個敵國的女婿。中

國在西域佔優勢乃是元封三年至太初三年（前108至前102年）間對西域的兩次用兵以後的事。第一次用兵是因為當路的樓蘭、姑師兩小國，受不了經過漢使的需索和騷擾，勾通匈奴，攻劫漢使。結果，樓蘭王被擒，國為藩屬；姑師兵敗國破，雖尚倔強，其後十八年（前90年）終被武帝征服。第二次用兵因為大宛國隱匿着良馬，不肯奉獻；結果在四年苦戰之後，漢兵包圍大宛的都城，迫得宛貴人把國王殺了投降。樓蘭、姑師尚近漢邊，大宛則深入西域的中心。大宛服，而漢的聲威振撼西域，大宛以東的小國紛紛遣派子弟，隨着凱旋軍入漢朝貢，並留以為質。於是漢自敦煌至羅布泊之間沿路設「亭」（驛站），又在渠犁國駐屯田兵數百人，以供給使者。

自漢結烏孫，破樓蘭，降大宛，匈奴漸漸感到西顧之憂。初時東胡為匈奴所滅後，其餘眾分為兩部：一部分退保鮮卑山，因號為鮮卑；一部分退保烏桓山，因號烏桓（二山所在，不能確指，總在遼東塞外遠北之地）。漢滅朝鮮後，又招來烏桓，讓它們居住在遼東、遼西、右北平、漁陽、上谷五郡的塞外。從此匈奴又有東顧之憂。元封六年（前105年）左右，匈奴大約因為避與烏桓衝突，向西退縮；右部從前和朝鮮、遼東相接的，變成和雲中郡相當對；定襄以東，無復烽警，漢對匈奴的防線減短了一半。

武帝開拓事業，也即漢朝的開拓事業，在這第三期，已登峰造極。計在前一期和這一期裏，他先後闢置了二十五新郡；此外他征服而未列郡的土地尚有閩越、西域的一部分和朔方以西、武威以東一帶的故匈奴地。最後一批的新郡，即由朝鮮所分的樂浪、臨屯、玄菟、真番四郡（四郡佔朝鮮半島偏北的大部分及遼寧省的一部分。此外在半島的南部尚有馬韓、弁韓、辰韓三族謂之三韓，包涵七十多國，皆

臣屬於漢），置於元封三年（前 108 年）。越二年，武帝把手自擴張了一倍有餘的大帝國，重加調整，除畿輔及外藩，分為十三州；每州設一個督察專員，叫作「刺史」。這是我國政治制度史上一個重要的轉變。

刺史的制度，淵源於秦朝各郡的監御史。漢初，這一官廢了；有時丞相遣使巡察郡國，那不是常置的職官。刺史的性質略同監御史，而所監察的區域擴大了。秦時監御史的職權不可得而詳。西漢刺史的職權是以「六條」察事，舉劾郡國的守相。那「六條」是：

1. 強宗豪右田宅踰制，以強凌弱，以眾暴寡。

2. 二千石（即食祿「二千石」的官，指郡國的守相）不奉詔書，倍公向私，旁詔牟利，侵漁百姓，聚斂為奸。

3. 二千石不恤疑獄，風厲殺人，怒則任刑，喜則淫賞，煩擾刻暴，制削黎元，為百姓所疾；山崩石裂，妖祥訛言。

4. 二千石選署不平，苟阿所愛，蔽賢寵頑。

5. 二千石子弟，怙倚榮勢，請託所監。

6. 二千石違公下比，阿附豪強，通行貨賂，割損政令。

第一和第六條的對象都是「強宗豪右」——即橫行鄉曲的地主。這一流人在當時社會上的重要和武帝對他們的注意可以想見了。

（4）武帝對外的第四期——包括他最後的十五年（前 101 至前 87 年）。在這一期，匈奴巨創稍愈，又來寇邊。而中國經了三四十年的征戰，國力已稍疲竭，屢次出師報復，屢次失利。最後，在征和三年（前 90 年）的一役，竟全軍盡覆，主帥也投降了。禍不單行，是年武帝又遭家庭的慘變，太子冤死。次年，有人請求在西域輪台國添設一個屯田區，武帝在心灰意冷之餘，便以一道懺悔的詔書結束他一生的開拓事業，略謂：

　　前有司奏，欲益民賦三十（每口三十錢）助邊用。是重困老
弱孤獨也。而今又請田輪台！……乃者貳師（李廣利）敗，軍
士死略離散，悲痛常在朕心。今請遠田輪台，欲起亭隧，是擾
勞天下，非所以優民也。今朕不忍聞。……當今務在禁苛暴，
止擅賦，力本農，修馬復令（馬復令謂許民因養馬以免徭役之
令），以補缺，毋乏武備而已。

　　又二年，武帝死。

　　不過這一期中匈奴的猖獗只是「迴光返照」的開始。在武帝死後
三十四年內（前 86 至前 53 年），匈奴天災人禍，外災內憂，紛至沓
來，弄成它向漢稽首稱臣為止。其間重要的打擊凡三次。第一次（前
72 年），匈奴受漢和烏孫夾攻，人畜的喪亡已到了損及元氣的程度；
單于怨烏孫，自將數萬騎去報復，值天大雪，一日深丈餘，全軍幾盡
凍死；於是烏孫從西面，烏桓從東面，丁令又從北面，同時交侵，
人民死去什三，畜產死去什五；諸屬國一時瓦解。又一次（前 68 年）
鬧大饑荒，據說人畜死去什六七。最後一次，國內大亂，始則五單于
爭立，終則呼韓邪與郅支兩單于對抗；兩單于爭着款塞納降，為漢屬
國，並遣子入侍。後來郅支為漢西域都護所殺，匈奴重復統一，但終
西漢之世，臣服中國不改。跟着匈奴的獨立而喪失的是它在西域的一
切宗主權。它的「僮僕都尉」給漢朝的西域都護替代了。都護駐烏壘
國都（今新疆庫車），其下有都尉分駐三十一國。

第四節　武帝的新經濟政策

武帝的開拓事業，論範圍，論時間，都比秦始皇的加倍；費用自然也加倍。軍需和邊事有關的種種工程費，募民實邊費（徙民衣食仰給縣官數年，政府假與產業），犒賞和給養降胡費，使節所攜和來朝蠻夷所受的遺賂——這些不用說了。光是在元朔五六年（前 124 至前 123 年）間對匈奴的兩次勝利，「斬捕首虜」的酬賞就用去黃金二十餘萬斤。武帝又厲行水利的建設，先後在關中鑿渠六系：其中重要的是從長安引渭水傍南山下至黃河，長三百餘里的運渠；為鄭國渠支派的「六輔渠」和連接涇渭長二百餘里的白公渠。又嘗鑿渠通褒水和斜水長五百餘里，以聯絡關中和漢中；可惜渠成而水多湍石，不能供漕運之用。這些和其他不可勝述的水利工程，又是財政上一大例外的支出。加以武帝篤信幽冥，有神必祭，大禮盛典，幾無虛歲。又學始皇，喜出外巡行，卻比始皇使用更豪爽。元封元年第一次出巡，並登封泰山，所過賞賜，就用去帛百餘萬匹，錢以巨萬計。可是武帝時代的人民，除商賈外，並不曾感覺賦稅負擔的重增。這真彷彿是一件奇跡。

漢朝的賦稅是例外地輕的，在武帝以前只有四項。一是田租：自景帝以後確定為三十稅一。二是算賦和口賦：每人從十五歲至五十六歲年納百二十錢，商人與奴婢加倍，這叫作算賦；每人從三歲至十四歲，年納二十錢，這叫作口賦。三是郡國收來貢給皇帝的獻費：每人年納六十三錢。四是市租：專為工商人而設的。這些賦稅當中，只有口賦武帝加增了三錢，其餘的他不曾加增過分文。此外他只添了兩種新稅，一收舟車稅：民有的軺（小車）車納一算（百二十錢），商人

加倍；船五丈以上一算。二是工商的貨物稅：商家的貨品，抽價值的百分之六（緡錢二千而一算），工業的出品減半，這叫作「算緡錢」（貨物的價值聽納稅者自己報告，報不實或匿不報的，罰戍邊一年，財產沒收，告發的賞給沒收財產的一半，這叫作「告緡」）。無論當時慳吝的商人怎樣叫苦連天（據說當時中產以上的商人大抵因「告緡」破家），這兩種新稅總不能算什麼「橫徵暴斂」。

那麼武帝開邊的巨費大部分從何而出呢？除了增稅，除了鬻爵（民買爵可以免役除罪，武帝前已然。武帝更設「武功爵」，買至五級的可以補官），除了募民入財為「郎」，入奴婢免役，除了沒收違犯新稅法的商人的財產（據說政府因「告緡」所得，財產以億計，奴婢以萬計；田，大縣數百頃，小縣百多頃，宅亦如之）外；武帝的生財大道有二：新貨幣政策的施行和國營工商業的創立。

（1）武帝最初的貨幣政策，是發行成本低而定價高的新幣。以白鹿皮方尺，邊加繪繡，為皮幣，當四十萬錢，限王侯宗室朝覲聘享必須用作禮物。又創鑄銀錫合金的貨幣大小凡三種：龍文，圓形，重八兩三的當三千；馬文，方形的當五百；龜文，橢圓形的當三百。又把錢改輕，令縣官熔銷「半兩錢」，更鑄「三銖錢」；後因三銖錢輕小易假，令更鑄「五銖錢」。又由中央發行一種「赤仄錢」（赤銅做邊的），以一當五，限賦稅非赤仄錢不收。但銀幣和赤仄錢，因為抵折太甚，終於廢棄。而其他的錢幣，因為盜鑄者眾，量增價賤。於是武帝實行幣制的徹底改革。一方面集中貨幣發行權，禁各地方政府鑄錢。一方面統一法幣，由中央另鑄新錢，把前各地方所造質量參差的舊錢收回熔銷。因為新錢的質量均高，小規模的盜鑄無利可圖，盜鑄之風亦息。漢朝的幣制到這時才達到健全的地步。集中貨幣發行權利

和統一法幣的主張是賈誼首先提出的。

（2）武帝一朝所創的國家企業可分為兩類：一、國營專利的實業；二、國營非專利的商業。

國營專利的實業，包括鹽鐵和酒。酒的專利辦法是由政府開店製造出售，這叫作「榷酤」。鹽的專利辦法是由「鹽官」備「牢盆」等類煮鹽器具，給鹽商使用，而抽很重的稅，同時嚴禁民間私造煮鹽器具。鐵的專利辦法是由政府在各地設「鐵官」主辦鐵礦的採冶及鐵器的鑄造和售賣。鹽鐵官多用舊日的鹽鐵大賈充當。

國營非專利的商業有兩種：其一是行於各地方的。以前郡國每年對皇帝各要貢獻若干土產。這些貢品有的因為道路遙遠，還不夠抵償運費，有的半途壞損了。有人給武帝出了一條妙計：讓這些貢品不要直運京師，就拿來做貨本，設官經理，運去行市最高的地方賣了，得錢歸公。這叫作「均輸」。其二是行於京師的。武帝在長安設了一所可以叫作「國立貿易局」，網羅天下貨物，「賤則買，貴則賣」。這叫作「平準」。當時許多商人之被這貿易局打倒是可想見的。

均輸、平準和鹽鐵專利終西漢之世不變。惟榷酤罷於武帝死後六年（前81年）。是年郡國所舉的「賢良文學」議並罷鹽鐵專賣。主持這些國營實業的桑私羊和他們作了一次大辯論。這辯論的記錄便是現存的《鹽鐵論》。

第十章

漢初的學術與政治

第一節　道家學說的全盛及其影響

　　漢初在武帝前的六七十年是道家思想的全盛時代，帝國的政治和經濟都受它深刻的影響。

　　為什麼道家會在這時有這麼大的勢力呢？

　　道家學說的開始廣佈是在戰國末年。接着從秦始皇到漢高祖的一個時期的歷史恰好是道家學說最好的註腳，好像是特為馬上證實道家的教訓而設的。老子說：「法令滋章，盜賊多有。」秦朝就是法令滋章而結果盜賊多有。老子說：「民不畏死，奈何以死懼之？」秦朝就是以死懼民而弄到民不畏死。老子說：「飄風不終朝，驟雨不終日。」秦始皇和楚項羽就都以飄風驟雨的武功震撼一世，而他們所造成的勢力都不終朝日。老子說：「為者敗之，執者失之。」秦始皇就是最「有為」的，而轉眼間秦朝敗亡；項羽就是一個「戰勝而不予人功，得

地而不予人利」的堅執者，終於連頭顱也失掉。老子說：「柔弱勝剛強。」劉邦就是以柔弱勝項羽至剛至強。老子說：「自勝者強。」劉邦的強處就在能「自勝」。他本來是一個「酒色財氣」的人，但入了咸陽之後，因羣臣的勸諫，竟能「財帛無所取，婦女無所幸」，並且對項羽低首下心。老子說：「將欲歙之，必固張之；將欲弱之，必固強之；將欲奪之，必固與之。」劉邦所以成帝業的陰謀，大抵類此。他始則裝聾作聵，聽項羽為所欲為；繼則側擊旁敲，力避和他正面衝突；終於一舉把他殲滅。他始則棄關中給項羽的部將，並且於入漢中後，燒毀棧道，示無還心；繼則棄關東給韓信、英布，以樹項羽的死敵；而終於席捲天下。像這樣的例，這裏還不能盡舉。道家的學說在戰國末年既已流行，始皇的焚書，並不能把簡短精警的五千言從學人的記憶中毀去。他們當戰事平息、痛定思痛之際，把這五千言細加回味，怎能不警覺它是一部天發的神讖。況且當時朝野上下都是鋒鏑餘生，勞極思息；道家「清靜無為」的政策正是合口的味，而且是對症的藥。我們若注意，當第一次歐洲大戰後，於道家學說素無歷史因緣而且只能從譯本中得到朦朧認識的德國青年，尚且會對老子發生狂熱的崇拜，一時《道德經》的譯本有十餘種（連解釋的書共有四五十種）之多；便知漢初黃老思想之成為支配的勢力是事有必至的了。

第一個黃老思想之有力的提倡者，是高祖的功臣曹參。他做齊國的丞相時，聽得膠西有一位蓋公，精通黃老學說，就用厚幣請了來，把自己的正房讓給他住，常去請教；果然任職九年，人民安集，時稱賢相。後來漢丞相蕭何死了，曹參被調去繼任。他一切遵照舊規，把好出風頭的屬員都免了職，換用了樸訥的人。他自己天天飲酒，無所事事。有人想勸他做點事，他等那人來時就請他喝酒，那人正想說話

時，便敬上一杯，直灌到醉了，那人終沒有說話的機會。丞相府的後園，靠近府吏的宿舍，他們常常飲酒，呼叫和歌唱的聲音鬧得人不得安靜。府吏討厭了，請丞相去遊園，讓他聽聽那種聲音，好加以制止；哪知他反在園中擺起酒來，一樣的呼叫和歌唱，竟同隔牆的吏人們相應答。繼曹參的漢相是另一個高帝的功臣陳平。他雖然不像曹參一般裝懶，也是一個黃老信徒。第二個黃老思想之有力的提倡者是文帝的皇后竇氏。她自己愛好《老子》不用說，並且令太子和外家的子弟都得讀這書。有一次她向一位儒生問及這書，那儒生不識好歹，批評了一句，她便大怒，罰他到獸圈裏打野豬，幸虧景帝暗地給他一把特別快的刀，他才不致喪命。她在朝廷中，供養了一位精通黃老學說的處士王生。有一次公卿大會，王生也在場，襪帶解了，回頭瞧着廷尉（最高執法官）張釋之道：「給我結襪！」釋之跪着給他結了。後來王生解釋道：「吾老且賤，自度終無益於張廷尉；廷尉方（為）天下名臣，吾故聊使結襪，欲以重之。」（事在景帝時）一位黃老大師的青睞，能增重公卿的聲價，則當時道家地位可想而知了。

　　文帝對於黃老學說的熱心，雖不及他的皇后；但他一生行事，確是守着道家的「三寶」——「一曰慈，二曰儉，三曰不為天下先」。他慈，他廢除「收孥相坐」（罪及家屬）的律令；廢除「誹謗言之罪」；廢除「肉刑」（殘毀人體的刑）；廢除「祕祝」（掌移過於臣下的巫祝）。他首頒養老令，每月以米和酒肉賜給八十歲以上的人；他甚至把人民的田賦完全免掉（後景帝時恢復）。他儉，他身穿厚繒，有時着草鞋上殿；他最寵愛的慎夫人衣不拖地，帷帳無文繡。有次他想造一座露台，匠人估價需百金，他便道這是中人十家之產，停止不造。他不肯為天下先，所以一任北邊的烽火直逼到甘泉；所以釀成淮南王長、濟

北王興居的叛變，所以養成吳王濞的跋扈，為日後七國之亂的張本。他的一朝，只有消極的改革，沒有積極的興建；只有保守，沒有進取；只有對人民增加放任，沒有增加干涉。不獨他的一朝，整個漢初的六七十年也大抵如此。

但漢初，尤其是文帝時代，黃老思想之最重要的影響，還在經濟方面。自從春秋以來，交通日漸進步，商業日漸發達，貿遷的範圍日漸擴張，資本的聚集日漸雄厚，「素封之家」（素封者，謂無封君之名，而有封君之富）日漸增多，商人階級在社會日佔勢力。戰國時一部分的儒家（如荀子）和法家（如商鞅、韓非）對這新興的階級，都主張加以嚴厲的制裁；儒家從道德的觀點，痛惡他們居奇壟斷，括削農民；法家從政治的觀點，痛惡他們不戰不耕，減損國力。商鞅治秦，按照軍功限制人民私有田土奴婢的數量和服飾居室的享用。這是對於商人的一大打擊。但他這政策後來被持續到什麼程度，還是問題。始皇曾給一個擅利丹穴的富孀築女懷清台，又使牲畜大王烏氏倮歲時奉朝請，同於封君；他和大資本家是打過交道的。但至少在滅六國後，他對於一般商人是採用法家的方略，他在琅邪刻石中的自豪語之一是「重農抑末」。在兵役法上，他使商人和犯罪的官吏同被儘先徵發。秦漢之際的大亂，對於資本家，與其說是摧殘，毋寧說是解放；因為富人逃生，照例比貧民容易；而勾結將吏，趁火打劫，尤其是亂世資本家的慣技，這是最值得注意的事。高帝登極後第三年（前199年）便下令「賈人毋得衣錦繡綺縠絺紵罽，操兵，乘（車），騎馬」（高帝又嘗規定商人納加倍的「算」賦，商人及其子孫不得為官吏，史不詳在何年，當去此令不久或與同時）。假如大亂之後，富商大賈所餘不多，則這樣的詔令根本沒有意義，決不會出現的。此時此令，

表示連純駟馬車也坐不起的新興統治階級，對於在革命歷程中屹立如山的「素封之家」，不免羨極生妒了。高帝此令在商人中間必然惹起很大的忿激。所以過後兩年代相陳豨作反，手下的將帥全是商人。但高帝死後不幾年，道家放任主義的潮流便把他的抑商政策壓倒。關於商人服用之種種屈辱的限制給惠帝撤銷了。「市井子孫，不得仕宦為吏」的禁令，雖在文景之世猶存，恐亦漸漸的有名無實。在武帝即位之初，十三歲為侍中，後來給武帝主持新經濟政策的桑弘羊便是洛陽賈人子。道家放任主義，在經濟上之重要的實施莫如文帝五年的取消「盜鑄錢令」（此禁令至景帝中元六年始恢復）。於是富商大賈，人人可以自開「造幣廠」，利用奴隸和賤值的傭工，入山採銅，無限制地把資本擴大。結果造成金融界的大混亂，通貨膨脹，物價飛騰，人民和政府均受其害。

漢朝統一中國後，一方面廢除舊日關口和橋樑的通過稅，一方面開放山澤，聽人民墾殖；這給工商業以一個空前的發展機會。而自戰國晚期至西漢上半期是牛耕逐漸推行的時代，農村中給牛替代了的剩餘人口，總有一部分向都市宣泄；這又是工商業發展之一種新的原動力。此諸因緣，加以政府的放任，使漢初六七十年間的工商業達到一個階段，為此後直至「海通」以前我國工商業在質的方面大致沒有超出過的。這時期工商界的狀況，司馬遷在《史記·貨殖列傳》裏有很好的描寫。據他的估計，是時通都大邑至少有三十幾種企業，各在一定的規模內，可以使企業家每年的收入比得上食邑千戶的封君（每戶年收二百錢），計：

酤一歲千釀，醯千瓨，醬千甔，屠牛羊彘千皮，販穀糶千

鍾，薪槱千車，船長千丈（諸船積長千丈），木千章，竹竿萬個，其軺車百乘，牛車千輛，木器髤者千枚，銅器千鈞，素木鐵器若卮茜千石，馬蹄躈千，牛千足，羊彘千雙，僮手指千，筋角丹沙千斤，其帛絮細布千鈞，文采千匹，榻布皮革千石，漆千斗，蘖麴鹽豉千荅，鮐千斤，鮿千石，鮑千鈞，棗栗千石者三之，狐貂裘千皮，羔羊裘千石，旃席千具，佗果菜千鍾，子貸金錢千貫。

富商往往同時是大地主，「專川澤之利，管山林之饒」，或抽歲收千分之五的田租。他們的生活，據晁錯所說是「衣必文采，食必粱肉。……因其富厚，交通王侯；力過吏勢，以利相傾；千里遊遨，冠蓋相望，乘堅策肥，履絲曳縞」。據賈誼說，「白縠之表，薄紈之裏」的黻繡，古時天子所服，「今富人大賈，嘉會召客者，以被牆」。

這時期先後產生了兩項制度，無形中使富人成了一種特權階級。一是買爵贖罪制，始於惠帝時，其制，人民出若干代價（初定錢六萬，後有增減），買爵若干級，使得免死刑。於是有了錢的人，簡直殺人不用償命。二是「買復」制，始於文帝時，其制，人民納粟若干（初定四千石），買爵若干級，便免終身的徭役。漢民的徭役有三種（應役的年限，有些時是從二十三歲到五十六歲，有些時從二十歲起）：一是充「更卒」，就是到本郡或本縣或諸侯王府裏服役，為期每年一月，但人民可以每次出錢三百替代，謂之「過更」。其次是充「正卒」，即服兵役。為期兩年，第一年在京師或諸侯王府充衛士；第二年在郡國充材官，騎士（在廬江、潯陽、會稽等處則充樓船兵），在這期內習射御騎馳戰陣。其次是戍邊，每丁為期一年。除了

在北方，邊郡的人民不得「買復」外，在其他的地方，上述三種徭役，富人都可以免掉。

當時的儒者，本着儒家思想，對於驕奢的商賈自然主張制裁的。賈誼便是一例。他說，商賈剝蝕農民的結果，「饑塞切於民之肌膚。……國已屈矣，盜賊直須時耳！然而獻計者曰，毋動為大耳！夫俗至大不敬也，至無等也，至冒上也，進計者猶曰，毋為！可為長太息者〔此其〕一也」。這裏泄露一個重要的消息，當時得勢的黃老派學者無形中竟成了商賈階級的辯護士（司馬遷推崇道家，而亦主張對商人放任。故曰：「善者因之，其次利導之，其次教誨之，其次整齊之，最下者與之爭。」可為旁證）。這卻不是因為他們拜金，或受了商人的津貼。道家要一切聽任自然，富賈大商的興起，並非由於任何預定的計劃，也可以說是一種自然的現象，道家自然不主張干涉了。他們從沒有夢想到人類可以控制自然而得到幸福。「清靜無為」之教結果成了大腹賈的護身符！這誠非以少私寡欲為教的老聃所能夢想得到，但事實確是如此滑稽。

但到了黃老學說成為大腹賈的護身符時，黃老的勢力就快到末日了。

第二節　儒家的正統地位之確立

儒家在漢朝成立之初，本已開始嶄露頭角。高帝的「從龍之彥」，固然多數像他自己一般是市井的無賴，但其中也頗有些知識分子。

單講儒者，就有曾著《新語》十一篇，時常強聒給高帝講說

《詩》、《書》的陸賈；有曾為秦博士、率領弟子百餘人降漢的叔孫通；而高帝的少弟劉交（被封為楚王），乃是荀卿的再傳弟子，《詩》學的名家。高帝即位後，叔孫通奉命和他的弟子，並招魯國儒生三十多人，共同製作朝儀。先時，羣臣都不懂什麼君臣的禮節，他們在殿上會飲，往往爭論功勞；醉了，就大叫起來，拔劍砍柱。

朝儀既定，適值新年，長樂宮也正落成，羣臣都到那邊朝賀。天剛亮，他們按着等級，一班班的被謁者引進殿門。那時期廷中早已排列了車騎，陳設了兵器，升了旗幟。殿上傳一聲「趨！」，殿下的郎中們數百人就夾侍在階陛的兩旁；功臣、列侯、諸將軍、軍吏都向東站立；文官丞相以下都向西站立。於是皇帝坐了輦車出房，百官傳呼警衞；從諸侯王以下，直到六百石的吏員依了次序奉賀，他們沒一個不肅敬震恐的。到行禮完畢，又在殿上置酒，他們都低着頭飲酒，沒有一個敢喧譁失禮的。觴酒到第九次，謁者高唱「罷酒」，他們都肅靜地退出。高帝歎道：「我到今天才知道皇帝的尊貴呢！」於是拜叔孫通為太常（掌宗廟禮儀，諸博士即在其屬下，故亦名太常博士），賜金五百斤。他的助手各有酬庸，不在話下。

高帝本來輕蔑儒者，初起兵時，有人戴了儒冠來見，總要把解下來，撒一泡尿在裏邊。但經過這回教訓，他對於儒者不能不另眼相看了。後來他行經魯國境，竟以太牢祀孔子。

高帝死後，儒家在朝中一點勢力的萌芽，雖然給道家壓倒，但在文、景兩朝，儒家做博士的也頗不少；儒家典籍置博士可考者有《詩》、《春秋》、《論語》、《孟子》、《爾雅》等。而諸侯王中如楚元王交、河間獻王德，皆提倡儒術，和朝廷之尊崇黃老，相映成趣。元王好《詩》，令諸子皆讀《詩》；並拜舊同學申公等三位名儒為中大

夫。獻王興修禮樂，徵集儒籍，立《毛氏詩》、《左氏春秋》博士；言行謹守儒規。山東的儒者多跟隨着他。

　　武帝為太子時的少傅就是申公的弟子王臧，武帝受儒家的薰陶是有素的。他初即位時，輔政的丞相竇嬰（竇太皇太后的姪子）和太尉田蚡（武帝的母舅），皆好儒術，他們乃推薦王臧為郎中令——掌宿宮殿門戶的近臣，又推薦了王臧的同學趙綰為御史大夫。在這班儒家信徒的慫恿之下，武帝於即位的次年（建元元年）詔丞相、御史大夫、列侯、諸侯王相等薦舉「賢良方正直言極諫之士」來朝廷應試。這次徵舉的意思無疑地是要網羅儒家的人才。廣川大儒董仲舒在這次廷試中上了著名的「天人三策」。在策尾，他總結道：

> 《春秋》大一統者，天地之常經，古今之通誼也。今師異道，人異論，百家殊方，指意不同，是以上無以持一統；法制數變，下不知所守。臣愚以為諸不在六藝之科、孔子之術者，皆絕其道，勿使並進。邪辟之說滅息，然後統紀可一，而法度可明，民知所從矣。

同時丞相衞綰也奏道：

> 所舉賢良或治申、商、韓非、蘇秦、張儀之言，亂國政，請皆罷。

這奏給武帝批准了。衞綰不敢指斥黃老，因為竇太皇太后的勢力仍在，但董仲舒所謂「諸不在六藝之科、孔子之術者」，則把黃老也包

括在內了。當文、景時代，太常博士有七十多人，治《五經》及「諸子百家」的均有。經董、衛的建議，武帝後來把不是治儒家《五經》的博士，一概罷黜了，這是建元五年（前 136 年）的事。

武帝又聽王臧、趙綰的話，把申公用「安車蒲輪」招請了來，準備做一番制禮作樂的大事業和舉行一些當時儒者所鼓吹的盛大的宗教儀式。

儒家的張皇生事已夠使竇老太太生氣的了。更兼田蚡等，把竇氏宗室中無行的人，除了貴族的名籍，又勒令住在長安的列侯各歸本國。住在長安的列侯大部分是外戚，且娶公主，不是竇老太太的女婿，便是她的孫婿，都向她訴怨。建元二年，趙綰又請武帝此後不要向竇太皇太后奏事，她忍無可忍，便找尋了趙綰、王臧的一些過失，迫得武帝把他們下獄，結果他們自殺。同時竇嬰、田蚡也被免職，申公也被送回老家去了。但過了四年，竇老太太壽終內寢，田蚡起為丞相。儒家終於抬頭，而且從此穩坐了我國思想史中正統的寶座。

儒之成為正統也是事有必至的。要鞏固大帝國的統治權非統一思想不可，董仲舒已說得非常透徹。但拿什麼做統一的標準呢？先秦的顯學不外儒、墨、道、法。墨家太質樸、太刻苦了，和當時以養尊處優為天賦權利的統治階級根本不協。法家原是秦自孝公以來國策的基礎，秦始皇更把他的方術推行到「毫髮無遺憾」。正唯如此，秦朝曇花般的壽命和秦民刻骨的怨苦，使法家此後永負惡名。賈誼在《過秦論》裏，以「繁刑嚴誅，吏治刻深」為秦的一大罪狀。這充分地代表了漢初的輿論。墨、法既然都沒有被抬舉的可能，剩下的只有儒、道了。道家雖曾煊赫一時，但那只是大騷亂後的反動。它在大眾（尤其是從下層社會起來的統治階級）的意識裏是沒有基礎的，儒家卻有

之。大部分傳統信仰，像尊天敬鬼的宗教和孝悌忠節的道德，雖經春秋戰國的變局，並沒有根本動搖，仍為大眾的良心所倚託。道家對於這些信仰，非要推翻，便存輕視；但儒家對之，非積極擁護，便消極包容。和大眾的意識相冰炭的思想系統是斷難久據津的。況且道家放任無為的政策，對於大帝國組織的鞏固是無益而有損的。這種政策經文帝一朝的實驗，流弊已不可掩。無論如何，在外族窺邊，豪強亂法，而國力既充，百廢待舉的局面之下，「清靜無為」的教訓自然失卻號召力。代道家而興的自非儒家莫屬。

第三節　儒家思想在武帝朝的影響

武帝雖然推崇儒家，卻不是一個儒家的忠實信徒。他所最得力的人物，不是矩範一代的真儒董仲舒（仲舒應舉後，即出為江都相，終身不在朝廷），也不是「曲學阿世」的偽儒公孫弘（雖然弘位至丞相），而是「以峻文決理著」「以鷹隼擊殺顯」的酷吏義縱、王溫舒……之徒，是商人出身的搜括能手桑弘羊、孔僅等。在廟謨國計的大節上，他受儒家的影響甚小。儒家說，「遠人不服，則修文德以來之」；他卻傾全國的力量去開邊，他對匈奴的積極政策，董仲舒是曾婉諫過的。儒家說，「國不以利為利，以義為利」，他的朝廷卻「言利事析秋毫」。他的均輸、平準和鹽鐵政策正是董仲舒所謂「與民爭利業」，違反「天理」的。

不過除了形式上表章六藝、罷黜百家外，武帝也着實做了幾件使當時儒者喝彩的事。

（一）是「受命」改制的實現。鄒衍的「五德終始」說自戰國末年以來已成了普遍的信仰，在漢初，這一派思想已完全給儒家吸收了過來，成了儒家的產業。秦朝倒了，新興的漢朝應當屬於什麼德呢？當初高帝入關，見秦有青、黃、赤、白帝四個神祇的祠，卻沒有黑帝，便以黑帝自居。在五行中說黑是和水相配的，高帝遂以為漢朝繼承了秦的水德，正朔服色等和「德」有關的制度，一仍舊貫。這倒是百忙中省事的辦法。賈誼卻以為漢革秦命，應當屬於克水的土德，提議改正朔，易服色，並於禮樂、政制、官名有一番興革，親自草具方案。在當時的儒者看來，這種改革是新朝接受天命的表示，不可缺的大典。賈誼把草具的方案奏上文帝，但在道家「無為」主義的勢力之下，未得施行。這方案的內容現在只知道「色尚黃，數用五」，這兩點都給武帝採用了。為着「改正朔」，武帝又徵集民間治曆者凡十八派，二十餘人，互相考較，終於採用渾天家（渾天家是想像天渾圓如雞子，地是雞子中黃，天空半覆地上，半繞地下的）落下渾等的測算，制定「太初曆」。這曆法的內容，詳在《漢書·律曆志》。這裏單表它的兩個要點。以前沿用的秦曆以一年的長度為 $365\frac{1}{4}$ 日，現在以一年的長度 $365\frac{385}{1569}$ 日，較精密得多。秦曆「建亥」，現在改用「建寅」。這句話得加解釋，古人以冬至所在月為子，次月為丑，餘類推；建寅就是以寅月（冬至後第二個月）為歲首，餘類推。相傳夏曆建寅，殷曆建丑，周曆建子。孔子主張「行夏之時」。太初曆建寅（後來直至民國前相沿不改）就是實行孔子的話。

（二）是商人的裁抑。除了特別增加商人的捐稅外（詳前章），武帝又規定商人不得「名田」（即置田為產業）。「告緡令」（詳前章）

施行後，據說中產以上的商人大抵破家。

董仲舒曾對武帝建議裁抑富豪和救濟農民的辦法，他說道：

> 秦……用商鞅之法，改帝王之制，除井田，民得賣買（田）。富者田連阡陌，貧者無立錐之地。又專川澤之利，管山林之饒。荒淫越制，踰侈以相高。邑有人君之專，里有公侯之富。小民安得不困？又加月為更卒，已，復為正（卒）一歲，屯戍一歲。力役三十倍於古，田租口賦鹽鐵之利二十倍於古。或耕豪民之田，見稅什伍。故貧民常衣牛馬之衣，而食犬彘之食。重以貪暴之吏，刑戮妄加。民愁無聊，亡逃山林，轉為盜賊。赭衣半道，斷獄歲以千萬數。漢興，循而未改。古井田法雖難猝行，宜少近古，限民名田（謂限制人民私有田地的數量），以贍不足，塞併兼之路。鹽鐵皆歸於民。去奴婢，除專殺之威（廢除奴婢制度），薄賦斂，省徭役，以寬民力，然後可善治也。

這是第一次學者為農民向政府請命；這是封建制度消滅後農民生活的血史第一次被人用血寫出。這血史並沒有引起好大喜功的武帝多大的同情。但他禁商人名田的法令，似乎是受董仲舒「限民名田」的建議的影響。

（三）是教育的推廣。在西周及春秋時代，王室和列國已有類似學校的機關，但只收貴族子弟。孟子「設為庠序」以教平民的理想，至武帝方始實現。先時秦朝以來的太常博士，本各領有弟子；但博士弟子的選擇和任用，還沒有定制，而他們各就博士家受業，也沒有共同的校舍。建元元年，董仲舒對策，獻議「立大學以教於國，設庠序

221

以化於邑。」後來武帝便於長安城外給博士弟子建築校舍，名叫「太
學」；規定博士弟子名額五十，由「太常擇民年十八以上、儀狀端正
者」充當。這些正式弟子之外，又增設跟博士「受業如弟子」的旁聽
生（無定額），由郡國縣官擇「好文學，敬長上，肅政教，順鄉里，
出入不悖」的少年充當。正式弟子和旁聽生均每年考試一次，合格的
按等第任用。於太常外，武帝又令天下郡國皆立學校。但這詔令實行
到什麼程度現在無從得知。先是，景帝末，蜀郡太守文翁在成都市中
設立學校，招各縣子弟入學；學生免除徭役，卒業的按成績差使；平
常治事，每選高材生在旁聽遣，出行則帶着他們，讓傳達教令。縣邑
人民見了這些學生都欽羨不置，爭着送子弟入學。這是我國地方公立
學校的創始。

第十一章

改制與「革命」

第一節　外戚王氏的專權

　　武帝死後，經昭帝和宣帝兩期，和平而繁榮的兩朝，凡四十四年，而至元帝。

　　當元帝做太子時，他的愛妃夭死，臨死時，自言死於非命，由姜婢詛咒所致。太子悲痛到極，許久不去接近宮裏任何女人，長日精神恍惚的。宣帝很替他擔心，叫皇后覓些女子，可以開解他的。皇后選了五人，等他來朝時，給他瞧見，並囑近身的太監暗中探聽太子的意思。太子本來沒有把這五人看在眼裏，怕拂母后意，勉強答道：內中有一人可以，卻沒明說是誰。那太監見五人中獨有一人穿着鑲大紅邊的長褂，並且坐的挨近太子，認為就是她，照稟皇后，皇后便命人把她送到太子宮裏。她叫作王政君，當年她就生了嫡皇孫，即後來的成帝。

元帝即位，王政君成了皇后，嫡皇孫成了太子。元帝晚年，太子耽於宴樂，很使他失望，而皇后又已失寵。他常想把太子廢掉，而另立他新近所戀一個妃嬪的兒子。當他最後臥病時，這妃嬪母子常在他跟前，而皇后和太子難得和他見面；他屢次查問從前景帝易置太子的故事。是時皇后、太子和太子的長舅王鳳，日夜憂懼，卻束手無策，幸虧因一位大臣涕泣力諫，元帝竟息了心。

成帝之世，王鳳四兄弟相繼以「大司馬」（大司馬乃是當時最高的軍政長官）的資格輔政。據王鳳的同僚劉向在一封奏章裏的觀察：

> 王氏一姓，乘朱輪華轂者二十三人。青紫貂蟬，充盈帷內，魚鱗左右。大將軍（王鳳）乘事用權，五侯（鳳諸弟）驕奢僭盛，並作威福，擊斷自恣。……尚書九卿，刺史郡守，皆出其門。筦執樞機，朋黨比周。稱譽者登進，忤恨者誅傷。遊談者助之說，執政者為之言。排擯宗室，孤弱公族，其有智能者，尤非毀而不進。……兄弟據重，宗族盤互。歷上古至秦漢，外戚僭貴，未有如王氏者也。

王鳳諸弟繼任時，雖然不能像他那樣專權獨斷，但王家的勢焰，並沒有稍減。

王太后的兄弟共八人，惟獨弟曼早死，沒有封侯，太后很惦念他，他的寡婦住在宮裏，撫育着幼子王莽。王氏眾侯的公子，個個驕奢淫逸，只知講究車馬聲伎。惟獨王莽謙恭儉樸，勤學博覽，交結賢俊，穿着得同儒生一般。他對寡母，對諸伯叔，對寡嫂孤姪，無不處處盡道，為人所不能為。王鳳病，他在跟前侍候，親自嘗藥，蓬頭

垢面，衣不解帶，一連好幾個月。王鳳臨死，特別把他託付給太后和成帝，其他諸伯叔也無不愛重他。他不久便被升擢到侍中（宿衛近臣），並封新都侯。他爵位愈尊，待人愈敬謹。散資財車馬衣裘，以贈送賓客，贍養名士，又廣交名公巨聊。於是在朝的推薦他，在野的頌讚他，他隱然為一時人望所寄了。

成帝綏和元年（前8年），王莽的叔父大司馬王根因病辭職，薦莽自代。這時莽才三十八歲。他雖位極人臣，自奉仍如寒素。有一回，他的母親病，公卿列侯的夫人來問候，他的夫人出迎，衣不拖地（是時貴婦的衣服是拖地的），用粗布做「蔽膝」，來賓只當她是婢僕，問知是大司馬夫人，無不吃驚。他把受賞賜所得的資財完全散給寒士。又延聘賢良，以充屬吏。他的聲譽隨爵位而起。

次年三月，成帝死，絕後，以姪定陶王嗣位，是為哀帝。王政君雖然升級為太皇太后，王氏的權勢卻暫時為哀帝的祖母家傅氏和母親丁氏所壓倒。是年七月，王莽稱病去職。

第二節　哀帝朝的政治

王莽去職前一月，漢廷議行一大改革，這改革方案的主要條目如下：

（一）一切貴族、官吏及平民，「名田」（謂私有田土）皆不得過三十頃。三年後，過限的充公。

（二）商人皆不得「名田」為吏。

（三）諸侯王蓄奴婢不得過二百人，列侯公主不得過一百人，關

內侯及吏民不得過三十人。年六十以上，十以下，不在數中。三年後過限的充公。

（四）官奴婢，年五十以上，解放為平民，宮人年三十以下，出嫁之。

（五）廢除「任子令」。任子令的規定是，官吏二千石以上，任職滿三年，得蔭子弟一人為「郎」，即皇帝的侍從（這種特權的廢除，宣帝時已有人主張）。

（六）增加三百石以下的官吏的俸祿。

這改革案的發動人師丹在建議裏說道：

> 古之聖王莫不設井田，然後治乃可平。孝文皇帝承亡周亂秦兵革之後……民始充實，未有併兼（資產集中在少數富豪手，當時叫做「併兼」或「兼併」），故不為民田及奴婢為限。今累世承平，豪富吏民，資數鉅萬（謂萬萬），而貧弱愈困。蓋君子為政貴因循而重改作；然所以有改者將以救急也。亦未可詳，宜略為限。

我們把這些話和上一章所載董仲舒對武帝說的話對讀，便可見一個時代要求的持續性。

這改革案和王莽的關係，史無明文，但從他日後在政治上的措施看來，他贊成這改革案是無可疑的。

這改革案奏上後，一時奴婢田地的價值大減。但丁、傅兩家和哀帝的嬖臣董賢覺得它於自己不便，哀帝詔暫緩施行，這就等於把它判了無期徒刑。不久，哀帝賜董賢田二千頃，就把這改革案中最重要的

項目宣告死刑。

董賢是我國歷史中一個極奇特的角色。哀帝即位時，他才十七歲，比哀帝少三歲。他生得異常姣好，哀帝做太子時早已傾心於他，即位後，依然時常與他同臥起。他們間有一件千古傳為話柄的事，一日午睡，董賢枕着哀帝的衫袖，哀帝要下牀，卻怕驚醒了董賢，把衫袖剪斷而起。他對董賢的賞賜，使得他死後董氏家產被籍沒時，賣得四十三萬萬。這還不足為奇，董賢甫二十二歲，在政治上沒有做過一點事，便被冊為大司馬，冊文裏並且用了「允執厥中」的典故，那是《書經》所載帝堯禪位於舜時說的話。這冊文已夠使朝野驚駭了。不久哀帝宴董賢父子，酒酣，從容對董賢說道：「吾欲法堯禪舜何如？」

哀帝想效法帝堯，原有特殊的歷史背景。秦漢以來深入人心的「五德終始」說早已明示沒有一個朝代能夠永久。而自昭帝以來，漢運將終的感覺每每流露於儒生、方士之口。昭帝時有一位眭孟因天變上書，有一段說道：

> 先師董仲舒有言，雖有繼體守文之君，不害聖人之受命。漢家堯後（謂漢高帝為帝堯的後裔）有傳國之運，漢帝……求索賢人，禪以帝位，而退自封百里，如殷、周二王後，以承順天命。

眭孟雖然以妖言伏誅，其後二十年，在宣帝時，有一位蓋寬饒，亦以同類的言論送死。成帝時，太臣谷永因天變上書，也說道：「白氣起東方，賤人將興之徵也；黃濁（塵）冒京師，王道微絕之應也。」稍後亦在成帝時，方士甘忠可昌言：「漢家逢天地之大終，當更受命

於天。」並且供獻種種重要「受命於天」的法術。忠可雖以「假鬼神罔上惑眾」死於獄中，他的弟子夏賀良又把他的一套向哀帝進獻。原來哀帝即位後，久病無子。賀良用這類的話恫嚇他：「漢運已經中衰，應當重新接受天命。成帝不應天命，所以絕嗣。如今陛下久病，天變屢次出現，這就是上天的譴告。」哀帝信了他的話，改建平二年（前5年）為「太初元將」元年，自號為「陳聖劉太平皇帝」，改刻漏百度為百二十度，並大赦天下。這些就是「更受天命」的法術。但是一切實行後，毫無效驗。哀帝在計窮望絕之下，又被一種異常的情感所驅使，便自覺或不自覺地要實行眭孟的主張了。

哀帝冊命董賢為大司馬是在元壽元年（前2年）十二月。次年六月，他還沒有「法堯禪舜」，便倉促死了。

第三節　從王莽復起至稱帝

王莽罷政後不久，被遣歸「國」（即本封的新都，在今河南），閉門韜晦了三年。吏民上書替他訟冤的有一百多次。後來應舉到朝廷考試的士人又在試策裏大大頌讚王莽的功績。哀帝於是召他還京，陪侍太皇太后。他還京年餘，而哀帝死。哀帝又是絕後，他的母后及祖母又皆已前死，大權又回到太皇太后手，這時她七十二歲了。王莽於哀帝死後不幾日，以全朝幾乎一致的推舉，和太皇太后的詔令，復大司馬職。是年九月，他才選了一個年方九歲的中山王做繼任的皇帝，這時朝中已沒有和王莽不協，或敢和王莽立異的人了。次年，王莽既進號太傅安漢公，位諸侯王上，太皇太后又從羣臣的奏請，下詔道：

自今以來，惟封爵乃以聞。他事，安漢公、四輔平決。州牧（成帝末王莽為大司馬時，罷刺史，於每州設長官，稱州牧）、二千石及茂材吏初除奏事者，輒引入，至近署對安漢公，考故官，問新職，以知其稱否。

平帝雖名為天子，連自己的母親衛后也不得見面。她被禁錮在中山，因謀入長安，全家被誅滅。不久平帝亦鬱鬱而死。他一共做了五年傀儡。在這五年間，王莽行了不少的惠政和善政，舉其要者如下：他大封宗室和功臣的後裔，前後不下二百人。他令官吏自「比二千石」以上，年老退休的，終身食原俸三分之一。值凶年，他獻田三十頃，錢百萬，以與貧民，同僚仿行的二百三十人。他在長安城中起了五條街，房屋二百所，給貧民居住。他立法，婦女非身自犯法，不受株連；男子八十以上七歲以下，非家犯大逆不道，被詔名捕，不得拘繫。他賜天下鰥寡孤獨及高年人以布帛。他在郡（王國同）、縣（侯國同）、鄉、聚（較鄉為小）皆設公立學校；在郡的稱「學」，在縣的稱「校」，每所置經師一人；在鄉的稱「庠」，在聚的稱「序」，每所置《孝經》師一人（《孝經》是戰國末出現的一部勸孝的書，託為孔子和弟子對話的記錄）。他擴充太學，增加博士人數至每經五人，於《五經》之外又添立《樂經》；學生增加至萬餘人。又給太學建築宏偉的校舍，其中學生宿舍就有萬多間。他徵求全國通知逸經、古記、天文、曆算、樂律、文字訓詁、醫藥、方技和以「五經」、《論語》、《孝經》、《爾雅》（秦漢間出現的講訓詁的書）教授的人，由地方官以優禮遣送到京。前後應徵的凡數千人，皆令在殿庭上記述所學。他又曾奏上「吏民養生，送終，嫁娶，田宅，奴婢之品」；所謂

「品」就是分等級的限制。董仲舒、師丹的建議，他又打算實行。可惜這方案提出不久，適值衛氏之獄，又被擱起，後來不知何故，竟沒有重提；其詳細節目不得而考了。

謳歌和擁戴王莽的人自然不會缺少。當平帝選后，王莽拒絕把女兒參加候選時，就每日有千餘人，包括平民、學生和官吏，守闕上書，「願得公女為天下母」，結果他的女兒不待候選便直接做了皇后。當皇后正位後，羣臣請求給他「大賞」時，就有八千多人上書附和。當他拒絕接受賞田時，就先後有吏民四十八萬七千五百七十二人，上書朝廷，聲言對他「亟宜加賞」。

在這時期，王莽處處以周公為榜樣，朝野也以周公看待他。傳說周公輔政時，有南方遠夷越裳氏來獻白雉，為周公功德及遠的表徵；是時也有益州塞外（今安南境）蠻夷，自稱越裳氏，來獻白雉和黑雉，其後四夷聲言因慕義而來朝貢的絡繹不斷。周公「託號於周」，所以朝廷的公論要給王莽以安漢公的稱號。周公位居總領百僚的太宰，所以朝廷的公論要為他特設「宰衡」一職，位在諸侯王之上（宰衡是兼採太宰和阿衡之號，商湯大臣伊尹，號阿衡，曾輔湯孫太甲）。周公的七個兒子都封為諸侯，所以朝廷的公論要把他的兩個兒子（他原有四子，一因殺奴，為他迫令自殺；一因助衛氏，伏誅；後來又一因謀殺他，為他迫令自殺）都封侯。最後，傳說周公當成王幼小時，曾暫時替代他做天子，謂之「居攝」，於是就有一位侯爵的宗室上書，說「今帝富於春秋，宜令安漢公行天子事，如周公。」這件想像的史事正要開始重演時，平帝病死，又是絕後。是月就有人奏稱，武功縣長淘井，得白石，上有丹漆寫的文字：「告安漢公莽為皇帝」。王莽卻經問卜和看相之後，選了一個最吉的兩歲的宗室子嬰，

做平帝的後嗣，同時他受同僚的推戴和太皇太后勉強下的詔令，實行「居攝」，他令臣民稱他為「攝皇帝」。他祭祀及朝見太皇太后時，自稱「假皇帝」（假有代理之意，非言偽）。

在王莽「居攝」的頭兩年間，安眾侯劉崇及東郡太守翟義先後起兵討伐他，皆敗死。第三年（公元 8 年），宣示天意要王莽做皇帝的「符命」接叠而起。是年十一月，王莽奏上太皇太后，請（許莽）：

> 共事神祇宗廟，奏言太皇太后、孝平皇后，皆（仍）稱假皇帝，其號令天下，天下奏言事，毋言攝，以居攝三年為初始元年，漏刻以百二十為度，用應天命。臣莽夙夜養育，隆就孺子，令與周之成王比德；宣明太皇太后威德於萬方，期於富而教之。孺子加元服，「復子明闢」（謂待子嬰長大後，還他帝位），如周公故事。

次月，某日黃昏時，有梓潼人哀章，穿着黃衣，拿了一個銅盒，送到漢高祖廟。盒裏裝着兩卷東西：一卷題為《天帝行璽金匱圖》，一卷題為《赤帝行璽劉邦傳予黃帝金策書》。策書的大意是説王莽應為真天子，太皇太后應從天命。守廟的人奏聞王莽。次日一早王莽便到高廟拜受這銅盒，即所謂「金匱」，然後謁見太皇太后，然後還坐殿廷，下書道：

> 予以不德，託於皇初祖考黃帝之後，皇始祖考虞帝之苗裔，而太皇太后之末屬。皇天上帝隆顯大佑，成命統序，符契圖文，金匱策書，神明詔告，屬予以天下兆民。赤帝漢氏高皇帝之靈，

承天命傳國金策之書，予甚祇畏，敢不欽受？以戊辰直「定」（定
是建除等十二日次之一），御王冠，即真天子位。定有天下之號
曰「新」。其改正朔，易服色，變犧牲，殊徽幟，異器制。以
十二月朔癸酉為始建國元年正月之朔。

第四節　王莽的改革

王莽即真後，除了「改正朔，易服色」等外，還要改變全國的
經濟機構。他自從少年得志以來，可謂從心所欲，無不成為事實。
現在他要依照先聖的啟示，理性的喚召，為大眾的福利和社會的正
義，去推行一種新經濟的制度，還會遇到不可克服的阻礙嗎？孟子
所提倡而認為曾經存在過的「井田」制度，時常閃爍於西漢通儒的
心中。不過董仲舒和師丹都認為「井田」制「難猝行」，不得已而
思其次，提出「限民名田」的辦法。王莽在勝利和樂觀、信古和自
信之餘，便完全看不見董仲舒和師丹所看見的困難了。他不但要實
行「井田」制度，並且要同時改革奴隸的制度，始建國元年（公元
9年）王莽下詔道：

古者設廬井八家，一夫一婦田百畝，什一而稅，則國給民富
而頌聲作。此唐、虞之道，三代所遵行也。秦為無道，……壞
聖制，廢井田，是以兼併起，貪鄙生，強者規田以千數，弱者曾
無立錐之居。又置奴婢之市，與牛馬同欄，制於民臣，專斷其命
（謂吏民得擅殺奴婢）。奸虐之人，因緣為利，至略賣人妻子。

逆天心，悖人倫，謬於「天地之性人為貴」（語出《孝經》）之
義。……漢氏減輕田租，三十而稅一，常有更賦，疲癃咸出。
而豪民侵陵，分田劫假。厥名三十稅一，實什稅五也。父子夫
婦，終年耕耘，所得不足以自存。故富者犬馬餘菽粟，驕而為
邪；貧者不厭糟糠，窮而為奸。俱陷於辜，刑用不措。……今
更名天下田曰王田，奴婢曰私屬，皆不得賣買。其男口不盈八而
田過一井者，分餘田予九族鄰里鄉黨。故無田，今當受田者如制
度。致有非井田聖制，無法惑眾者，投諸四裔，以御魑魅，如皇
始祖考虞帝故事。

這道詔書亦宜與董仲舒請限民名田及廢除奴婢的奏章對讀。這道詔書
所提出的改革，分析如下：

（一）田地國有，私人不得買賣（非耕種的土地，似不在此限）。

（二）男丁八口以下之家佔田不得過一井，即九百畝。關於男丁
八口以上之家無明文，似當以「八丁一井」的標準類推，有爵位食賞
田的當不在此限。

（三）佔田過限的人，分餘田與宗族鄉鄰。

（四）無田的人，政府與田；所謂「如制度」，似是依「一夫一
婦田百畝」的辦法。有田不足此數的亦當由政府補足。

（五）現有的奴婢，不得買賣（但沒有解放）。買賣自由人為奴
婢，雖沒有提及，當亦在禁止之列。現有的奴婢的子孫是否仍聽其承
襲為奴婢，亦沒有明文。若否，則是王莽要用漸進的方法廢奴；若
是，則他並不是要完全廢奴。

這道詔令實際上曾被施行到什麼程度，不可確考。據說「坐賣

買田宅奴婢……自諸侯卿大夫至於庶民，抵罪者不可勝數」。可惜這幾句話太籠統了。這道詔令的推行所必當碰到的困難和阻礙是怎樣，歷史上亦沒有記載。但是到了始建國四年，有一位中郎區博進諫道：

> 井田雖聖王法，其廢久矣。……今欲違民心，追復千載絕跡，雖堯、舜復起，而無百年之漸，弗能行也。天下初定，萬民新附，誠未可施行。

王莽聽了他的話，便下詔：

> 諸名、食、王田，皆得賣之，勿拘以法。犯私買賣庶人者，且一切勿治。

這裏只涉及上列的第一項及第五項的一部分。其餘各節不知是否亦連帶撤銷。但我們要注意，他的解禁並不否認始建國元年的詔令在四年間所已造成的事實。

除了關於土地和奴婢的新法外，王莽在民生及財政上還有六種重要的興革：

（一）國營專利事業的推廣。武帝時國家已實行鹽鐵和酒的專賣，其後酒的專賣廢於昭帝時；鹽鐵的專賣，元帝時廢而旋復。王莽除恢復酒的專賣外，更推廣國家獨佔的範圍及於銅冶和名山大澤的資源的開採，同時嚴禁人民私自鑄錢。

關於這一項立法的用意，王莽曾有詔說道：

　　夫鹽，食肴之將（將帥）；酒，百藥之長，嘉會之好；鐵，
田農之本；名山大澤，饒衍之藏；五均賒貸，百姓所取平，仰以
給贍；錢布銅冶，通行有無，備民用也。──此六者非編戶齊
民所能家作，必仰於市，雖貴數倍，不得不買。豪民富賈，即要
（要挾）貧弱。先聖知其然也，故榦（謂由國家經營）之。

　　（二）國家放款的創始。人民因祭祀或喪事所需，得向政府借
款，不取利息；還款期限，祭祀十日，喪事三月。人民因經營生業，
得向政府借款，每年納息不過純淨贏利的十分之一。

　　（三）國營「平價」貿易的創始。五穀布帛絲綿等類日常需用之
物，遇滯銷時，由政府照本收買。政府在各地算出這類貨物每季的平
均價格（各地不必同）。若貨物的市價超過平均價，則政府照平均價
出賣，若低過平均價，則聽人民自由買賣。這制度雖然與武帝所行的
平準法有點相似，但用意則極不相同，後者目的在政府贏利，前者則
在維持一定的物價水準，便利消費者而防止商人的囤積居奇。

　　（四）荒棄土地稅的創始。不耕的田和城郭中不種植的空地皆
有稅。

　　（五）處理無業遊民的新法。無業的人每丁每年須繳納布帛一
匹，不能繳納的由縣官徵服勞役，並供給其衣食。

　　（六）所得稅的創始。對一切工商業（包括漁獵牧畜，巫醫卜祝，
旅店經營以至婦女之養蠶，紡織和縫補），取純利十一分之一，叫作
「貢」，政府收入的貢即為放款與人民的本錢。貢稅與現代所得稅的
異點在前者沒有累進的差別，亦沒有免徵的界限。

　　以上的制度，除銅冶的專利公佈於始建國元年外，其餘皆在始建

國二年以後陸續公佈，其被實際施行的程度和推行時所遇的困難和阻礙，歷史上亦均無記載。銅冶的專利弛於始建國五年，山澤的專利弛於地皇三年（公元 22 年），次年王莽便敗死。

第五節　新朝的傾覆

王莽對於立法的效力有很深的信仰，他認為「制定天下自平」。除上述一切關於民生和財政的新法外，他對於中央和地方的官名官制、行政區域的劃分以及禮樂刑法無不有一番改革。他自即真以來，日夜和公卿大臣們引經據典地商討理想的制度，議論連年不休。他沿着做大司馬時的習慣，加以疑忌臣下，務要集權攬事，臣下只有唯諾敷衍，以求免咎。他雖然忙到每每通宵不眠，經常的行政事務，如官吏的遴選、訟獄的判決等卻沒有受到充分的理會。有些縣甚至幾年沒有縣長，缺職一直被兼代着。地方官吏之多不得人是無足怪的。更兼他派往各地的鎮守將軍，「繡衣執法」，以及絡繹於道的種種巡察督勸的使者又多是貪殘之輩，與地方官吏相緣為奸。在這樣的情形之下，即使利民的良法，也很容易變成病民。何況像貢稅和荒地稅本屬苛細。國家專利的事業禁民私營，像鑄錢和銅冶，犯者鄰里連坐，這又給奸吏以虐民的機會。

在王莽的無數改革中有一件本身甚微而影響甚大的，即王爵的廢除，因此從前受漢朝冊封為王的四夷的君長都要降號為侯，並且更換璽印。為着這事，朝鮮的高勾驪、西南夷句町先後背叛。王莽對他們純採高壓政策。他派十二將領甲卒三十萬，十道並出，去伐匈奴。

因為兵士和軍用的徵發的煩擾，內郡人民致有流亡為「盜賊」的，并州、平州尤甚。出征的軍隊屯集在北邊，始終沒有出擊的機會。邊地糧食不給，加以天災，起大饑荒，人民相食，或流入內郡為奴婢。邊地的屯軍，生活困苦，又荼毒地方，五原、代郡，受禍尤甚；其人民多流為「盜賊」，數千人為一夥，轉入旁郡，經一年多，才被平定。北邊郡縣卻大半空虛了。為伐匈奴，強徵高勾驪的兵，結果高勾驪亦叛，寇東北邊。征句町的大軍，十分之六七死於瘟疫，而到底沒有得到決定的勝利。為給軍用，賦斂益州人民財物至於十收四五。益州因而虛耗。以上都是王莽即位以來八年間的事。

從新朝的第九年（是年莽六十二歲）至第十四年（公元 17 至 22年）間，國內連年發生大規模的天災，始而枯旱，繼以飛蝗。受災最重的地方是青、徐二州（今山東的東南部和江蘇的北部）和荊州（今河南的南部和湖北的北部）。災害的程度，除了表現於四方蜂起的饑民暴動外，還有二事可徵：其一，山東饑民流入關中求食的就有數十萬人；其二，王莽分遣使者往各地，教人民煮草木為「酪」，以代糧食，這種「酪」卻被證明是無效的替代品。

暴動的饑民，起初只游掠求食，常盼年歲轉好，得歸故里；不敢攻佔城邑，無文告旗幟，他們的魁帥亦沒有尊號，他們有時俘獲大吏也不敢殺害。因將吏剿撫無方，他們漸漸圍聚，並和社會中本來不飢的梟悍分子結合，遂成為許多大股的叛黨。其中最著者為萌芽於琅琊而蔓延於青、徐的「赤眉」（暴動者自赤其眉，以別於官軍，故名）和最初窟穴於綠林山（在今湖北當陽）而以荊州為活動範圍的綠林軍。二者皆興起於新朝的第九年。綠林賊後來分裂為下江兵和新市兵。

第十三年（即地皇二年，公元 21 年），王莽遣太師羲仲景尚、更始將軍王黨將兵擊青、徐。同時又遣將擊句町，並令天下轉輸穀帛至北邊的西河、五原、朔方和漁陽諸郡，每郡以百萬數，預備大舉伐匈奴。是年曾以剿賊立大功，領青、徐二州牧事的田況，上平賊策道：

> 盜賊始發，其原甚微，部吏伍人所能擒也。各在長吏不為意，縣欺其郡，郡欺朝廷，實百言十，實千言百。朝廷忽略，不輒督責，遂致延蔓連州。乃遣將率（率乃新朝將帥之稱）多發使者，傳相監趣（促）。郡縣力事上官，應塞詰對。供酒食，具資用，以救斷斬。不給（暇）復憂盜賊，治官事。將率又不能躬率吏士，戰則為賊所破，吏氣浸傷，徒費百姓。前幸蒙赦令，賊欲解散，或反遮擊，恐入山谷轉相告語。故郡縣降賊，皆更驚駭，恐見詐滅。因饑饉易動，旬日之間，更十餘萬人。此盜賊所以多之故也。今洛陽以東，米石二千。竊見詔書欲遣太師、更始將軍（指羲仲景尚與王黨）。二人爪牙重臣，多從人眾，道上空竭；少則無以威視遠方。宜急選牧尹以下，明其賞罰。收合離鄉、小國，無城郭者，徙其老弱，置大城中，積藏穀食，並力固守。賊來攻城則不能下，所過無食，勢不得羣聚。如此招之必降，擊之則滅。今空復多出將率，郡縣苦之，反甚於賊。宜盡徵還乘傳諸使者，以休息郡縣，委任臣況以二州盜賊，必平定之。

王莽不聽，反免田況職，召還京師。

第十四年二月，羲仲景尚戰死。四月，莽繼派太師王匡和更始將軍廉丹，將銳士十餘萬，往征青、徐。大軍所過百姓唱道：

寧逢赤眉，不逢太師。

太師尚可；更始殺我！

十月，廉丹戰死，全國震動。十一月，下江、新市兵與平林、春陵兵聯合。平林、春陵兵皆以其興起之地名，先後皆於是年興起。春陵兵的領袖乃漢朝皇室的支裔劉縯和劉秀兩兄弟。

第十五年，二月，下江、新市等聯軍擁立劉玄為皇帝，改元更始。劉玄亦漢朝皇室的支裔，他即位之日，對羣臣羞愧流汗，舉手不能言語。是時聯軍攻宛城未下，他駐蹕宛城下。三月王莽詔發郡國兵四十餘萬，號百萬，會於洛陽，以司空王邑、司徒王尋為將。五月，二王率其兵十餘萬由洛陽向宛進發，路過昆陽，時昆陽已降於聯軍，二王首要把它收復。部將嚴尤獻議道：「今僭號的人在宛城下，宛城破，其他城邑自會望風降服，不用費力。」王邑道：「百萬大軍，所過當滅。如今先屠此城，喋血而進，前歌後舞，豈不快哉！」於是縱兵圍城數十重，城中請降，王邑不許。嚴尤又獻計道：兵法上説，「歸師勿遏，圍城為之闕」，可依此而行，使城中賊得路逃出，好驚怖宛下。王邑不聽。先是當城尚未合圍時，劉秀漏夜從城中逃出，請救兵。六月劉引救兵到，自將步騎千餘為前鋒。二王亦派兵迎擊，卻連戰皆敗。劉秀乃率敢死隊三千人從城西水上衝官軍的中堅。二王根本輕視他，自將萬餘人出陣，令其他營伍各守本部，不得擅動。二王戰不利，大軍又不敢擅來救援。二王陣亂，劉秀乘勢猛攻，殺王尋。城中兵亦鼓譟而出，內外夾擊，震呼動天地，官軍大潰，互相踐踏，伏尸百餘里。是日風雷大作，雨下如注，近城的河川盛潦橫溢，官兵溺死以萬計，得脱的紛紛奔還本鄉。王邑只領着殘餘的「長安勇敢」

數千，遁歸洛陽。消息所播，四方豪傑，風起雲湧地舉兵響應，旬月之間，遍於國中，他們大都殺掉州牧郡守，自稱將軍，用更始的年號，等候着新主的詔命。九月，響應更始的「革命」軍入長安，城中市民亦起暴動相應，王莽被殺，手刃他的是一個商人。他的屍體被碎裂，他的首級被傳送到宛。

做過王莽的「典樂大夫」的桓譚在所著《新論》裏曾以漢高帝與王莽比較，指出王莽失敗的原因，說道：

> 維王翁（即莽）之過絕世人有三焉：其智足以飾非奪是，辯能窮詰說士，威則震懼羣下，又數陰中不快已者。故羣臣莫能抗答其論，莫敢干犯匡諫。卒以致亡敗。其不知大體之禍也。夫（知）帝王之大體者，則高帝是已。高帝曰：張良、蕭何、韓信，此三子者，皆人傑也。吾能用之，故得天下，此其知大體之效也。王翁始秉國政，自以通明賢聖，而謂羣下才智莫能出其上，則故舉措興事，輒欲自信任，不肯與諸明習者通，……稀獲其功效焉。故卒遇破亡。此不知大體者也。高帝懷大智略，能自揆度羣臣。制事定法，常謂曰：庳而勿高也，度吾所能行為之。憲度內疏，政合於時。故民臣樂悦，為世所思。此知大體者也。王翁嘉慕前聖之治，……欲事事效古而不知……已之不能行其事。釋近趨遠，所尚非務。……此不知大體者也。高祖欲攻魏，乃使人窺視其國相，及諸將卒左右用事者。乃曰：此皆不如吾蕭何、曹參、韓信、樊噲等，亦易與耳。遂往擊破之，此知大體者也。王翁前欲北伐匈奴，及後東擊青、徐衆郡，赤眉之徒，皆不擇良將，但以世姓及信謹文吏，或遣親屬子孫素所愛

好，或無權智將帥之用。猲使據軍持眾，當赴強敵。是以軍合則損，士眾散走。……（此）不知大體者也。

第六節　東漢的建立及其開國規模

新朝倒塌後，革命勢力的分化和衝突，乘時割據者的起仆和一切大規模和小規模的屠殺、破壞，這裏都不暇陳述。總之，分裂和內戰，繼續了十四年，然後全中國統一於劉秀之手。

劉秀成就帝業的經過，大致如下。他起兵初年追隨其兄劉縯之後。昆陽之戰後不久，劉縯為更始所殺。時秀統兵在外。聞訊立即馳往宛城，向更始謝罪，沿途有人弔唁，他只自引咎，不交一句私語。他沒有為劉縯服喪，飲食言笑，一如平常。更始於是拜他為破虜大將軍，封武信侯。是年，更始入駐洛陽，即派他「行大司馬事」，去安撫黃河以北的州郡。當他渡河時，除了手持的麾節外，幾乎什麼實力也沒有。他收納了歸服的州郡，利用他們的兵力去平定拒命的州郡。在兩年之間，他不獨成黃河以北的主人，並且把勢力伸到以南。在這期間，更始定都於長安，封他為蕭王；他的勢力一天天膨脹；更始開始懷疑他，召他還京了；他開始抗拒更始的命令了，他開始向更始旗下的將帥進攻了。最後，在更始三年六月，當赤眉迫近長安，更始危在旦夕的時候，他即皇帝位於鄗南，改元建武，仍以漢為國號（史家稱劉秀以後的漢朝為後漢或東漢，而別稱劉秀以前的漢朝為前漢或西漢）。先是，有一位儒生從關中帶交他一卷「天書」，上面寫着：

　　劉秀發兵捕不道，四夷雲集龍鬥野；四七之際火為主。

　　是年，赤眉入長安，更始降。接着，劉秀定都於洛陽。十二月，更始為赤眉所殺。赤眉到了建武三年春完全為劉秀所平定。至是，前漢疆域未歸他統治的，只相當於今甘肅、四川的全部和河北、山東、江蘇的各一小部分而已。這些版圖缺角的補足，是他以後十年間從容綽裕的事業。

　　劉秀本是一個沒有多大夢想的人。他少年雖曾游學京師，稍習經典，但他公開的願望只是：

　　作官當作執金吾，娶妻當娶陰麗華。

執金吾彷彿京城的警察廳長，是朝中的第三四等的官吏。陰麗華是南陽富家女，著名的美人，在劉秀起兵的次年，便成了他的妻室。他的起兵並不是抱着什麼政治的理想。做了皇帝以後，心目中最大的政治問題似乎只是怎樣鞏固自己和子孫的權位而已。他在制度上的少數變革都是朝着這方向的。第一是中央官制的變革。在西漢初期，中央最高的官吏是輔佐君主總理庶政的丞相和掌軍政的太尉、掌監察的御史大夫，共為三公。武帝廢太尉設大司馬，例由最高的統兵官「大將軍」兼之。成帝把御史大夫改名為大司空，哀帝又把丞相改名為大司徒。在西漢末期，專政的外戚例居大司馬、大將軍之位，而大司徒遂形同虛設了。劉秀把大司徒、大司空的大字去掉，把大司馬復稱太尉，不讓大將軍兼領。同時他「慍數世之失權，忿強臣之竊命，矯枉過直，政不任下，雖置三公，備員而已」（東漢人仲長統語）。他把

三公的主要職事移到本來替皇帝掌管文書出納的尚書台。在官職的等級上，尚書台的地位是很低的。它的長官尚書令祿只千石，而三公祿各萬石。他以為如此則有位的無權，有權的無位，可以杜絕臣下作威作福了。第二是地方官制的變革。西漢末年，把刺史改稱為州牧，把他的秩祿從六百石增到二千石，但他的職權並沒有改變。州牧沒有一定的治所，每年周行所屬郡國，年終親赴京師陳奏。他若有所參劾，奏上之後，皇帝把案情發下三公，由三公派員去按驗，然後決定黜罰。劉秀定制，州牧復稱刺史，有固定治所，年終遣吏入奏，不用親赴京師，他的參劾，不再經三公按驗，而直接聽候皇帝定奪。這一來三公的權減削而刺史的權提高了。第三是兵制的變革。劉秀在建武七年三月下了一道重要的詔令道：

> 今國有眾軍，並多精勇。且罷輕車、騎士、材官、樓船士……

這道詔令的意義，東漢末名儒應劭（曾任泰山太守）解釋道：

> （西漢）高祖命天下郡國選能引關蹶張、材力武猛者，以為輕車、騎士、材官、樓船。常以立秋後，講肄課試，各有員數。平地用（輕）車、騎（士），山阻用材官，水泉用樓船。……今悉罷之。

這道詔令使得此後東漢的人民雖有服兵役的義務，卻沒有受軍事訓練的機會了。應劭又論及這變革的影響道：

　　　　自郡國罷材官、騎士之後，官無警備，實啟寇心。一方有
　　難，三面救之。發興雷震……黔首囂然。不及講其射御……
　　一旦驅之以即強敵，猶鳩鵲捕鷹鸇，豚羊弋豺虎。是以每戰常
　　負。……爾乃遠征三邊，殊俗之兵，非我族類，恣鷙縱橫，多
　　僵良善，以為己功，財貨糞土。哀夫！民氓遷流之咎，見出在
　　茲。「不教民戰，是為棄之。」跡其禍敗，豈虛也哉！

　　末段是說因為郡國兵不中用，邊疆有事，每倚靠僱傭的外籍兵即所謂
胡兵；而胡兵兇暴，蹂躪邊民，又需索犒賞，費用浩繁。應劭還沒有
說到他所及見的一事：後來推翻漢朝的董卓，就是胡兵的領袖，憑藉
胡兵而起的。

　　郡國材官、騎士等之罷，劉秀在詔書裏明說的理由是中央軍隊已
夠強眾，用不着他們。這顯然不是真正的理由。在徵兵制度之下，為
國家的安全計，精強的兵士是豈會嫌多的？劉秀的變革無非以強幹弱
枝，預防反側罷了。郡國練兵之可以為叛亂的資藉，他是親自體驗到
的。他和劉縯當初起兵，本想藉着立秋後本郡「都試」——即壯丁齊
集受訓的機會，以便號召，但因計謀泄露而提早發難。當他作上說的
詔令時，這件故事豈能不在他心頭？

第十二章

漢帝國的中興與衰亡

(一)

當新莽之世及建武初二十年間，匈奴不斷侵擾中國的邊境。但這時期匈奴的強梁只是他將屆末日之前的「迴光返照」。約在建武二十年以降，「匈奴中連年旱蝗，赤地數千里，草木盡枯，人畜飢疫，死耗大半」。二十四年，匈奴復分裂為南北。南單于復稱「呼韓邪單于」，以所主南邊八郡眾四五萬人降漢。漢朝聽他們入居雲中。其後南匈奴與北匈奴戰失利，漢朝又讓他們入居西河美稷（今山西汾縣離石一帶）。南單于派所部分駐北邊的北地、朔方、五原、雲中、定襄、雁門及代八郡，為郡縣偵邏耳目，以防北虜。漢廷在西河置官監督匈奴，並令西河長史領騎二千、弛刑五百人，以衞護匈奴，冬屯夏罷，歲以為常。這是建武二十六年（公元 50 年）的事。

直至明帝永平十六年（公元 73 年）以前，東漢對匈奴一向取容忍羈縻的態度。是年，明帝始大發援邊兵，遣將分道出塞，會合南匈

奴，撻擊北虜。北虜聞風渡大沙漠遠去，漢軍未得和他們的主力接觸，只取了伊吾盧的地方。不數年後，北匈奴內部復起分裂，黨眾離叛，南匈奴攻其前，丁零攻其後，西域攻其右，鮮卑攻其左，內憂外患之餘，加以飢蝗。章和二年（公元 88 年）章帝（東漢第三帝）死，和帝繼位，竇太后臨朝，南單于上書請求乘機滅北匈奴。適值竇太后見竇憲犯了重罪，請求擊匈奴贖死，乃拜竇憲為車騎將軍，耿秉為副，將漢兵、南匈奴兵及其他外夷兵伐匈奴。次年，漢將所領的南匈奴兵與北單于戰於稽落山，大破之，敵眾潰散，降者八十一部二十餘萬人。憲等登燕然山，立石刻銘而還。銘文的作者即著《漢書》的班固，為東漢一大手筆，是役以中護軍的資格從行。茲錄銘文如下：

惟永元元年秋七月，有漢元舅曰車騎將軍竇憲，寅亮聖明，登翼王室，納於大麓，惟清緝熙，乃與執金吾耿秉，述職巡禦，理兵於朔方。鷹揚之校，螭虎之士，爰該六師，暨南單于，東烏桓，西戎氐羌，侯王君長之羣，驍騎三萬，元戎輕武，長轂四分，雲（一作雷）輜蔽路，萬有三千餘乘，勒以八陣，蒞以威神，玄甲耀日，朱旗絳天。遂陵高闕，下雞鹿，經磧鹵，絕大漠，斬溫禺以釁鼓，血尸逐以染鍔，然後四校橫徂，星流彗掃，蕭條萬里，野無遺寇，於是域滅區單，反旆而旋。考傳驗圖，窮覽其山川，遂踰涿邪，跨安侯，乘燕然，躪昌頓之區落，焚老上之龍庭，上以攄高文之宿憤，光祖宗之玄靈；下以安固後嗣，恢拓境宇，振大漢之天聲。茲所謂一勞而久逸，暫費而永寧者也。乃遂封山刊石，昭銘上德。其辭曰：鑠王師兮征荒裔，剿兇虐兮截海外，敻其邈兮亘地界。封神丘兮建隆嵑。熙帝載兮振萬世。

次年，憲方遣班固等招降北匈奴，而南匈奴深入追擊，北單于大敗，受傷遁走，其閼氏及男女五人皆被虜。憲見北胡微弱，便想趁勢把他滅掉。次年遣耿夔將精騎八百出居延塞，直奔北單于廷於金微山。漢兵凌厲無前，斬殺五千餘級。單于領數騎逃亡，他的珍寶財畜盡為漢兵所得。夔等追至去塞五千餘里而還。單于遠走，當時漢人不知其下落。近今史家或疑四世紀末葉侵入歐洲而引起西方民族大移徙之「匈人」，其前身即此次北單于率以遠遁之殘眾云。但據《後漢書·耿夔傳》，是時從北單于逃亡的不過「數騎」，其後裔如何能成為偌大的勢力？故吾人於此說不無疑問。北單于既走，其餘眾降漢，後復叛，為漢所破滅。

耿夔滅北匈奴之後三年，即永元六年（公元 94 年），班超亦把西域完全平定。班超，平陵（今陝西興平）人，班固之弟。超之始露頭角是在永平十六年伐匈奴之役。是役超為「假司馬」，領兵擊伊吾盧，戰於蒲類海，斬虜很多，因被朝廷賞識。東漢自取伊吾盧後，乃開始經營西域，因派班超往使鄯善（即樓蘭）。

班超初到，鄯善王敬禮備至，後來忽然疏懈。超料定北匈奴有人派來，鄯善王因而動搖，考問服侍的胡奴，果得其實。於是把他關起來，盡召隨從的吏士三十六人共飲。酒酣，說道：「你們和我都身在絕域，想立大功以取富貴。現在虜使才到了幾天，鄯善王的態度便大變，假如他奉命要把我們收送匈奴，又為之奈何？」吏士都道：「現今處在危亡之地，死生從司馬。」班超便道：「不入虎穴，不得虎子。為今之計，只有趁夜放火襲攻虜使，他們不知我們人數多少，必然大起恐慌，可以殺盡。把虜使一行誅滅，鄯善破膽，便功成事立了。」

是夜班超領眾直奔虜舍，適值有大風。他令十人攜鼓藏虜舍後，

約定一見火起即擂鼓吶喊，其餘的人盡持刀劍弓弩，夾門埋伏。於是乘風放火，前後鼓譟，虜眾慌亂。班超親手格殺三人，吏士斬虜使並從士三十餘級，餘下的一百人左右通通燒死。明日，班超傳召鄯善王，拿虜使的首級給他看。鄯善全國震怖，即納王子為質，歸服漢朝。事變的經過奏上朝廷，朝廷便令超繼續往使其他諸國，以竟前功。他說：原有的三十六人就夠了，倘有不測，人多反而為累。

是時于闐新破莎車，雄霸天山南路，而服屬匈奴，匈奴遣使監護之。超離鄯善，西至于闐，其王待他甚冷淡。于闐俗信巫，巫者說：神怒于闐王向漢，要他取漢使的馬來獻祭。他便向班超求馬，超祕密探知這事的詳情，便答應他，却要那巫者親來取。一會巫者果到，班超立刻把他斬首，拿他的首級送給于闐王，並責備他。他早已知道班超在鄯善的偉績，見了巫者血淋淋的首級，更加惶恐，便攻殺匈奴的使者而投降於班超。超厚賞王以下，優加撫慰。

永平十七年，漢始復置西域都護。是年班超去于闐，從間道至疏勒。先是龜茲倚仗匈奴的威勢，雄踞天山北路，攻破疏勒，殺其王，而立龜茲人兜題以代之。超既至疏勒，先派屬吏田慮去招降兜題，並囑咐他道：「兜題本非疏勒種，國人必不替他出死力，他若不降，便把他拘執。」兜題果然無意歸降，田慮便乘他無備，把他縛了，他左右的人驚駭而散。班超趕到，召集疏勒將吏，宣佈龜茲無道之狀，改立舊王的姪子忠為王，疏勒人大悅。忠和官屬請殺兜題，班超却把他放了遣送回國。

永平十八年，明帝去世，章帝繼位。龜茲和焉耆乘中國的大喪，攻殺都護陳睦，於是班超孤立無援。龜茲姑墨屢次出兵攻疏勒，班超率着那三十幾個吏士，協同疏勒王拒守了一年多。章帝初即位，見他勢力單薄，怕蹈陳睦的覆轍，便召他回國。疏勒都尉見留他不住，拔

刀自刎。他行到于闐，于闐的王侯以下號泣留他，抱住他的馬腳。他於是復回疏勒。時疏勒已有兩城降於龜茲，和尉頭國連兵。班超捕斬叛徒，擊破尉頭，殺了六百多人，疏勒復安。章帝建初三年（公元78年），班超率領疏勒、康居、于闐和拘彌兵一萬人攻破了姑墨（時姑墨附龜茲，其王為龜茲所立）的石城，斬首七百級。

班超想趁勢平定西域諸國，上疏請兵。五年，朝廷派弛刑及應募千人來就。先是，莎車以為漢兵不出，降於龜茲，而疏勒都尉番辰亦反叛。援兵既至，超擊番辰，大破之，斬首千餘級，獲生口甚眾。超欲圖龜茲，建議先聯烏孫，朝廷從之。八年，拜超將兵長史。九年，又給他增兵八百。超於是徵發疏勒、于闐兵擊莎車。莎車祕密勾結疏勒王忠，啖以重利，忠遂反叛。超改立疏勒王，率效忠的疏勒人以攻忠，相持半年，而康居派精兵助忠，超不能下。是時月氏新和康居聯婚，相親善。超派人帶了大批的錦帛送給月氏王，請他曉諭康居罷兵，果達目的。忠勢窮，被執回國。其後三年，忠又借康居兵反，既而密與龜茲謀，遣使詐降於超。超知道他的奸謀，却裝着答應他。他大喜，親來會超，超暗中佈置軍隊等待他。他到，設筵張樂款待他。正行了一輪酒，超呼吏把他縛起，拉去斬首。繼擊破他的部眾，殺了七百多人，疏勒全定。

次年，超徵發于闐等國兵二萬五千人復擊莎車，而龜茲王遣左將軍徵發溫宿、姑墨、尉頭兵合五萬人救莎車。超召集將校和于闐王等商議道：「現在我們兵少，打不過敵人，計不如各自散去，于闐軍從這裏東歸，本長史亦從這裏西歸，可等夜間聽到鼓聲便分途進發。」同時暗中把奪得的生口放了。龜茲王得到這消息大喜，自領萬騎在西界攔截班超，而命溫宿王領八千騎在東界攔截于闐軍。超探知他們

已出發，密令諸部準備，於雞鳴時突擊莎車營。敵軍大亂四竄，追斬五千多級，獲馬畜財物無算。莎車窮蹙納降，龜茲等各自散去。班超由此威震西域。

和帝永元二年（公元 90 年），超又定月氏。先是月氏以助漢有功，因求漢公主，為超所拒絕，因懷怨恨。是年派其副王領兵七萬攻超。超的部眾自以人數單少，大為憂恐。超曉諭軍士道：「月氏兵雖多，但越過蔥嶺，經數千里而來，並無運輸接濟，何須憂懼呢？我們只要把糧食收藏起來，據城堅守。他們飢餓疲困，自會投降，不過幾十天便了結。」月氏攻超不下，鈔掠又無所得，超預料他們糧食將盡，必向龜茲求援。於是伏兵數百，在東界等候。果然遇到月氏派去龜茲的人馬，帶着無數的金銀珠玉，伏兵把他們解決了。班超把使人的首級送給月氏副王。他看了大驚，派人請罪並求放他生還。班超答應了他。月氏由此懾服，每年納貢。

永元三年，即耿夔滅北匈奴的一年，龜茲、姑墨、溫宿皆向班超投降。朝廷拜超為西域都護，超設都護府於龜茲，廢其王，拘送京師，而另立新王。是時西域五十多國，除焉耆、危須、尉犁因從前曾攻殺都護，懷着貳心外，其餘盡皆歸附漢朝。其後永元六年，這三國亦為班超所平定。

（二）

自北匈奴為耿夔擊敗，逃遁無蹤，其部眾瓦解，本居於遼西遼東塞外的鮮卑，乘機而進，佔取北匈奴的土地。是時北匈奴餘眾尚有

十餘萬落，皆自號為鮮卑。鮮卑由此強盛，自和帝永元九年（公元 97 年）至順帝陽嘉二年（公元 133 年）凡三十七年間，平均每隔一年，入寇一次，先後殺漁陽、雲中及代郡太守。此後鮮卑忽然斂跡了二十年，而檀石槐興起。檀石槐在鮮卑民族史中的地位，彷彿匈奴的冒頓。他把散漫的鮮卑部落統一，盡取匈奴的舊地，建一大帝國，分為三部：東部從右北平至遼東，接夫餘、濊貊；中部從右北平以西，至上谷；西部從上谷以西至敦煌。每部置一大人主領。他南侵中國，北拒丁零，西擊烏孫，東侵夫餘以至倭國。他有一次俘了倭人一千多家，遷到「秦水」上，令他們捕魚以助糧食。他死於靈帝光和四年（公元 181 年）。溯自桓帝永壽二年（公元 156 年），他開始寇掠雲中以來，他為中國患凡二十二年。在這期間，鮮卑幾於年年入寇；有時連結烏桓及南匈奴，為禍更烈。北邊州郡東起遼東，西至酒泉，無不遭其蹂躪。桓帝延嘉九年（公元 166 年）遣使持印綬封檀石槐為王，想同他講和，給他拒絕。靈帝熹平六年（公元 177 年）曾派三萬多騎，三路（高柳、雲中、雁門）並進，討伐鮮卑。結果，三路皆慘敗，三將各率數十騎逃歸，全軍覆滅了十七八。漢廷對於鮮卑，蓋已和戰之策兩窮。幸而檀石槐死後，鮮卑帝國旋即分散。

註：本章原發表於《思想與時代》第 30 期，1944 年 1 月。文前有一段雜誌編輯題寫的「編者識」：「此為張蔭麟先生《中國史綱》第十二章未完之稿。全文已有數千言，雖非全貌，已可見一斑。因加整理，發表如下。」今附於此。

附錄一

老子生後孔子百餘年之說質疑

（自北京來稿）

梁任公考證《老子》一書（見《哲學雜誌》第七期梁啟超《評胡適〈中國哲學史大綱〉》），謂為非與孔子同時之老聃所作。（原文結論甚籠統，惟中謂「仁義」兩字為孟子專賣品，不應為老子所道，是認老子為在孟子之後）其言信否，誠吾國哲學史上一問題。不揣鄙陋，謹述管見。

茲於討論梁先生所考證之先，有應研究者二事。

（一）《中庸》云：「萬物並育而不相害，道並行而不相悖。」夫孔子以前，學術為王官專掌，安能有並行之道？然則孔子之為此言，當時必有與孔子並行之道可知。今考孔子之時，舍老子外，並無與孔子並行之道。若謂老子在孔子後，則孔子安得有是言？

（二）莊子學術與老子極有關係。而《莊子》書中所稱老子，明

明與孔子同時。《天運》、《天道》、《田子方》三篇所言，又非荒唐神怪，不近人情，安能因書中有寓言，而一概抹殺，謂為不足據？若然，則《天下篇》所舉諸子亦屬子虛耶？且信如梁先生所考，老子年代既約在莊子先後，莊子果何因而必提高孔子後百餘年之人而為孔子先輩？如以為欲尊老子而抑孔子耶？然當時之人，誰不知老子在孔子百餘年之後，而孰信其言者？莊子豈不知其言之必不能達其目的？譬如居今之世，有欲推尊一人者，而曰此章學誠之先輩也。雖至愚者不出此。況《天下篇》稱述老子而贊之曰：「古之博大真人。」使老子與莊同時，或去莊子未久，則莊子不當以之為古。

今就梁任公所考證者，一一討論之。

梁先生第一證引《史記》：「老子之子名宗，宗為魏將。宗子注，注子宮，宮玄孫假。假仕漢孝文帝，假子解為膠西王卬太傅。」而謂「魏為列國，在孔子卒後六十七年。老子既是孔子先輩，他的世兄還捱到做魏將，已是奇事。再查《孔子世家》，孔子十代孫藂為漢高祖將，十三代孫安國當漢景、武時。前輩老子的八代孫與後輩孔子的十三代孫同時，未免不合情理」。夫《史記》之文既自相矛盾若此，則老子為孔子先輩與《史記》所載老子世系，二者必有一真，必有一偽。果何據而謂《史記》所載老子世系必可信？如以為老子之後，至漢猶存，為史遷聞見所及，故較可信耶？然吾觀《史記》疑老子為百六十歲或二百歲。夫使老子而為百六十或二百歲，則其五六代孫或至七代孫當及見之，與八代孫相去非遙。苟史遷聞見所及者而真為老子之後，則此等事而實有耶，當時不應有此疑惑。而無耶，當時尤不應有此等神話。更就梁任公以為老子在孟子後而考之。自老子之生至漢景帝時，至多不過百六十年至百七十年。依《史記》所載八代計

之，每代相傳年數，平均至多當二十年至二十一年。律以古人三十受室，似無二十至二十一歲而有子之理。況以孔子較之，自孔子之生至漢景帝時，凡三百八十四年，以十三代計之，每代相傳之年數平均適三十年，與古人三十受室之事實相符。而較之老子每代相傳年數，相差三分之一。信如梁先生所考，殊不近情理。

其第二證云：「孔子樂道人之善。（中略）何故別的書裏頭沒有稱道一句。墨子、孟子都是好批人，他們又都不是固陋，諒不至連那著五千言的博大真人都不知道。何故始終不提一字？」別的書不知何所指，如指六經耶，則六經皆孔子贊述舊典，何有稱道老子之機會？如指《論語》耶，《論語》為孔子再傳弟子所記（因書中有載子夏之門人問交於子張一事），安能無遺漏。墨子去老子未久，且為宋人，而老子至關著書，以其時書籍傳播之難，墨子之不及見亦何足異。至若孟子之未嘗批評老子，更何足據以疑老子？考孟子略與莊子同時（據《史記·老莊申韓列傳》，莊子與齊宣王、梁惠王同時，而孟子見梁惠王時，王稱之曰叟，則孟子亦較莊子為老也）。《莊子》書中盛稱老子，而孟子獨不知有老子，非固陋而何？且《莊子》書中亦未嘗一批《孟子》，然則《孟子》亦非孟軻之書耶？

第三證云：「就令承認有老聃這個人，孔子曾向他問過禮，那麼《禮記·曾子問》記他五段的談話，比較可信。卻是據那談話看來，老聃是一位拘謹守禮的人，和那五千言精神恰恰相反。」考老子為周之史官，於周之典制知之最詳，故孔子問之。《禮記》所記五段談話，只可證明老聃為明禮，而不能謂其必拘謹守禮也。例如或就一反對耶教之人問《聖經》內事實，其人據實直說，然則吾人本此即可證明此人為信耶教者耶？

　　第四證云：「《史記》一大堆神話，什有八九是從莊子《天道》、《天運》、《外物》三篇湊合而成。（中略）莊子寓言什九本不能拿作歷史談看待，何況連主名都不能確定。」梁先生所謂神話，未審定義如何。以吾觀之，《史記》此傳中為神話者不過二處：（一）「蓋老子百六十餘歲，或言二百歲。」（二）「或言儋即老子。」此外更無神話。而此二語與莊子《天道》、《天運》、《外物》三篇，可謂風馬牛不相及。至若《莊子》所載孔老時之可據，前已言之，茲不贅。又《莊子》書中所言，老聃自老聃，老萊子自老萊子，有何主名不能確定。惟《史記》疑老萊子、太史儋與老子是否一人耳。

　　第五證云：「從思想統系上論，老子的話太自由了，太激烈了。（中略）太不像春秋時人說。果然有了這一派議論，不應當時的人不受他影響，何以於《論語》、《墨子》、《左傳》裏頭，找不出一點痕跡？」吾謂孔子是受先王禮教之原動力，而繼續其同方向之動者也。老子是受先王禮教之原動力，而生反動力者也。於思想統系上有可疑，若論當時人何以不受其影響，吾當仿梁先生問胡適語答之曰：古代印刷術未發明，交通不如今日之便，書之傳播甚難。一個人的言論，好容易影響到別處。又況老子主出世，著書即隱，未嘗栖栖皇皇，求行其道，與列國既無關係，《左傳》何從稱道之？墨子如上所言，既未必見老子之書，更何從生影響？《論語》既不能無遺漏，其不能尋出影響之痕跡，亦何足異？

　　第六證云：「從文字語氣上論，《老子》書中用王侯、王公、萬乘之君等字樣凡五處，用取天下字樣凡三處。這樣成語，像不是春秋時人所有。還有用『仁義』對舉好幾處。這兩個字連用，是孟子的專賣品。從前像是沒有的。還有『師之所處，荊棘生焉。大兵之後，

必有凶年』，這一類話，像是經過馬陵、長平等戰役的人，才有這種感覺。還有偏將軍居左，上將軍居右，這種官名都是戰國的。」考楚於春秋已僭王號，擁兵強盛，時存遷鼎之心。老子楚人，受環境之感觸，其用王侯、萬乘之君等名詞，亦理之常。若「仁義」二字，既非孟子所創，何得謂孟子以前不能有人將之對舉？若「必有凶年」、「荊棘生焉」等語，皆極甚之形容詞，即王充所謂增之，豈必實有其事？況老子之為此言，豈必感於當時？讀《武城》「血流漂杵」之言，不更耶？又觀《史記‧老莊申韓列傳》，言申不害之學本於老子。史遷之時，其書尚存，似當可據。然則老子必在申不害以前。即就申不害考之，申不害相韓，在三家分晉後二十五年，前孟子數十年，去馬陵、長平之戰百餘年，更安能執此疑老子？至若上將軍一語，其全文云：「吉事尚左，凶事尚右。故上將軍處右，偏將軍處左。」此乃陰陽家之言，與老子學說風馬牛不相及，且與下章「天地相合，以降甘露」（此為後世方士附益，胡適之《中國哲學史大綱》已言之）適相鄰，其同為後世附益無疑，不能執此以疑老子。以上皆梁先生考證老子之失也。

註：原載《學衡》第 21 期，1923 年 9 月。

附錄二

宋朝的開國和開國規模

（一）

後周世宗以三十四歲的英年，抱着統一中國的雄心，而即帝位。他即位不到一個月，北漢主劉崇聯合契丹入寇，他便要去親征。做了四朝元老的長樂老馮道極力諫阻。世宗說：「從前唐太宗創業，不是常常親征的嗎？我怕什麼？」馮道卻說：「唐太宗是不可輕易學的。」世宗又說：「劉崇烏合之眾，王師一加，便好比泰山壓卵。」馮道卻懷疑道：「不知道陛下作得泰山麼？」世宗看他的老面，不便發作，只不理睬，徑自決定親征。周軍在高平（即今山西高平）遇到敵人。兩軍才開始交鋒，周軍的右翼不戰而遁，左翼亦受牽動，眼見全軍就要瓦解。世宗親自騎馬趕上前線督戰，並且領隊衝鋒，周軍因而復振，反把敵軍擊潰，殺到殭屍棄甲滿填山谷。在凱旋道中，世宗齊集將校，大排筵席來慶祝，那些臨陣先逃的將校也行無所事的在座。世

宗突然聲數他們的罪狀，喝令他們跪下受刑。說着，壯士們便動手，把七十多個將校霎時斬訖，然後論功行賞。接着他率軍乘勝直取太原，卻無功而還。

經這一役，世宗深深感覺到他的軍隊的不健全。回到汴京後不久，便着手整軍。這裏我們應當略述後周的軍制。像唐末以來一般，這時州郡兵為藩鎮所私有，皇室不能輕易調遣。皇室所有的軍隊即所謂禁軍。禁軍分為兩部：一殿前軍；二侍衞親軍。兩部之上，不置總帥。侍衞親軍雖名為親，其實比較和皇帝親近的卻是殿前軍。侍衞親軍分馬、步兩軍，而殿前軍則無這樣的分別。大約前者是量多於後者，而後者則質優於前者。世宗一方面改編全部禁軍，汰弱留強；一方面向國內各地召募豪傑，不拘良民或草寇，以充實禁軍。他把應募的召集到闕下，親自試閱，挑選武藝特別出眾、身材特別魁偉的，都撥入殿前軍。

世宗不獨具有軍事的天才，也具有政治的頭腦。他獎勵墾荒，均定田賦。他曾為經濟的理由，廢除國內大部分的寺院，並迫令大部分的僧道還俗。他以雷霆的威力推行他的新政。雖賢能有功的人也每因小過而被戮，但他並不師心自用。他在即位次年的《求言詔》中甚至有這樣的反省：「自臨宸極，已過周星。至於刑政取捨之間，國家措置之事，豈能盡是？須有未周。朕猶自知，人豈不察？而在位者未有一人指朕躬之過失，食祿者曾無一言論時政之是非！」他又曾令近臣二十餘人，各作《為君難為臣不易論》一篇和《平邊策》一篇，供他省覽。「平邊」是他一生的大願。可惜他的平邊事業只做到南取南唐的淮南江北之地，西取後蜀的秦、鳳、階、成四州，北從契丹收復瀛、莫二州，便齎志而歿，在位還不到六年，遺下二個七歲以下的幼

兒和臣下對他威過於恩的感想。

世宗死於顯德六年（公元 959）六月，在臨死的一星期內，他把朝內外重要的文武職官，大加更動。更動的經過，這裏不必詳述，單講他對禁軍的措置。殿前軍的最高長官是正副都點檢，其次是都指揮使。侍衞親軍的最高長官是正副都指揮使，其次是都虞侯。世宗對禁軍要職的最後「人事異動」，可用表顯示如下：

	職位	原任	更定	附註
殿前軍	都點檢	張永德	趙匡胤	此據《舊五代史·周恭帝紀》，《宋史》本傳誤
	副都點檢	慕容延釗	慕容延釗	
	都指揮使	趙匡胤	石守信	
侍衞軍	都指揮使	李重進	李重進	
	副都指揮使	未詳（或缺員）	韓通	
	都虞侯	韓通		

其中最可注意的是張永德的解除兵柄和趙匡胤的超擢。張永德是周太祖的駙馬（世宗是周太祖的內姪兼養子），智勇善戰，聲望久隆，顯然世宗不放心他。趙匡胤是洛陽人，與其父弘殷俱出身投軍校。在周太祖時，已同隸禁軍。高平之役，匡胤始露頭角，旋拜殿前都虞侯。其後二年，以從征淮南功，始升殿前都指揮使。他雖然年紀略長於張永德（世宗死時匡胤三十四歲），勛望卻遠在永德之下。但他至少有以下的幾件事，給世宗很深的印象。他從征淮南時，有一次駐兵某城。半夜，他的父親率兵來到城下，傳令開城。他説：「父子固然是至親，但城門的啟閉乃是王事。」一直讓他的父親等到天亮。

從征淮南後，有人告他偷運了幾車財寶回來，世宗派人去檢查，打開箱籠，盡是書籍，一共有幾千卷，此外更無他物。原來他為人沉默寡言，嗜好淡薄，只是愛書，在軍中是時常手不釋卷的。南唐對後周稱臣講好後，想離間世宗對他的信任，嘗派人送他白銀三千兩，他全數繳呈內府。從殿前都點檢的破格超升，可見在這「易君如觖棋」的時代，世宗替他身後的七歲幼兒打算，認為在軍界中再沒有比趙匡胤更忠實可靠的人。

（二）

世宗死後半年，在顯德七年的元旦，朝廷忽然接到北邊的奏報，說北漢又聯合契丹入寇。怎樣應付呢？禁軍的四巨頭中，李重進（侍衛都指揮使，周太祖的外甥）是時已領兵出鎮揚州；綽號「韓瞠眼」的韓通（侍衛副都指揮使），雖然對皇室特別忠勤，卻是一個毫無智謀的老粗，難以獨當一面。宰相范質等不假思索，便決定派趙匡胤和慕容延釗（副都點檢）出去禦敵。

初二日，慕容延釗領前鋒先行。是日，都城中突然喧傳明天大軍出發的時候，就要冊立趙點檢做天子。但有智識的人多認為這是無根的謠言。先前也有人上書給范質說趙匡胤不穩，要加提防。韓通的兒子，綽號韓橐駝的，也勸乃父及早設法把趙匡胤除掉。但是他做都點檢才半年，毫無不臣的痕跡，誰能以小人之心度君子之腹呢？但這一天不知從何而來的關於他的謠言，卻佈遍了都城，有錢的人家紛紛搬運細軟，出城躲避。他們怕什麼？稍為年長的人都記得：恰恰十年

前，也是北邊奏報契丹入寇，也是派兵出征。約莫一個月後，出征的軍隊掉頭回來，統兵的人就做了皇帝（即周太祖）。他給部下放了三天假，整個都城幾乎被搶掠一空。現在舊戲又要重演了罷。

初三日，趙匡胤領大軍出發。城中安然無事，謠言平息。

初四日上午，出發的軍人竟回城了！謠言竟成事實了！據說隊伍到了陳橋，當天晚上軍士忽然譁變，非要趙點檢做天子不可，他只得將就。但出乎大家意料之外的，這回軍士卻嚴守秩序，秋毫無犯。在整個變局中，都城裏只發生過一次小小的暴行。是日早朝還未散，韓通在內庭聞變，倉皇奔跑回家，打算調兵抵抗，半路給一個軍校追逐着，才到家，來不及關門便被殺死，那軍校把他全家也屠殺了。都城中已沒有趙匡胤的敵人了，一切儀文從略。是日傍晚，趙匡胤即皇帝位。因為他曾領過宋州節度使的職銜，定國號為宋，他便是宋太祖。

在外的後周將帥中，不附宋太祖的，唯有鎮守揚州一帶的李重進和鎮守潞州一帶的李筠。四月，李筠結合北漢（佔今山西全省除東南隅及雁門關以北）首先發難。李重進聞訊，派人去和他聯絡，準備響應。那位使人卻偷到汴京，把揚州方面的虛實告訴了宋太祖，並受了密旨，回去力勸重進不可輕舉。重進聽信了他，按兵不動。北漢和後周原是死對頭，而李筠口口聲聲忠於後周，雙方貌合神離。他又不肯用謀士的計策：急行乘虛西出懷孟，佔領洛陽為根據，以爭天下；卻困守一隅，坐待捱打。結果，不到三個月，兵敗城破，赴火而死。九月，李重進在進退兩難的情勢下勉強起兵。他求援於南唐，南唐反把他的請求報告宋朝。他還未發動，親信已有跳城歸宋的。他在狐疑中，不問皂白，把三十多個將校一時殺掉。三個月內，揚州也陷落，他舉家自焚而死。

（三）

宋太祖既統一了後周的領土，進一步便着手統一中國。是時在中國境內割據自主的區域，除宋以外，大小有八。茲按其後來歸入宋朝的次序，列表如下：

區域	今地	統治者名義	入宋年
荊南	湖北江陵以西及四川峽道	宋荊南節度使	九六三
湖南	略當湖南省	宋武平節度使	九六三
蜀	四川省除峽道	稱帝	九六五
南漢	兩廣全部及湖南一部分	稱帝	九六六
南唐	蘇皖的長江以南區湖北東南部（包武昌）江西全部及福建西部	稱唐國主奉宋正朔	九七五
閩南	福建漳泉一帶	唐清源節度使	九七八
吳越	浙江全部福建東北部及江蘇蘇松區	稱吳越王奉宋正朔	九七八
北漢	山西全省除東南隅及雁門關以北	稱帝	九七九

太祖的統一工作，大致上遵守着「圖難於其易」的原則。荊南、湖南皆地狹兵寡，不足以抗拒北朝，過去只因中原多故，或因北朝把它們置作後圖，所以暫得苟全。太祖卻首先向它們下手。他乘湖南內亂，遣軍假道荊南去討伐。宋軍既到了荊南，卻先把它滅掉，然後下湖南。既定兩湖，便西溯長江，南下閣道，兩路取蜀。蜀主孟昶是一紈綺少年，他的溺器也用七寶裝成。他的命運，可用他的一個愛妃（花蕊夫人）的一首詩來交代：

　　君王城上豎降旗，妾在深宮那得知！

　　十四萬人齊解甲，寧無一個是男兒？

　　這些解甲的軍士中，至少有二萬七千被屠，而宋兵入蜀的只有三萬。次取南漢。南漢主劉鋹比孟昶更糟，是一變態的胡塗蟲，成日家只在後宮同波斯女之類胡纏。國事委託給宦官，僅有的一二忠臣良將，因隨便的幾句讒言，便重則族誅，輕則賜死。他最後的辦法是把珍寶和妃嬪載入巨舶，準備浮海。這些巨舶卻給宦官盜走，他只得素衣白馬，叩首乞降。次合吳越夾攻南唐。南唐主李煜是一絕世的藝術天才，在中國文學史中，五代是詞的時代，而李煜（即李後主）的詞，淒清婉麗、純粹自然，為五代冠。讀者在任何詞的選本中都可以碰到他的作品。他不獨愛文學，也愛音樂、書畫以及其他一切雅玩，也愛佛理，更愛女人。在一切這些愛好的沉溺中，軍事、政治、俗務的照顧，只是他的餘力之餘了。他遇着宋太祖，正是秀才遇着兵，其命運無待龜蓍。以下是他在被俘入汴途中所作的詞：

　　簾外雨潺潺，春意闌珊。羅衾不耐五更寒。夢裏不知
　身是客，一晌貪歡。
　　獨自莫憑欄！無限江山，別時容易見時難。流水落花
　春去也，天上人間！

　　和李煜的文雅相稱，宋軍在南唐也最文明，至少在它的都城（今南京）是如此。「曹彬下江南，不妄殺一人」，歷史上傳為美談。但江州城（今九江）為李煜堅守不降，後來陷落，全城被屠，橫尸三萬七千。

南唐亡後次年，太祖便死，壽僅五十，遺下吳越、閩南和北漢的收拾工作給他的繼承者，他的胞弟趙匡義，即宋太宗。吳越王錢俶一向以對宋的恭順和賄賂作他的地位的保障。南唐亡後，他親自入朝。臨歸，太祖交給他一個黃包袱，囑咐他在路上拆看。及拆閱，盡是羣臣請扣留他的奏章，他為之感激涕零。太宗即位後，他又來朝，適值閩南的割據者自動把土地獻納。他恐懼，上表請除去王號和其他種種優禮，同時求歸。這回卻歸不得了！他只照閩南的辦法，也把土地獻納。最後，宋朝可以用全副精神和全部力量圖謀北漢了。北漢地域雖小，卻是一個頑敵，因他背後有契丹的支持。自從太祖即位以來，它曾屢次東侵，太祖也曾屢加討伐——有兩次兵臨太原（北漢都城）城下。其中一次，太祖並且親征。但太祖終於把它放過了。太祖是有意暫時放過它的。他有這樣的考慮：北漢北接契丹，西接西夏。北漢本身並不怎樣可怕，它存在，還可以替宋朝作西北的緩衝；它若亡，宋朝和這兩大敵的接觸面便大大增加，那是國防上一個難題。但這難題可暫避而不能終免。吳越歸地後不到一年，太宗更大舉親征北漢。契丹照例派兵去救，前軍到達白馬嶺（今山東孟縣東北），與宋軍只隔一澗。主帥主張等後軍到齊，然後決戰。監軍卻要盡先急擊，主帥拗不過他，結果契丹軍渡澗未半，為宋軍所乘，大潰。監軍及五將戰死，士卒死傷無算。宋軍進圍太原城。在統一事業中，這是九仞為山的最後一簣之功了。軍士冒犯矢石，奮勇爭先地登城，甚至使太宗怕死傷過多，傳令緩進。半月，城陷，北漢主出降。太宗下令毀太原城，盡遷其居民於榆次。軍士放火燒城，老幼奔赴城門不及，燒死了許多。（唐五代之太原，在今太原西南三十里。太宗毀太原城後，移其州治，即今太原省會。）

（四）

太祖、太宗兩朝，對五代制度的因革損益，茲分三項述之如下：(1) 軍制與國防，(2) 官制與科舉，(3) 國計與民生。

五代是軍閥的世界。在稍大的割據區域內，又分為許多小割據區，即「節度使」的管區。節度使在其管區內盡攬兵、財、刑、政的大權，讀者從不久以前四川「防區」的情形，便可以推想五代的情形。太祖一方面把地方兵即所謂廂兵的精銳，盡量選送到京師，以充禁軍，又令廂兵此後停止教練。這一來廂兵便有兵之名無兵之實了。廂兵的編制是每一指揮使管四五百人。每大州有指揮使十餘員，次六七員，又次三四員。每州有一馬步軍都指揮使，總領本州的廂兵；而直隸於中央的侍衛司，即侍衛親軍的統率處。在另一方面，太祖把節度使的行政和財權，逐漸移歸以文臣充任的州縣官。這一來「節度使」在宋朝便成為一種榮譽的空銜了。

禁軍的組織，大體上仍後周之舊，惟殿前正副都點檢二職，經太祖廢除。殿前和侍衛的正副都指揮使在太宗時亦缺而不置，後沿為例，因此侍衛軍的馬、步兩軍無所統屬，而與殿前軍鼎立，宋人合稱之為「三衙」。禁軍的數目，太祖時約有二十萬，太宗時增至二十六萬。禁軍約有一半駐屯京城及其附近，其餘一半則分戍邊境和內地的若干重鎮。(禁軍外戍分佈的詳情，是一尚待探究的問題) 其一半在內而集中，另一半在外而分散。這樣，內力永遠可以制外，而尾大不掉的局面便無法造成了。太祖又創「更戍法」：外戍各地的禁軍，每一或二年更調一次。這一來，禁軍可以常常練習行軍的勞苦而免怠惰，同時鎮守各地的統帥不隨戍兵而更動，因此「兵無常帥，帥無常

師」，軍隊便無法成為將官的私有了。

廂軍和禁軍都是僱傭的軍隊。為防止兵士逃走，他們臉上都刺着字。此制創自後梁，通行於五代，而宋朝因之。兵士大多數是有家室的。廂兵的餉給較薄，不夠他們養家，故多營他業。禁兵的餉給較優，大抵勉強可夠養家。據後來仁宗慶曆間一位財政大臣（張方平）的報告，禁軍的餉給：「通人員長行（長行大約是伕役之類）用中等例（禁軍分等級，各等級的餉類不同）：每人約料錢（每月）五百，月糧兩石五斗，春、冬衣細絹六匹，綿十二兩，隨衣錢三千。……準例（實發）六折」；另外每三年南郊，大賞一次，禁兵均每人可得十五千左右。除廂、禁軍外，在河北、河東（今山西西）及陝西等邊地，又有由農家壯丁組成的民兵。平時農隙受軍事訓練，有事時以助守禦，而不支官餉。

這裏我們應當涉及一個和軍制有關的問題，即首都位置的問題。宋都汴梁在一大平原中間，四邊全無險阻可資屏蔽，這是戰略上很不利的地形。太祖曾打算西遷洛陽，後來的謀臣也每以這首都的地位為慮。為什麼遷都之議始終沒有實行，一直到了金人第一次兵臨汴梁城下之後，宋帝仍死守這地方，等金人第二次到來，而束手就縛呢？我們若從宋朝軍制的根本原則、從主要外敵的所在、從經濟地理的形勢各方面着想，便知道宋都有不能離開汴梁的理由。第一，在重內輕外的原則下，禁軍的一半以上和禁軍家屬的大部分集中在京畿，因此軍糧的供應和儲蓄為一大問題。隨着禁軍數量的增加，後來中央政府所需於外給的漕糧，每年增至六七百萬石，而京畿的民食猶不在內。在這樣情形下，並在當時運輸能力的限制下，政治的重心非和現成的經濟的重心合一不可。自從唐末以來，一方面因為政治勢力由西而東

移，一方面因為關中疊經大亂的摧毀和水利交通的失理，漢唐盛時關中盆地的經濟繁榮和人口密度，也移於「華北平原」。汴梁正是這大平原的交通樞紐，經唐、五代以來的經營，通渠四達，又有大運河以通長江。宋朝統一後，交通上的人為限制掃除，它便隨着成為全國的經濟中心了。第二，宋朝的主要外敵是在東北，它的邊防重地是中山（今河北定縣）、河間、太原三鎮，而在重內輕外的原則下，平時兵力只能集中在京畿，而不能集在其他任何地點。因此，都城非建築在接近邊防重鎮且便於策應邊防重鎮的地點不可。汴梁正適合這條件。

（五）

中央政府的組織，大體上沿襲後周。唐代三省和御史台的軀殼仍然保存，但三省的大部分重要職權，或實際上廢除，如門下省的封駁（「封」謂封還詔書，暫不行下，「駁」謂駁正台議），或移到以下幾個另外添設的機關：(1) 樞密院（創始於後唐）掌軍政，與宰相（即「同中書門下平章事」）所主的政事堂對立，並在禁中，合稱二府。院的長官（或稱「樞密使」，或「知樞密院事」，或「簽事樞密院事」）的地位也與宰相抗衡。(2) 三司使司（創始於後唐）掌財政，三司使下轄鹽鐵、度支和戶部三使，宋初以參加政事（即副宰相，太祖時創置）或宰相兼領，後置專使。(3) 審官院（不知創於何時，後分為審官東院與流內銓）掌中下級文官的銓選，其上級文官的銓選則歸中書省。(4) 三班院（不知創於何時，後分為審官西院與三班院）掌中下級武官的銓選，其上級武官的銓選則歸樞密院。(5) 審刑院（創始於

太宗時）主復核刑部奏上的重案。樞密院分宰相及兵部之權，三司使分戶部之權，審官院分吏部之權，三班院再分兵部之權，審刑院分刑部之權。

地方行政的區域有三級，自下而上是：（1）縣；（2）府、州、軍、監，通稱為郡；（3）路。在郡的四類中，府是經濟上或軍事上最重要的區域，其數目最少，其面積卻最大。通常州所管轄的縣數較府為少；軍次之，至多只三縣，少則一縣；監則盡皆只佔一縣；設監的地方必定是礦冶工業或國家鑄錢工廠等所在的地方。監的長官兼管這些工業的課稅和工廠的事務。宋初在郡縣制度上有兩項重要的變革。一是郡設通判（大郡二員，小郡一員，不滿萬戶的郡不設），以為郡長官的副貳，郡長官的命令須要他副署方能生效；同時他可以向皇帝上奏，報告本郡官吏的良劣和職事的修廢。因為通判的權柄這樣大，郡的長官就很不好做。宋人有一傳為話柄的故事如下：有一杭州人，極好食蟹。他做京朝官做膩了，請求外放州官（宋朝京官得請求外放並且指明所要的郡縣），有人問他要那一州。他說我要有蟹食而沒有通判的任何一州。二是縣尉（縣尉制始於漢朝）的恢復。在五代，每縣盜賊的緝捕和有關的案件，由駐鎮的軍校管理，縣政府無從過問。宋初把這職歸還縣政府，復設縣尉以司之。路的劃分在宋代幾經更改，這裏不必詳述。太宗完成統一後將全國分為十路，其後陸續於各路設一轉運使，除總領本路財賦外，並得考核官吏，糾察刑獄，興利除弊，幾於一路之事無所不管。後來到真宗（太宗子）時，覺得轉運使的權太大，不放心，又於每路設一提點刑獄司，將轉運使糾察刑獄之權移付之。宋人稱轉運使司為漕司，提點刑獄司為監司。

宋在變法以前的科舉制度，大體上沿襲唐朝，進士科獨尊。以

後的規模，但有以下的更革：(1) 唐朝每年一舉進士，每舉以一二十人為常，至多不過三四十人。宋朝每四年一舉進士，在太宗時每舉常一二百人，後來有多至五六百人的。(2) 唐朝進士考試不彌封，不糊名，考官亦不專憑試卷去取，而可以參考舉子平日的聲譽。因此舉子在考試之前，照例把自己的詩賦或其他著作，向權要投獻，望他們賞識、延譽，以至推薦。宋朝自真宗（一說太宗）時，定糊名制以後，試官於舉子只能憑試卷去取了。(3) 唐朝進士經禮部錄取後，即算及第。宋朝則禮部錄取後，還要到殿庭復試，由皇帝親自出題，這叫做「殿試」。及第與否和及第的等次，是在殿試決定的。（仁宗某年以後，殿試只定等，不關去取。）(4) 唐朝進士及第後，如想出仕，還要經吏部再定期考選。「吏部之選，十不及一」，因此許多及第的進士等到頭白也得不到一官。宋朝的進士，一級及第，即行授職，名次高的可以得到通判、知縣或其他同等級官職。(5) 宋朝特定宗室不得參與科試。

　　從上面所述科舉制度的更革，已可以看出宋朝對士大夫的特別優待。但宋朝士大夫所受的優待還不止此。像「官戶」免役、免稅及中上級官吏「任子」（子孫不經「選舉」，特準宦仕）的特權，固然沿自前代（漢代），但宋朝官吏「任子」的權利特別大。台省官六品以上，它官五品以上，每三年南郊大禮時，都有一次「任子」的機會，每次品級最底的蔭子或孫一人，品級最高的可蔭六人，不拘宗人、外戚、門客以至「醫人」（家庭醫生）。此外大臣致仕時有「致仕恩澤」，可蔭若干人；死後有「遺表恩澤」，可蔭若干人。因為科舉名額之多，仕途限制之寬和恩蔭之廣，宋朝的閑職、冗官特別多，且日增無已，到後來官俸的供給竟成為財政上的大問題了。更有一由小可

以見大的優待士大夫的制度：太祖於每州創立一「公使庫」，專以款待旅行中的士大夫。據一個曾受其惠的人的記錄：「公使庫……遇過客（自然不是尋常的過客）必館置供饋……使人無旅寓之歎。此蓋古人傳食諸侯之義。下至吏卒（隨從）批支口食之類，以濟其乏食。承平時士大夫造朝，不賫糧，節用者猶有餘以還家。歸途禮數如前，但少損。」太祖還有一個遠更重大的優待士大夫的立法。他在太廟藏一傳諸子孫的密約：「誓不殺大臣及言事官」。規定以後每一皇帝於即位之前，在嚴重的儀式下，獨自開閱這誓約。這誓約對宋代政治的影響，讀者以後將會看到。

（六）

宋初財政收入的詳細節目，大過繁瑣，這裏不能盡述，舉其重要的如下：(1)「兩稅」（分夏、秋兩季徵納的田賦和資產稅）。沿唐舊制，而大致仍五代加重的額數，約為唐代的六倍。其中田賦一項，通常每畝產穀十五石而抽一斗（依當時度量），但因為逃稅的結果（上官冊的田只佔實墾田實額約十分之三），大多數豪強或顯達田主實納的田賦遠較上設的比率為輕。(2) 政府專賣的物品，除沿自唐季的鹽、茶、酒，沿自五代的礬外，又有自外海輸入的香料。此外，苛稅之沿自五代的有 (3) 通過稅（即近代的釐金）。每關抽貨價的百分之二（現款亦照抽）。又有 (4) 身丁錢，即人頭稅。此稅只行於江淮以南，迄於閩廣（四川除外），因為五代以來本是如此。這種稅的負擔，加上別的原因，使得這區域的貧民無法維持他們所不能不繼續

孳生的人口，因而盛行殺嬰的習俗。宋朝大文豪蘇東坡於這習俗，有一段很深刻的描寫。他寫給一位鄂州知州的一封信道：

> 昨王殿直天麟見過，言鄂、岳間田野小人例只養二男一女。過此，輒死之。尤諱養女。輒以冷水浸殺之。其父母亦不忍，率常閉目背面，以手按之水盆中，咿嚶良久乃死。天麟每聞其側近有此，輒馳救之，量與衣服、飲食，全活者非一。鄂人有陳光亨者，今已及第，為安州司法。方其在母也，其舅陳遵夢一小兒援其衣，若有所訴。比兩夕輒見，其狀甚急。遵獨念其姊有娠將產，而意不樂多子。豈其應是乎？馳往省之，則已在水盆中矣。救之得免。

這是宋朝的黃金時代的一斑。

人民除賦稅的負擔外，還有差役的負擔。差役有四種：一是押運官物，二是督徵賦稅，三是逐捕盜賊，四是在州縣衙門供使喚或管雜務。民戶分九等，上四等服役，下五等免役。押運（即所謂衙前）和督賦（即所謂里正），最是苦差，當者要負賠償損失的責任，每至傾家盪產，並且坐牢。宋朝名將韓琦當知并州時，在一封論及役法的奏疏裏有這樣的描寫：

> 州縣生民之苦，無重於里正、衙前。兵興以來，殘剝尤甚。至有嫠母改嫁、親族分居或棄田與人，以免上等。或非分求死，以就單丁。規圖百端，苟脫溝壑之患。

這是宋朝的黃金時代的又一斑。

在五代，一方面軍閥橫行，一方面豪強的兼併也變本加厲。軍閥是給太祖兄弟以和平的手段解決了，但豪強的兼併並不妨礙他們的政權，所以他們也熟視無睹。宋初豪強兼併的程度有下列幾事為證：

（1）在太宗淳化四年至至道元年（公元 993—995）間，四川成都附近發生一次貧民（也許大部分是農民）的大暴動。他們的領袖李順的口號，據宋朝《國史》的記載，是「吾恨貧富不均，吾為汝均之」。他們把官吏殺掉，拿來示眾。他們把富人的財產，除了足供養家的一部分外，盡數充公，拿來賑濟貧困。他們竟「號令嚴明，所到一無所犯」，但他們終於一敗塗地。

（2）同時在四川盛行着沿自五代的「旁戶」制度。旁戶是隸屬於豪家的貧戶，豪家所領的旁戶，每有數千之多。他們向領主納租外，並供領主役使，如奴隸一般。當李順亂起時，有些豪家反率領旁戶去響應他。後來事定，太宗想把旁戶制度廢除，終因怕引起更大的擾亂而止。

（3）同時在江淮以南迄於閩廣（即身丁錢制施行的區域），又有一沿自五代的特殊法律：佃戶非得田主的許可並給予憑證，不許遷移。這一來，佃戶便成了附着於田土的農奴，如歐洲中古時代的情形。這特殊的法律到太宗的孫仁宗時始行廢除。仁宗之所以為「仁」，於此可見。

註：原載《思想與時代》第 4 期，1941 年 11 月。

附錄三

北宋的外患與變法

（一）

　　自從石晉末年（公元 947），契丹退出汴梁後，它的極盛時代已成過去。白馬嶺之戰使太宗覺得契丹易與。太原攻下之後，他便要一勞永逸地乘勝直取燕雲。這十六州的國防要區一天不收回，他的帝國一天不能算是「金甌無缺」。但是他的部下，上至大將下至兵卒都指望太原攻下之後，可以暫息汗馬之勞，同時得到一筆重賞，回家去享享太平福。太宗卻不這樣想。將士有了資財，那裏還肯賣力去打仗？不如等燕雲收復後，才給他們一起頒賞也不遲。而將士貪賞求逸的隱衷又怎能向皇帝表示？在迅速的「宸斷」之下，太宗便領着充滿了失望心情的軍隊向東北進發。一路所經易州和涿州的契丹官將先後以城降。不到一月便抵達幽州城（今北平）下。附近的契丹官將又絡繹來降。宋軍圍幽州城三匝。城內空虛，自分無倖。契丹主也準備放棄

這重鎮。獨有一大將（舍利郎君），自告奮勇，請兵赴援，他領兵寅夜兼程，從間道兜到宋軍的後方，席捲而北。宋軍倉卒應戰於今北平西直門外的高梁橋（下為高梁河）一帶，立時大敗，四散逃竄。幸而契丹主帥受了重傷，不能窮追。敗軍復集後找尋太宗不得，只當他已死。正議擁戴太祖的兒子繼位間，卻發現了他，隻身乘驢車遁歸，大腿上中了兩箭。十八年後他就因這傷口的發作而死。

高梁橋之戰（太平興國四年，公元979）以後，宋遼邊境上的衝突，斷斷續續的拖了二十幾年，彼此都無大進展。（京戲中有名的「楊家將」就是在這時代出現的）太宗於死前三年（公元994），正當李順亂事未平之際，曾兩次遣使往契丹議和，都為所拒絕。真宗咸平六年（公元1003），宋殿前都虞侯王繼忠孤軍力戰，為契丹所俘。他本是真宗藩邸的親信，驍勇著名。契丹攝政太后蕭氏，很器重他，授以高官，配以貴女。他既荷新寵，又感舊恩，一心要促成宋遼的和好。蕭后和她朝中的領袖們對於邊境的拉鋸戰也未嘗不感厭倦，但怎肯平白休兵？次年，他們率領傾國的軍隊南下，同時由王繼忠出面與宋朝通書約和，真宗用宰相寇準的定策，一面嚴密佈置守禦，並親至澶淵（今河南濮陽縣西南）督師，一面遣使赴契丹議和。契丹攻瀛州城不下，而其進迫澶淵的前鋒的統帥（即去年擒王繼忠者）又中伏弩死。南方且戰且議的結果，便是所謂「澶淵之盟」。構和的條件載於兩方交換的誓書內。茲將宋方的誓書錄下。

> 維景德元年，歲次甲辰，十二月庚辰朔，七日丙戌，
> 大宋皇帝謹致誓書於大契丹皇帝闕下：共遵成信，虔奉
> 歡盟，以風土之宜，助軍旅之費。每歲以絹二十萬匹，

銀一十萬兩，更不差使臣專往北朝，只令三司差人搬送至
雄州交割。沿邊州軍各守疆界；兩地人戶，不得交侵。或
有盜賊逋逃，彼此無令停匿；至於壟畝稼穡，南北勿縱驚
騷。所有兩朝城池，並可依舊存守，淘濠完葺，一切如
常。即不得創築城隍，開拔河道。誓書之外，各無所求。
必務協同，庶存悠久。自此保安黎獻，慎守封陲。質於天
地神，告於宗廟社稷。子孫共守，傳之無窮。有渝此盟，
不克享國。昭昭天鑒，當共殛之！……

據說，宋方的使人臨行時，真宗吩咐他道：若不得已，許與契丹
的歲幣，不妨添到一百萬。寇準卻把使人召來，對他說：雖有敕旨，
若許過三十萬，我便砍你的頭。其後使人定約回來，真宗正在幕內用
膳，不及召見，先差太監去探問。使人在幕外，不便揚聲，只把三個
指頭向額上一點。那太監當為三百萬稟報。真宗聽了道：太多，也
罷，姑且了事。

（二）

澶淵之盟後，宋朝邊境保持了三十年完全的和平，而有西夏趙
元昊之患。西夏原初的地域，大略包括今陝北的無定河以西、延水之
北和綏遠的鄂爾多斯。這區域在唐以來為羌族所散佈。唐末，這區
域的守將拓跋氏（北魏之後）割據自主，傳世至宋。太宗時，西夏叛
而復附，附而復叛。澶淵之盟前一年，西夏攻佔靈州（今寧夏靈武縣

西南），盟後二年，又復就撫。是時西夏之於宋邊，遠不過是癬疥之患。至仁宗明道元年（公元 1032），趙元昊（趙是太宗時賜姓）繼位，而形勢大變。元昊從少就是一個異凡的人物，不獨精嫻武事，並且通蕃（蓋指藏族）漢文字，從法律書、兵書，以至佛典，無所不讀；又能繪畫，能出新意創製器物。他勸其父不要臣屬中國。其父説：「我們三十年來，週身錦綺，都是宋朝所賜，怎好負恩？」他説：「穿獸皮，勤力牧畜，是蕃人的天性。大丈夫要為王為霸，錦綺算什麼？」在繼位之前，他曾領兵西征回鶻，連取了甘州和西涼府（並在今甘肅省河西地）。既繼位，模仿宋朝制度，改革政府組織。自創西夏字根，命人演成西夏文字，又命人拿來譯《孝經》、《爾雅》、《論語》等書。（西夏文譯的佛經和其他西夏文書現在還有留存。）他有蕃漢兵十五六萬，仍都興州（今寧夏省會）；西取回鶻的沙、瓜、肅三州（並在今甘肅河西），東南寇宋。他繼位之初已私自改元，第七年（公元 1038），便正式稱帝，定國號為大夏。此後，宋在今陝西黃河近岸、延水流域，以迄甘肅的環縣、慶陽、涇川、固原一帶的邊境上，和西夏展開四年的苦戰。宋方的主要將帥是安陽人韓琦和蘇州人范仲淹。范之參預這次軍事，原是由韓的舉薦，但初時二人的戰略根本不同。韓主張集中兵力，深入進攻，一舉擊破敵主力。他也知道這是冒險的事，但他以為「大凡用兵，當置勝敗於度外」。范卻以為「承平歲久，無宿將精兵，一旦興深入之謀，國之安危，未可知也」；「為今之計，宜嚴戒邊城，使持久可守；實關內（即關中），使無虛可乘；若寇至邊城，清野不與大戰。關中稍實，（敵）豈敢深入？二三年間，彼自困弱」。他又主張軍事與外交並用，親自作書，勸元昊罷兵稱臣，時人多以他為怯。慶曆元年（公元 1041），韓琦巡邊至鎮戎軍

（今甘肅固原），派兵數萬，深入敵後，窺取羊牧隆城（今甘肅隆德附近）。所遣的統領官貪利輕進，陷入敵人的大包圍中，全軍盡覆。兵士陣亡的，據當時邊庭低折的報告，也有一萬零三百人。這是宋與西夏戰役中最慘的敗仗，中外為之震撼。契丹乘這機會，蠢蠢欲動，次年便向宋朝提出割地的要求。宋朝只得增加歲幣銀十萬兩、絹十萬匹（加原額三分之二），以為寬免割地的代價。經這一役的教訓，韓琦只得接受范仲淹的清野固守政策。從此二人同心協力，作持久計。二人皆名重一時，人心歸向，又皆號令嚴明，愛撫士卒，對近邊的羌人部落，也推誠相與，恩威並用。士卒用命，羌人感畏，邊境漸安。邊民為之歌唱道：

> 軍中有一韓，西賊聞之心膽寒！
> 軍中有一范，西賊聞之驚破膽！

　　這兩位使西賊「心膽寒」「驚破膽」的大將可都不是雄赳赳的武夫，而是溫雅雍容的儒者。那羌人尊稱為「龍圖老子」（因為他帶「龍圖閣直學士」銜）的范公，並且是一代的作手，他這時在軍中的歌詠，為宋人所傳誦的，茲錄一首如下：

> 塞上秋來風景異，衡陽雁去無留意。四面邊聲連角
> 起，千嶂裏，長煙落日孤城閉。
> 濁酒一杯家萬里，燕然未勒歸無計。羌管悠悠霜滿
> 地，人不寐，將軍白髮征夫淚。

宋朝雖守住了西北邊境，卻談不到犁庭掃穴。因為宋取防堵的戰略，需要兵力特別多。自對西夏用兵以來，禁軍從四十餘萬增至八十餘萬，軍隊的維持費自然照這比率增加，而戰時的非常支出還不算。政府雖把稅收入增到無可再增（例如以較真宗景德時，商稅酒稅皆增四倍餘，鹽稅增一倍餘），仍不敷甚巨，只得把太祖、太宗以來的儲蓄，拿來支用。到西夏事定時，「百年之積，惟存空簿」了。朝廷對元昊自始就沒有關閉和平的路，只要罷兵稱臣，在相當限度內，銀絹是不吝惜的。元昊見宋邊無隙可乘，又適值國內發生嚴重的天災，便於慶曆三年遣使來講和。兩方所爭的只是元昊稱呼，來使所持元昊的文書自稱「男邦尼定國兀卒上書父大宋皇帝」。兀卒是他自取的名，意思是「我的祖宗」。繼後他的文書，竟直用漢譯作「吾祖」。但這不過是一種討價的刁難，次年元昊便答應取消這個怪名，而對國內自稱夏國王，對宋稱臣。宋朝則答應每年「賜」他絹十萬匹，銀七萬兩，茶四萬斤。和議成後四年，元昊因為佔奪新娶的媳婦，為其子所殺，年四十六。

（三）

范仲淹自從讀書應舉時，便「以天下為己任」。他常說，「士當先天下之憂而憂，後天下之樂而樂」。遠在仁宗天聖三年，即元昊僭號之前十三年，當他任大理寺丞（年三十七，登進士第後十年）時，他已看見國家隱伏的危機，上書朝廷，倡言改革。書中最精警的一段道：

　　聖人之有天下也，文經之，武緯之，此二道者，天下之大柄也……相濟而行，不可斯須而去焉。……《道經》曰：「禍兮福所倚，福兮禍所伏」；又曰：「防之於未萌，治之於未亂」。聖人當福而知禍，在治而防亂。……我國家自真宗皇帝之初，猶有舊將舊兵，多經戰敵，四夷之患，足以禦防。今天下休兵餘二十載。昔之戰者，今已老矣。今之少者，未知戰事。人不知戰，國不慮危，豈聖人之意哉？而況守在四夷，不可不慮。古來和好，鮮克始終。……今自京至邊，並無關嶮。其或恩信不守，釁端忽作，戎馬一縱，信宿千里。若邊少名將，則懼而不守，或守而不戰，或戰而無功，再扣澶淵，豈必尋好？未知果有幾將，可代長城？伏望聖慈……與大臣論武於朝，以保天下。先命大臣密舉忠義有謀之人，授以方略，委以邊任；次命武臣密舉壯勇出羣之士，任以武事，遷其等差……列於邊塞，足備非常。……至於塵埃之間，豈無壯士？豈復唐之武舉，則英雄之輩，願在彀中。此聖人居安慮危之備，備而無用，國家之福也。

　　除了國防整頓外，仲淹於官吏的選任、人才的儲養、直諫之獎勵、文風浮薄之救正、君德之修省，皆有所規陳。但他這封富於預言性的奏書竟未曾發生一點實際的影響。

　　慶曆三年，當元昊使來，西事大定之後，仲淹被召入朝為樞密副使，旋任參知政事。一時朝野傾心屬目。他於就職的次月，上了一封「萬言書」，條陳興革事宜十項。這十項中除關於民生的兩項（厚

農桑，減徭役）外，其餘大旨不出天聖三年的建議的範圍，不過比從前更為周詳，更為具體罷了。現在把其中比較最重要的六項歸入四綱領，節述如下。

（一）關於國防建設的，恢復唐朝的府兵制：「先於畿內並近輔州府召募強壯之士，充京畿衛士，約五萬人，以助正兵，足為強盛，三時務農……一時教戰。……俟京畿近輔召募衛兵已成次第，然後諸道仿此漸可施行。」

（二）關於民生的。（甲）厚農桑：「請每年秋，降敕下諸路轉運司，令轄下州軍吏民各言農桑可興之利，可去之害，或合開河渠，或築堤堰坡塘之類，並委本州運選官計定工料，每歲於二月間興役，半月而罷，仍具功績聞奏。」（乙）減徭役：省併戶口虛少的縣份，使這些縣民繁重的徭役可以減輕。（因人民須服役於縣衙，縣多戶少，則役重。）

（三）關於科舉制度的：「請諸路州郡有學校處奏舉通經有道之士，專於教授，務在興行。……重定外郡發解條約：須是履行無惡藝業及等者方得解薦，更不彌封試卷。……其考較進士：以策論高、詞賦次者為優等，策論平、詞賦優者為次等。諸科：經旨通者為優等，墨義通者為次等。……進士，諸科，並以優等及第者放選任官，次等及第者守本科選限。」

（四）關於用人行政的。（甲）明黜陟：是時成例，「文資三年一遷，武職五年一遷，謂之磨勘。……雖愚暗鄙猥，人莫齒之，而……坐至卿監丞郎者比比皆是」。仲淹請嚴定考績之法，使無功不擢，有善必賞。（乙）抑僥倖：自真宗以後，恩蔭愈濫，「兩省至知雜御史以上，每遇（三年）南郊並（每年）聖節（皇帝生日）各奏子充

京官，少卿監奏一子充試銜……其大兩省等官……復更（例外）每歲奏薦，假有任學士以上官，經二十年者則一家兄弟子孫出京官二十人。仍接次升朝」。仲淹請廢聖節恩蔭之例，其餘恩蔭的優待，亦大加減損。

仲淹任參知政事不滿一年，便在怨謗叢集之下，不安於位而去。他所提出的改革方案中：復府兵一項因其他大臣一致反對，談不到實施；變科舉一項，已完全實行，但他去職後不久，舊制又被恢復；其他各項，若不是未及着手，便是才開了一點端緒，便因他的去職而停息。他去職後，出巡西北邊，其後歷知州郡，八年而歿（公元1053），諡文正。

仲淹字希文，二歲喪父，其母攜他改嫁長山（在今山東）朱氏。初從朱姓，名說。至二十九歲，始復本姓，定今名。年二十一，中「學究」科。繼後讀書於長山的山寺中。這時他的生活很清苦，每日煮一鍋粥，劃為四塊，早晚取兩塊，加上幾莖齏菜和一些鹽便算一餐。年二十三，得知自己的身世，立即帶着琴劍，離開朱家。其母派人追及他，他說：「十年後，等我中了第，再來迎接母親。」他投入南京（宋以商丘為南京）的府立學舍，在學舍中更加貧乏，有時連饘粥也不飽，夜間被蓋不夠，就和衣而睡。真宗巡幸南京學舍，生徒皆往觀看，他獨不出。南京留守的兒子和他同學，見他的情形和留守談及。留守命人送了他好些肴饌，他收下，卻一直等到腐敗也不一動。留守的兒子問故，他說：「並非不感謝厚意，可是食粥已久，安之若素，一旦享受了這嘉肴，以後吃粥還吃得下麼？」年二十七，登進士第。初仕為廣德軍司理參軍（法官），常為斷獄事和郡長官爭是非。長官每盛怒臨他，他一點也不搖動，歸去便把和長官往來辯論的話記

在屏風上，等到滿任，整副屏風都寫滿了。後來知開封府時，有一宦官，倚勢作威，中外畏懼，他獨抗疏彈劾；自知此事危險，疏上之後，囑咐諸兒子，他若不幸，以後他們不可做官，但在他墓旁設館，教書度日。他雖顯貴，常以儉約表率家人。非宴客，食不重肉。每夜就寢前，自計一日間自奉的費用和所做的事，若覺得兩者可以相當，便熟睡，否則終夜不安，次日必設法做一有益於人的事以為抵補。他為次子娶婦，聽說婦家以紗羅給她做帷幔，便怒道：「羅綺豈是做帷幔之物？我家一向清儉，怎得亂我家法？若敢拿來我家，必定把它當眾燒掉。」他的起人景慕的遺聞軼事，可以寫一本書，這裏所選擇的只代表他的不移於貧賤，不淫於富貴，不屈於威武的性格，即孟子所謂「大丈夫」的性格。

仲淹死後八年，當仁宗嘉祐五年，王安石（時年四十）自江東提點刑獄，任滿應召，赴闕也上了一封「萬言書」。他也覺得國家的現狀非變革不可，但他認為變法的先決問題是人才的問題。照他的人才的標準，這時無論在中央或在地方，在位或在野，都缺乏人才。「今以一路數千里之間，能推行朝廷之法令，知其所緩急，而一切能使民以修其職事者甚少，而不才苟簡貪鄙下人至不可勝數。……朝廷每一令下，其意雖善，在位者猶不能推行，使膏澤加於民，而吏輒緣之為奸，以擾百姓。」為什麼人才這樣缺乏呢？他以為由於「教之、養之、取之、任之」不得其道。什麼是「教之」之道呢？他以為國家應自都城以至鄉鎮，遍設學校，凡優秀的青年都取入學校，由國家供養；嚴選教師，教以「朝廷禮樂刑政之事」。所謂「刑政」之事，包括軍事。「先王之時，士之所學者，文武之道也。士之才有 …… 大小。…… 至於武事則隨其才之大小無有不學也。故其大者居則為六

官之卿，出則為六軍之將也。其次則比、閭、族、黨之師，亦皆率兩師旅之帥也。」什麼是「養之」之道呢？他以為國家於取入學校和仕於政府的士人，應當「饒之以財，約之以禮（自婚、喪、祭、養、燕享，以至服食器用皆有定制），裁之以法」。什麼是「取之」之道呢？他說「取人必於鄉黨，於庠序，使眾人推其所謂賢能，書之以告於上而察之（試之以事），誠賢能也，然後隨其德之大小，才之高下而官使之」。至於「任之」之道，則任期要久，職責要專，並待以嚴格的考績之法。簡單的說：要變法，積極方面當從政治和軍事教育的普及化做起；消極方面當首先廢除以文辭和記誦取士的科舉制度。他認為這是逼切的需要，他警告仁宗以下面一類故事。

　　昔晉武帝，過目前而不為子孫長遠之謀。當世在位亦皆偷合苟容，而風俗蕩然，棄禮養，捐法制。上下同失，莫以為非。有識者固知其將必亂矣。而其後果海內大擾，中國列於夷狄者二百餘年。

但他這封書的效果和三十五年前（天聖三年）范仲淹所上的那封書一樣。

（四）

　　仁宗在位四十二年，無子，以從姪繼，是為英宗。英宗在位四年，其子繼，是為神宗。

神宗即位時才二十歲（以足歲計還未滿十九歲）。他做皇子時，謙恭好學，優禮賓師，很得士林的稱譽。他是感覺異常敏銳的人。他即位之初，和朝臣談到太宗的死狀，至於墮淚。他立志要興振中國，收復燕雲的失地，湔雪祖宗的恥辱。以稚年臨御，承積弱之後，而發奮圖強，在這一點上，他和漢武帝正相符同（他即位時比武帝長三四歲）。他一生的事業也似乎隱隱以武帝為榜樣。但他的福命不如武帝：武帝壽六十九，他壽僅三十八。他所處的時代也和武帝所處的大不相同。武帝初年，當長期休息之後，公家的財力綽裕盈溢；而神宗即位時，不獨府庫虛竭，國計也瀕於入不敷出了。武帝承景帝深文酷法、繁刑嚴誅的餘風，其時主威赫鑠，法為國是，令出必行；而宋太祖「誓不殺大臣及言事官」的家法，和真、仁兩朝過度的寬柔，寢假造成政治上一種變態的離心力；以敵視當權為勇敢，以反對法令為高超，以言事得罪為無上的光榮。政府每有什麼出乎故常的施為，必遭受四方八面尋瑕抵隙的攻擊，直至它被打消為止。范仲淹的改革就在這樣的空氣裏失敗的。英宗朝因為追尊皇帝本生父的名號的小小問題（即所謂「濮議」，英宗本生父原為濮王），筆舌的戰爭就鬧得天翻地覆。到神宗即位時這種政治上變態的離心力久已積重難反了。再者漢初去春秋戰國「軍事中心」的時代不久，尚武之風未泯，右文之政未興，故將材易求，鬥士易得，圖強易效。宋初懲五季軍人恣橫之弊，一意崇文抑武，三衙實際的長官爵不過四品至六品，唐朝的武舉制度也廢而不行，軍為世賤，士恥言兵，結果良將勇士，兩皆寥落。神宗朝重大的戰役多委之宦者季憲，其時軍事人材的缺乏可想見了。

神宗做皇子時對王安石久已心儀神往。他即位時，安石方以前知制誥的資格，閑住在金陵。他正月即位，閏三月便命安石知江甯

府，九月便命安石為翰林學士。其後三年間，安石遂歷參知政事而至宰相。這王安石是江南西路臨川縣人。其父歷知韶州及江甯府通判。他少年時代的優裕順適和范仲淹恰成對照。據說他的「眼睛如龍」，讀書過目不忘。他二十四歲便登進士第，本取第一，因賦卷中語犯忌諱，改置第四。可是他一生從沒有和人談及這件得意的失意事。他的詩文在文學史上都屬第一流，並且為當代文宗歐陽修深所心折。歐初識他時，贈他的詩有「翰林風月三千首，吏部文章二百年」之句，直以李白、韓愈相擬。他不獨以文名，德行、政事也無不為儕輩所推服。他官知制誥時，他的夫人給他買了一個妾，那是當時達官應有的事，安石見了她，就問：「那裏來的女子？」答道：「夫人叫我來侍候舍人的。」問她的來歷，原來她的丈夫是一個軍校，因運米損失，家產入官，還不夠賠，便把她賣掉，得價九十萬錢。安石立即命人把她的丈夫找來，讓他們復為夫婦。他官知制誥後，居母喪，年已四十餘，卻盡極哀毀，在廳堂裏以槁枯席地，坐臥其上。有一天，某知府給他送一封信，那差人看了他的樣子，只當他是一個老僕，叫他遞入內宅。他在槁席上拿了信就拆。那差人嚷罵道：「舍人的信，院子也拆得的麼？」左右告訴差人那就是舍人！他於書卷外，一切嗜欲都異常淡薄，對衣食住都漠不關心。後來毀他的人便說他「囚首垢面而談詩書」。他於榮祿也未曾表現過一點興趣。宋朝的「養館職」（「三館」是國家的圖書館和史館）是朝廷儲才待用的機關，地位極清高，也是仕宦上進必由之路。照例進士名列前茅的，初仕任滿後可以請求考試館職，他卻不去請求。再經兩任（三年一任）外官之後，大臣薦他去考試館職，他也不赴。再歷一任外官之後，朝廷直接授他館職，他也不就。再經一任外官之後，朝廷又授他以更高的館職，他於屢辭之

285

後，才勉強俯就。但他不是沒有辦事的才能。他在政治上的好處，後來的史家極力埋沒，但我們於他早年的政績還可以找得一例：他知鄞縣任滿後，縣人就給建立生祠。這樣一個德行、文章、政事的全人，他在仕途也愈懶於進取，朝野的有心人愈盼望他進取。當他給仁宗上《萬言書》的時候，他久已聲滿天下。可是到了他由江甯知府，而翰林學士，而參知政事，而宰相，一直猛跳的時候，到了天爵和人爵極備於他一身的時候，先進和後進的同僚，包括那正人君子的領袖司馬光，都不免對他側目而視了。

（五）

我們讀史有時可於異中見同。漢武帝初年，財政和軍備都沒有問題，所以他的事業的第一步是開邊；到了後來因兵事的耗費，財政不足，才施行新經濟政策。神宗即位時的情形正正相反。所以他的事業的第一步是經濟、軍事，以至教育上種種建設和改革；後來這些興革有了相當成效，才着手開邊。兩人事業的程序是「易地則皆然」的。

神宗在王安石的輔導下所行的新法，現在擇其重要的，分經濟、軍事、教育三類，每類依頒行的次序述之如下。

（一）經濟

（甲）青苗法（熙甯二年九月頒佈）　其法：各地方政府，每年二次舉行放款，聽人民自由請貸（第一等戶每次所貸不得過錢十五貫，以下遞減），半年為期，取息二分。這種貸款叫做「青苗錢」，因每年第一次散放是在苗青的時候。此法初行時，官吏邀功，每強迫富

人稱貸，這叫做抑配，後立法嚴禁。二分的利息，現在看來，似乎不輕，但在當時，因為通貨稀少，民間的利息很高，以五分為常，甚至有一年倍本的。此法固然是政府的生財之道，也是感覺青黃不接之苦的農民的一大福音。以重利盤剝為業的豪強對此法的痛恨是很容易了解的，但司馬光所代表的一班士大夫對此法之原則上的反對是比較不容易了解的。

（乙）農田利害條約（熙甯二年十一月頒佈）　這法令原文的節略如下：

> 凡有能知土地所宜種植之法，及修復陂湖、河港；或元無陂塘、圩埠、堤堰、溝洫，而可以創修；或水利可及眾，而為人所擅有；或田去河港不遠，為地界所隔，可以均濟流通者；縣有廢田曠土，可糾合興修。大川溝瀆，淺塞荒穢，合行浚導。及陂塘堰埭，可以取水灌溉，若廢壞可興治者，各述所見，編為圖籍，上之有司。其土田迫大川，數經水害；或地勢污下，雨潦所鍾；要在修築圩埠、堤防之類，以障水勢，或疏導溝洫、畎澮，以泄積水。縣不能辦，州為遣官。事關數州，具奏取旨。民修水利，許貸常平錢穀給用。

這法令的實效是：截至熙甯九年止，全國興修的水利田共三十六萬餘項。但反對黨在這事實下注上一句道：「民給役勞擾。」

（丙）募役法（熙甯三年十二月頒佈）　其法要點：是令本來有徭役義務的人民，輸錢代替，這叫做「免役錢」；官戶（即仕宦之家）、

寺觀、女戶等等，本來沒有徭役義務的也令出「助役錢」，其數比免役錢減半。免役和助役錢的徵收率，按各地方政府僱役的需要和資產的等級（分五等）而定；於免役和助役錢的本項外，加徵二分，叫做免役或助役寬剩錢，此款原定以備凶荒之用，後來解歸國庫。募役法對平民是有史以來一大解放，惟官戶不免因之蒙受一點小小的損失，其遭受士大夫的反對是勢有必至的。

募役法為安石經濟政策中最先急的項目。安石曾對神宗説（熙寧四年二月）：「今所以未舉事者，凡以財不足，故臣以理財為方今先急，未暇理財而先舉事，則事難濟。臣固嘗論天下事如弈棋，以下子先後當否為勝負，又論理財以農事為急，農以去其疾苦、抑兼併、便趣農為急，此臣所以汲汲於差役之法也。」

（丁）市易法（熙寧五年三月頒佈）　此即漢武帝時的平準法的擴大。平準法只行於京師，市易法則推行於京師以外。隸屬於京師市易務的分支市易務，設置於下列各處：杭州、黔川（今四川彭水縣）、成都、廣州、鄆州（今山東東平縣西北）。反對黨反對此法的理由是：「與商賈爭利。」

（二）軍事

（甲）保甲法　此法實即舊有鄉兵制的改良和擴大，其施行有四個重要的步驟。第一步（熙寧三年十二月）：編民戶十家為一保，五保為一大保，十大保為一都保；保有保長，大保有大保長，都保有都保正和副都保正，各選本組織內材勇為眾所服的主戶（地主或自耕農）人丁充當；家有兩丁以上的，選一人為保丁，兩丁以外的餘丁亦選其壯勇的充保丁；每大保每夜輪派五人警盜，同保有犯強盜、殺人、放火等等重罪而知情不舉的坐罪，保內有容留強盜三人以上過

三日以上者，其鄰舍雖不知情亦坐罪。此法先行於畿內，以次推及全國。第二步（熙甯四年）：獎勵畿內保丁習武，每年於農隙分地舉行會試，試騎步射法，上等的授官職，以次至四等予賞有差。第三步（熙甯五年）：許畿內主戶保丁「上番」（即赴各縣巡檢司服巡警之役），十日一換；月給口糧和薪菜錢。第四步（元豐二年至四年）：予保甲長及保丁以嚴格的武藝教練，先以禁軍的教頭教大保長，三年藝成，乃以大保長為教頭，教保丁。此法先行於畿內，次及河北、河東、陝西三路。到了熙甯四年，這三路共有受訓完畢的保丁約七十萬人。第四步的開始施行已在王安石去位後三年。

與保甲法約略同時實行的是募兵的裁減，但所裁減的，廂兵居多（其數不詳），禁兵較少。計禁軍總數在英宗末年為六十六萬餘，在熙甯間為五十六萬餘，在元豐間為六十一萬餘。

在安石的軍事計劃中，保甲法原是恢復府兵制以代替募兵制的準備。在施行保甲法第一步之前，安石已與神宗講論府兵之制，打算以漸復之。關於此事，安石在所撰《熙甯奏對日錄》中曾有記載，此書已佚（此書百二十卷為我國歷史文件中稀有之寶，佚去太可惜，幸大部分已為李燾採入《續通鑑長編》中，但經刪修，本來面目已失，惟宋人陳瓘《四明尊堯集》引五十餘則，可於此見其內容一斑），茲據朱熹所引，摘錄如下：

　　余……為上言募兵之害，終不可經久。僉以為如此。
　　余曰：今養兵雖多，及用則患少，以民與兵為兩故也。又五代禍亂之虞，終不能去；以此等皆本無賴奸猾之人故也。

上因問府兵之制曰：何處言府兵最備？

余曰：李鄴侯傳言之詳備。

上曰：府兵與租庸調法相須否？

余曰：今上番供役，則以衣糧給之，則無貧富皆可以入衞出戍。雖未有租庸調法，亦可為也。但義勇不須刺手背。刺手背何補於制禦之實？今既以良民為之，當以禮義獎養。刺手背但使其不樂，而實無補也。又擇其鄉閭豪傑為之將校，量加獎拔，則人自悅服。今募兵為宿衞，乃有積官至刺史防團者。移此與彼，固無不可。況不至如此費官祿，已足使人樂為之。陛下審擇近臣，使皆有政事之材，則他時可令分將此等軍。今募兵出於無賴之人，尚可為軍廂主，則近臣以上豈不可及此輩？此乃先王成法，社稷之大計也。

上良以為然。

隨後安石即奏上記載唐府兵法最詳的鄴侯家傳。此奏原稿曾為朱熹所藏。朱熹說：「（予）獨愛其紙尾三行，語氣淩厲，筆勢低昂，尚有以見其跨越古今、斡旋宇宙之意。疑此非小故也。」又說：「抑公此紙，詞氣激烈，筆勢低昂，高視一時，下陋千古，而版本文集所載，乃更為卑順容悅之意，是必自疑其亢厲已甚，而抑損之，其慮深矣。然論其實似不若此紙之云，發於邂逅感觸之初，尤足以見其胸懷本趣之為快也。夫以荊公之得神祖，可謂千載之一時矣，顧乃低徊若此，而猶未免有鬱鬱之懷。君臣之際，功名之會，嗚呼難哉！」

神宗到底認府兵制為不可復行，故安石罷政後，不再談及，其旨

似以保甲為防守的輔助力，而戰鬥的主力仍任募兵。

（乙）保馬法（熙寧五年，元豐七年）　此與漢武帝時之「馬復令」（許人民養官馬以減免徭役）相近。其法：於畿內及京東、京西、河北、河東、陝西五路，許人民領官馬自養，或領官錢買馬自養，每戶不過兩匹；養官馬之家，公家給以錢帛，並免除其捐稅的一部分（後來畿內不給錢帛），同時養戶自然得使用所養官馬。屬三等以上的養戶十家為一保，屬四等以下的養戶十家為一社；一保之內，馬有死者，十家共償其值；一社之內，馬有死者，十家共償其值之半。後來又令京東、京西兩路保甲戶一律養馬，而免除其教閱及此外若干保甲的職責。

（丙）更戍法的廢除（熙寧七年至元豐四年）　更戍法本以防止兵為將有，但結果「兵不知將，將不知兵，臨事應變，精神散漫，指揮不靈」；禁軍之不振，這是其原因之一。神宗和安石有鑒於此，逐漸於各路的軍略要地取消更戍法，而設置固定的駐防禁軍，由固定的主將，就地訓練。這種駐防軍的設置，當時稱為「置將」。「將」是當時軍隊新編制中的一種單位，一將約有三千人上下，彷彿現在的一師。

（三）教育

（甲）變科舉　熙寧四年，罷進士以外的「諸科」（諸科是專考記誦的），令除曾應考「諸科」不第的人外，不得參加此種考試；增加進士的名額；進士試廢詩賦，專用經義策論；所試羣經，但取《易》、《詩》、《書》、《周禮》、《禮記》及《論語》、《孟子》，而廢棄舊有的《春秋》和《儀禮》（同時太學教授及經筵進講亦廢之）。

（乙）變學制與興學校　（1）宋初的太學只是品官子弟考「取解」

（取解即取得應進士試的資格，平民在本州取解）的機關，有學校之
名而無肄學之實。至仁宗皇祐末，在湖州大儒胡瑗的管領下，太學
才成為一真正講學的機關，但其時學生不過二百人，胡瑗去後，又
漸復原狀。神宗即位，增太學生額為三百人，後又增為九百人。熙
寧四年分太學為三舍，外舍生無定員，新生充之（太學生仍限品官
子弟）；外舍生經考選入內舍，內舍生額三百人，內舍生經考選入上
舍，上舍生額百人；上舍生考取優等的薦於中書，授以官職。元豐二
年，增太學生額外舍二千，內舍三百，上舍一百；規定除月考外，每
年各舍總考一次，決定外、內舍生的升舍，上舍生的等第。上舍生考
上等的等於進士及第，即授官職；中等的免進士的禮部試；下等的免
取解。(2) 仁宗慶曆四年，當范仲淹為參知政事時，曾「令州各縣皆
立學（校），本路使者選部屬官為教授，員不足，取於鄉里宿學有道
業者」。但當時諸州奉行的不多，其後又限舊時節度使所領州方得立
學。熙寧四年，復令各路、州、府立學，每郡給田十頃以贍養學生。
其後又派定諸路的州府學教授凡五十三員。(3) 仁宗慶曆間，胡瑗曾
建議興武學（即中央軍官學校），朝議格而不行。熙寧五年始行其議。

　　（丙）《三經新義》的纂修和頒行　　所謂三經是《周官》、《書經》、
《詩經》，《新義》始修於熙寧六年，頒行於八年，主纂的人物為王安
石、其子王雱和安石最得力的助手呂惠卿。《三經新義》乃安石對付
敵黨的思想的武器，也是他所謂「一道德、同風俗」的工具。自從新
法開始頒行以來，所有元老重臣和清流名士一致反對；在朝的謗議洶
起，在外任的百方阻撓，使新黨辨護窮於辨護，神宗謫黜窮於謫黜。
反對黨的最後論據，可用三朝元老文彥博的話代表。熙寧四年三月，
他論新法道：「祖宗法制具在，不須更張，以失人心。」神宗問：「更

張法制，士大夫誠多不悅，但於百姓何所不便？」彥博道：「為與士大夫治天下，非與百姓治天下也。」神宗和安石的堅毅到底戰勝了一般士大夫的口舌，而貫徹了新法的推行。但為鞏固國是的心理基礎，他們不得不在經典中替新法找尋或製造理論的根據。《三經新義》便是這種工作的結果。羣經中最可為新法掩護的莫如《周官》，故安石也特別推重《周官》。《新義》三種中唯獨《周官》一種是安石親自屬筆的，也唯獨此種流傳至今。《新義》自從頒行以後，在五十餘年間，除了短期的被掩蝕外，支配了整個的思想界：太學和州縣學校用為主要的課本，科舉考試用為絕對的準繩；《新義》以外，三經的一切其他注疏，都無人過問了。

後來宋朝貶斥王安石最（有）力的學者，也公認《新義》富於新穎而確當的解釋，不容廢棄。我們現在讀《周官新義》，很容易注意到的卻是安石解經的特殊作風，一種奇怪的拆字法。例如他解「遂」字道：「豕八而辵則遂。」又例如他解「夫」字道：「夫之字與天皆從一從大，夫者妻之天故也；天大而無上，故一在大上；夫雖一而大，然不如天之無上，故一不得在大上。」又例如他解「卿」字道：「卿之字從𠨍，𠨍奏也；從卪，卪止也；左從𠨍，右從卪，知進止之意（卪𠨍古節奏字）；從皀，黍稷之氣也，黍稷地產，有養人之道，其能上達；卿雖有養人之道而上達，然地類也，故其字如此。」在字形的淵源上都是毫無根據的。但安石確信這種拆字法不獨可以得到造字的本意，並且可以得到一切關於人事和天道的重要真理。後來他應用這方法，著了一部二十四卷的字典，名曰《字說》。此書也曾經神宗頒行，其後來的作用和影響與《三經新義》等。此書可惜現在已佚，但從後人所引，還可以看見它的片斷。撰此書時安石已罷政，但在書

中還念念不忘統一思想；書中解「同」字道：「彼亦一是非也，此亦一是非也，物之所以不同；冂一口，則是非同矣。」

以上分類略述神宗的新政見。此外還有一要項為這三類所不能包括的：即元豐三年新官制的頒行。這新官制的內容這裏不能細述，大要是恢復唐代台省寺監的實權，而裁減宋朝在這組織外所加的上層機構。新制以尚書左右僕射同中書門下平章事為宰相，以尚書左右丞代替參知政事，樞密院仍保存。

（六）

神宗在熙寧七年以前對邊境的經營，從是年三月間韓琦所上的一封奏疏可見大略。在這奏疏裏，他列舉神宗所為足以引起契丹疑心的凡七事：「高麗臣屬北方，久絕朝貢，乃因商舶誘之使來，契丹知之，必謂將以圖我，一也；強取吐蕃之地，以建熙河，契丹聞之，必謂行將及我，二也；遍植榆柳於西山，冀其成長，以制蕃騎，三也；創團保，四也；河北諸州築城鑿池，五也；又置都作院，頒弓刀新式，大作戰車，六也；置河北三十七將，七也。」

第二項所謂熙河，略當今甘肅洮河流域之地。此地東北鄰接西夏，為羌族所分佈，久屬吐蕃。德安（江西）人王韶建議招降諸蕃部，撫有其地，以為圖謀西夏的初步。先是王安石子王雱十三歲時，聞陝西邊卒說洮河事，以為此可以規取，若西夏得之，則國家之患無窮。至是安石力贊王韶之說。神宗便派王韶主持開熙河事。王韶於熙寧四年到邊，三年之間，剿撫兼施，並擊敗吐蕃軍，遂定其地。有一

次捷書到，神宗解所佩玉帶賜安石，以賞其功。其後詔入朝，以宦者李憲繼之，史（《宋史・王韶傳》）稱詔「用兵有機略。臨出師，召諸將授以指，不復更問。每戰必捷。當夜臥帳中，前部遇敵，矢石已及，呼聲振山谷，侍者股栗，而韶鼻息自如，人服其量」。韶因熙河功，擢樞密副使，後以與安石不協去職。

熙河撫定的次年，契丹忽然蠢動，侵入邊境，並遣使來求割所據之地。上文所引韓琦的奏疏就是為此事而發的。宋與契丹往復談判，經二年之久，至八年秋，神宗終用王安石「將欲取之必固與之」之說，割河東邊地東西七百里以與契丹。

次年有交阯之役。交阯本先南漢節度州，南漢亡，名受宋冊封，實自主。太宗時曾乘其內亂，遣軍進取，無功而還。至是分三路入寇，陷邕、欽、廉等州，屠邕民五萬八千。神宗命老將郭逵往討，逵派別將收復失地，自領主力，攻其後路，進至富良江，交人以精兵乘船迎戰，宋軍砍樹作砲機，發砲石如雨，盡壞敵船，又設伏邀擊，殺敵數千並其王太子。交王恐懼乞降。而宋軍八萬冒暑行瘴地，也死亡過半。

神宗開邊的第一個目標，原是西夏。自從慶曆四年宋與西夏和議成後，西北的邊境平靜了二十餘年。到英宗末年，西夏又開始尋釁。自此年至熙甯四年間（公元 1066 至 1071），西夏三次入寇，宋二次反擊，互有勝負。但其中熙甯四年西夏最後一次的攻侵是大獲勝利的。元豐四年夏，西夏內變，國主為母后所囚。神宗認為這是進攻西夏的最好時機。經三個月多的佈置，然後發動。這一役的意義，從他八月底給熙河路軍帥李憲和鄜延路軍帥种諤的詔書可以看出。前一封詔書裏說：「今來舉動，不同凡敵，圖人百年一國，甚非細事。苟非

上下畢力，將士協心，曷以共濟？須不惜爵賞，鼓勵三軍之氣。……朝廷唯務滅賊，其他固無愛惜。」後一封詔書裏說：「朝廷昨於諸路大發師徒，本候齊集與逐路遣兵並力，擇時鼓行，覆賊巢穴。」總之，神宗要一舉盪平西夏，要把他十數年來富國強兵的成績，作一次壯烈的表現。同知樞密院事孫固卻不贊成此舉，他以為「舉兵易，解禍難」。神宗說：「西夏有隙可乘，我不取，便為遼人所有，時機不可失。」其後孫固又對神宗說：「現在五路進兵，卻無總帥，即使成功，也怕有內亂。」神宗說：「總帥確是難得合式的人。」知樞密院事呂公著道：「既然沒有合式的人，何不罷乎？」九月底，河東路軍帥王中正（宦者）領兵六萬自麟州出發；鄜延路种諤領兵九萬三千自綏德城出發；環慶路高遵裕領兵八萬七千自慶州出發；涇原路劉昌祚領兵三萬自涇州出發；先是李憲已收復古蘭州城，至是領本路及秦鳳路軍七軍（數未詳），並吐蕃兵三萬自蘭州出發：約定五路會師於興、靈（興州今寧夏省會，西夏首都；靈州今寧夏靈武縣）。劉昌祚軍首先到達靈州城下，高遵裕軍繼之，兩軍沿路皆有大捷。昌祚本受遵裕節制，而遵裕疾惡之，屢加凌侮。兩軍不協，圍靈州城十八日不下，而餉道已斷絕。夏人決水灌其營，乘其避水而追擊之，宋軍潰亂，死已無算，遂退。种諤沿無定河而進，連破銀（今陝西米脂一帶）、石（今地未詳）、夏州（今陝西橫山一帶）；自夏州繼進，糧餉斷絕，又遇大雪，士卒死亡十之二三，潰散南奔的亦十之四五，遂退。王中正屠宥州城（今陝西靖邊東），繼進，糧盡，士卒死二萬人，遂退。李憲東進至涇原邊境，稍有斬獲，時諸路已退，亦於十一月中奉詔撤歸熙河。是役，西夏的戰略是堅壁清野，縱敵人深入，而聚精兵保興、靈，以輕騎抄截敵人的餉道。是役，宋軍雖不能達到原來的目的，卻

恢復了淪陷百餘年的銀、夏、宥等州。這新佔領區的設防是一大問題。次年秋，經邊將對這問題反覆討論後，神宗決定建築永樂城（今陝西米脂西北）。這城才建築成，西夏便派三十萬大軍來攻奪。這城依山，下臨無定河。城中無泉無井，給水全靠城外。既被包圍，臨渴掘井，得到的水只夠將領之用。兵士縊馬糞汁充飲，渴死大半。而援兵和饋餉皆為敵人所阻截。城遂陷。將校死數百人，兵士和伕役死二十餘萬人；輜重的損失，不可計算。神宗得訊，悲憤不食，臨朝痛哭。他想到呂公著和孫固的話，有點後悔了。

（七）

我們若更把神宗和漢武帝作一對比，則永樂之役相當於征和三年貳師之役。後者是武帝一生事業的收場，前者是神宗一生事業的收場。貳師之役後三年而武帝死，永樂之役後也恰恰三年而神宗死。神宗死後一年餘，王安石亦死。

安石自熙寧三年杪進位宰相後，詆誣怨謗，矢集一身，□背親交，盡成政敵。似乎為減少新法的阻力計，並為勞極少休計，他於七年四月，請求解職，奏六上乃得請，歸居金陵。臨去，他薦呂惠卿等自代（惠卿旋擢參知政事），並答應他日可以重來。次年二月，神宗召他復位，他即兼程而至。但復位不到兩年，便又堅請退休，從此不復問政。他最後告退的原因，是宋史的一個謎。據反對黨的記載，那是因為他和呂惠卿起了內哄，惠卿把他的私信中有一封說過「毋使上知」的，繳呈神宗，神宗從此對他失了信任，他不得不去。安石復

位後不久，便與惠卿失和，那是事實，但發私書一事，並無確據。安石與惠卿交惡的原因也是宋史的一個謎。這一段歷史安石在《熙甯奏對日錄》的後四十卷中原有詳細的記載，但這四十卷給他的女婿蔡卞抽毀掉，不傳於世。據呂惠卿家傳（李燾引），二人的衝突是由於安石惡惠卿擅政，改了他所定的《三經新義》，並聽信了左右的讒間。這當然只是一面之辭。至於安石引退的原因，我們在加以推測時，不可忘卻此事前三個月他所受的一生最大的打擊：他的獨子王雱的英年（卅三）摧折。這時他已五十六歲了。他退休後隱居金陵十年而死。

> 自古英雄亦苦辛！行藏端欲付何人？
> 當時黮闇猶承誤，末學紛紜更亂真。
> 糟粕所存非粹美，丹青難寫是精神。
> 區區不盡高賢意，獨守鞍韉紙上塵。

從安石這首詩看來，他身後的遭遇，自己是預料到的。

安石死遲神宗一年餘是他的大不幸。神宗死後，長子（即哲宗）繼位，年才十歲，太皇太后（英宗后高氏）垂簾聽政。她一向是司馬光的同志，認祖宗家法為神聖不可侵犯的；她一聽政，便開始廢除新法，旋起用司馬光。一個被宮牆圈禁了五十年的老婦人（她是自幼養在宮中的）和一個被成見圈禁了二十年的老紳士，同心合力，揮着政治的鋤頭，期年之間，硬把神宗和安石辛苦營構的成績芟除得根株盡絕。

註：原載《思想與時代》第 5、6 期，1941 年 12 月、1942 年 1 月。